ABITUR 2016

Original-Prüfungsaufgaben mit Lösungen

W0352057

Geschichte

Hessen

2013–2015

STARK

© 2015 by Stark Verlagsgesellschaft mbH & Co. KG
10. neu bearbeitete und ergänzte Auflage
www.stark-verlag.de

Das Werk und alle seine Bestandteile sind urheberrechtlich geschützt. Jede vollständige oder teilweise Vervielfältigung, Verbreitung und Veröffentlichung bedarf der ausdrücklichen Genehmigung des Verlages.

Inhalt

Autoren:

Dr. Hermann Henne: Tipps und Hinweise, Ü 1, 4, 5, 6, 2013/GK A, C, 2014/GK A, B, 2015/LK A, C; Dr. Martin Liepach: 2013/GK B, 2014/LK B, 2015/LK B; Herbert Preissler: Ü 2, 2013/LK B, C, 2014/GK C, 2014/LK C, 2015/GK B, C; Dr. Markus Reinbold: Ü 3, 2013/LK A, 2014/LK A, 2015/GK A

Vorwort

Liebe Schülerinnen und Schüler,

mit dem vorliegenden Band wollen wir Ihnen alle wesentlichen Fragen zum hessischen Landesabitur beantworten und Ihnen helfen, sich effektiv auf Ihre schriftliche Abiturprüfung vorzubereiten.

Das einführende Kapitel **Tipps und Hinweise** gibt Ihnen zunächst einen Überblick über den Ablauf und die Anforderungen des Zentralabiturs. Sie erfahren

- **Grundsätzliches** zur Abiturprüfung 2016,
- **welche Themen** (Lehrplan und Schwerpunkte), **Quellen** und **Methoden** (zum Beispiel Textanalyse) in der Prüfung vorkommen können,
- wie **Prüfungsaufgaben** formuliert sind,
- **nach** welchen **Bewertungskriterien** Ihre Abiturklausur beurteilt wird.

Außerdem erhalten Sie viele gut umsetzbare **Tipps** zum Verfassen der Abiturklausur. Sollten nach Erscheinen dieses Bandes noch wichtige Änderungen in der Abitur-Prüfung 2016 vom Kultusministerium bekannt gegeben werden, finden Sie aktuelle Informationen dazu im Internet unter www.stark-verlag.de/pruefung-aktuell.

Im Hauptteil des Buches finden Sie sechs komplett ausgearbeitete **Übungsklausuren** für Grund- und Leistungskurs entsprechend den Bedingungen des hessischen Landesabiturs 2016 sowie die offiziellen, vom Kultusministerium gestellten **Abitur-Prüfungsaufgaben der Jahre 2013 bis 2015** mit von erfahrenen Lehrern ausgearbeiteten ausführlichen **Musterlösungen**, jeweils mit **Hinweisen und Tipps** zur Vorgehensweise.

Autoren und Verlag wünschen Ihnen eine gute Vorbereitungsphase und natürlich viel Erfolg bei Ihrer Abiturprüfung!

Stichwortverzeichnis

Tipps und Hinweise zum Abitur im Fach Geschichte

1 Das hessische Landesabitur im Überblick

Zentrale Prüfungsanforderungen
Das Besondere am schriftlichen Abitur ist, dass nicht Ihr Fachlehrer, sondern das Hessische Kultusministerium die Prüfungsaufgaben stellt. Dadurch sind die Aufgaben für alle hessischen Abiturienten gleich; die mündlichen Prüfungsaufgaben (im 4. und 5. Prüfungsfach) dagegen konzipiert Ihr Fachlehrer. Sie (und Ihre Lehrer) müssen sich also genau mit den vom Kultusministerium festgelegten **Prüfungsanforderungen** für das schriftliche Abitur auseinandersetzen: Sie müssen wissen, welche **Inhalte** vorkommen können, welche **Methoden** Sie beherrschen müssen und welche fachspezifischen Leistungen von Ihnen erwartet werden.

Prüfungsthemen
Grundlage für Ihre schriftliche Abiturprüfung ist der **gesamte Lehrplan** der Halbjahre Q 1 bis Q 3. Aus diesen Stoffgebieten hebt das Kultusministerium bestimmte Inhalte hervor, auf die sich die Prüfungsaufgaben in erster Linie beziehen (**prüfungsdidaktische Schwerpunkte**, siehe Seite VI f.).

Aufgabenstellung
Die Arbeitsanweisungen der einzelnen Teilaufgaben werden mithilfe sogenannter **Operatoren** („erläutern“, „erörtern“ usw.) formuliert. Damit Sie die Teilaufgaben zielgerichtet bearbeiten können, müssen Sie genau wissen, was mit diesen Aufforderungsverben jeweils gemeint ist (siehe Seite VIII–XI).
Als fachspezifische Aufgabenart erwartet Sie eine historische Argumentation auf der Grundlage von Quellen, ggf. verbunden mit einer kreativen Gestaltungsaufgabe.

Erlaubte Hilfsmittel
Die Liste der Operatoren dürfen Sie während der Klausur genauso benutzen wie ein **Wörterbuch der deutschen Rechtschreibung** und je nach Aufgabenstellung eine unkommentierte Ausgabe des Grundgesetzes für die Bundesrepublik Deutschland. Bei bilingualen Prüfungsaufgaben (Englisch/Französisch) darf zusätzlich ein zweisprachiges Wörterbuch verwendet werden.

Bewertung
Ihre Abiturarbeit wird von Ihrem Prüfer und einem weiteren Lehrer Ihrer oder einer anderen Schule korrigiert. Bei ihrer Bewertung und Beurteilung der Abiturklausuren sind die Lehrkräfte an die Vorgaben des Kultusministeriums zur Lösung der Teilaufgaben und zur **erwarteten Leistung** für 5 und für 11 Punkte gebunden. Auch die **Gewichtung** der Teilaufgaben ist vorgegeben. Diese Gewichtung ist auch auf Ihrem Aufgabenblatt angegeben (in Bewertungseinheiten, BE).

Wahlaufgaben und Prüfungsdauer
Ein bedeutender Unterschied zu Ihren gewöhnlichen Klausuren besteht darin, dass Sie **drei Aufgabenvorschläge** vorgelegt bekommen und innerhalb von 45 Minuten einen zur Bearbeitung ausgewählt haben müssen. Die eigentliche Arbeitszeit zählt erst nach dieser Auswahlzeit und beträgt für die **Leistungskursklausur 240 Minuten** und für die **Grundkursklausur 180 Minuten**. Jede Prüfungsaufgabe kann ihrerseits noch **alternative Arbeitsanweisungen** enthalten, sodass Sie sich ggf. auch zwischen zwei Teilaufgaben entscheiden müssen.

Termine
Der **Termin** Ihrer schriftlichen Abiturprüfung in Geschichte ist für den Leistungskurs Montag, der 14. März 2016 und für den Grundkurs Mittwoch, der 23. März 2016, jeweils ab 9:00 Uhr.

Rechtliche Bestimmungen
Über alle rechtlichen Bestimmungen Ihrer Abiturprüfung in Geschichte informieren wir Sie in diesem Band umfassend und verständlich – gemäß den einschlägigen Rechtsvorschriften, die Sie auf der Homepage des Kultusministeriums (Oberstufen- und Abiturverordnung, i. d. F. vom 01. 04. 2015; Lehrplan von 2010, prüfungsdidaktische Schwerpunkte für 2016, Prüfungstermine 2016, Liste der Operatoren von 2015) und auf der Homepage der Kultusministerkonferenz (Einheitliche Prüfungsanforderungen im Fach Geschichte, i. d. F. vom 10. 2. 2005) finden.

2 Allgemeine Anforderungen im Abitur

Wir haben Ihnen auf den folgenden Seiten die wesentlichen Bestimmungen zur Abiturprüfung 2016 in Geschichte zusammengestellt und erläutert. In Verbindung mit dieser Einführung sollten Sie unbedingt die **Übungsaufgaben** in diesem Band (Seite 1–49) sowie die ministeriellen **Prüfungsaufgaben** des Landesabiturs 2013 bis 2015 durcharbeiten. Alle Aufgaben veranschaulichen Ihnen die offiziellen Prüfungsanforderungen durch **konkrete Hinweise** und **ausgearbeitete Lösungen**.
Im Folgenden werden Ihnen zunächst **allgemeine Tipps** und Hinweise, u. a. zur **Quellen- und Methodenarbeit**, gegeben. Danach folgen ausführlich die Anforderungen in den schriftlichen Abiturprüfungen (ab S. VI), und zwar:
- die **Inhalte**, auf die sich die Prüfungsaufgaben beziehen,
- die Art der **Aufgabenstellung** und
- die Kriterien für die **Bewertung** der Prüfungsleistungen.

2.1 Das Abschlussprofil als Orientierungs- und Entscheidungshilfe

Im Lehrplan finden Sie das „Abschlussprofil am Ende der Qualifikationsphase" (Lehrplan 2010, S. 50 ff.). Es listet die **Qualifikationen und Kenntnisse** auf, die Sie im Grund- oder Leistungskurs am Ende von Q 3 bzw. Q 4 haben sollen.

Als **Grundkursschüler** sollten Sie zum Beispiel Kenntnisse haben über „den Verlauf, die Struktur und die Folgen der Französischen Revolution" oder über die „nationale und liberale Bewegung im Vormärz" oder Sie sollten um „die Wechselbeziehung zwischen der weltpolitischen, der europäischen und der deutschen Ebene der historischen Entwicklung nach 1945" wissen usw.
Diese Lernzielformulierungen sind **nicht verbindlich** für die Prüfungsinhalte. Aber sie können für Sie eine **wichtige Orientierungshilfe** sein, wenn Sie vor der Entscheidung stehen, ob Sie sich im Abitur **in Geschichte prüfen lassen** wollen (schriftlich im dritten Prüfungsfach oder im mündlichen Abitur).

Im Übrigen kann Ihnen als **Grund-** oder als **Leistungskursschüler** das Abschlussprofil als **Checkliste für die Vorbereitung Ihrer Abiturprüfung** dienen: Wenn Sie das alles wissen und können, was hier steht, sind Sie inhaltlich bestens vorbereitet für die Abiturprüfung.

2.2 Quellen und Methoden

Im Laufe Ihrer Schulzeit haben Sie in Geschichte und in anderen Fächern **Verfahren zur Analyse und Interpretation** von Texten (besonders im Fach Deutsch), Bildern, Grafiken usw. kennengelernt. Im Folgenden wird im Zusammenhang mit Ihrer Vorbereitung auf die Abiturprüfung in Geschichte an wesentliche Aspekte solcher fachspezifischen Methoden erinnert. Angesprochen werden die in Geschichte am häufigsten vorkommenden Materialien: **Texte**, **Karikaturen**, **Plakate** und **Grafiken**.

Abgesehen von besonderen Fragestellungen und Anweisungen durch Operatoren werden Materialien grundsätzlich in **drei Schritten** bearbeitet:

1. Analyse der Form:
   - äußere Gestalt,
   - Anlass,
   - Datierung,
   - Verfasser,
   - Adressat,
   - besondere Umstände usw.
2. Analyse des Inhalts:
   - inhaltlicher und gedanklicher Aufbau,
   - historischer Hintergrund und Kontext,
   - Erkenntniswert,
   - Deutung,
   - Vergleich usw.

3. Reflexion und Problematisierung:
   - Bewertung,
   - Beurteilung,
   - Auseinandersetzung usw.

Dieser dreigliedrige Aufbau kann sich bei den unterschiedlichen Quellenarten jeweils verändern, aber das **Grundmuster: Form – Inhalt – Reflexion** bleibt immer gleich. Bei der Analyse und Interpretation einer Quelle sollten die einzelnen Schritte nicht unvermittelt nebeneinanderstehen, sondern argumentativ miteinander verbunden werden.

Texte
Texte stellen für den Geschichtsunterricht die überwiegende Anzahl **historischer Quellen** dar. Sie kommen in verschiedener Form vor: offizielle Dokumente, Reden, Beschlüsse, aber auch Memoiren, Berichte von Zeitzeugen, Liedtexte usw. Zudem kennen Sie **wissenschaftliche Texte** als Materialgrundlage von Prüfungsaufgaben, vor allem im Leistungskurs (zum Beispiel zum Historikerstreit); bei solchen Forschermeinungen handelt es sich nicht um historische Quellen, sondern um **Sekundärliteratur**, die sich um die Deutung und Auslegung eines bestimmten Sachverhalts bemüht. Als Dokument ihrer Zeit und des Zeitgeists können aber auch wissenschaftliche Texte als historische Quellen dienen.

Die Analyse von Textquellen orientiert sich grundsätzlich an folgenden Aspekten:
1. Beschreibung des Textes (Autor, Anlass, Datierung usw.) und seines Inhalts (Gliederung, Paraphrase des Inhalts usw.)
2. Klärung der Zeitbezüge (historischer Kontext) und Deutung der Absicht
3. Bewertung und Auseinandersetzung

Bildquellen
Bildliche Quellen kennen Sie aus dem Unterricht in vielfältiger Form: als Gemälde, Karikaturen, Plakate, Fotografien, Postkarten usw. Im Folgenden seien **Karikaturen** und **Plakate** herausgegriffen, da ihre Analyse grundlegend auch für andere Bildquellen ist und sie in Prüfungsaufgaben am ehesten vorkommen.

Karikaturen
Eine Karikatur ist bildliche **Satire** und gezeichneter **Kommentar** in einem. Sie wird geprägt von der **kritischen Aussageabsicht** des Karikaturisten. Diese Aussageabsicht kommt in der Regel durch eine pointierte und überspitzte Darstellung zum Ausdruck und ist trotzdem nicht immer leicht zu erkennen. Denn Karikaturen verwenden einerseits eine symbolträchtige Zeichen- und Bildsprache, die man verstehen muss (zum Beispiel Figuren wie den deutschen Michel). Andererseits beziehen sich Karikaturen in der Regel auf zeitgenössische politische Auseinandersetzungen, sodass man entsprechende Anspielungen und Bezüge durch historisches Wissen rekonstruieren muss. Oft hilft zum Verständnis einer Karikatur allerdings ihr Titel oder hinzugefügte Textzeilen (zum Beispiel ein kurzer Dialog der abgebildeten Personen).

Folgende Aspekte sollten Sie bei der Analyse einer Karikatur berücksichtigen:
1. Benennung und Beschreibung relevanter Bildelemente samt besonderer Gestaltungsmittel
2. Entschlüsselung der Zeitbezüge und Deutung der Aussageabsicht
3. Einordnung der Karikatur in ihren historischen Zusammenhang sowie ihre Bewertung

Tipp: Bearbeiten Sie die die Originalprüfungsaufgaben GK 2013-17 ff., GK 2014-1 ff., LK 2014-1 ff. in diesem Buch, um die Analyse einer Karikatur zu üben.

Plakate

Plakate dienen der öffentlichen Information (Bekanntmachung, Ankündigung) oder der Werbung (für Parteien, Veranstaltungen, Produkte). Besonders geläufig im Geschichtsunterricht sind Wahlplakate politischer Parteien. Die meisten Plakate enthalten sowohl bildliche Elemente als auch Text; es gibt aber auch reine Bild- oder reine Textplakate.

Ähnlich wie bei der Karikatur sollten Sie folgende Aspekte bei der Analyse eines Plakates berücksichtigen:
1. Benennung und Beschreibung relevanter Bild- und Textelemente sowie ihres Zusammenwirkens samt besonderer Gestaltungsmittel
2. Entschlüsselung der Zeitbezüge und Deutung der Funktion und Aussageabsicht
3. Einordnung des Plakates in den historischen Zusammenhang und seine Bewertung

Grafische Darstellungen

Grafische Darstellungen kennen Sie als Quelle in vielfältiger Weise: als Schema einer Staatsverfassung, als Diagramm mit Wahlergebnissen, als Tabelle mit Nahrungsmittelpreisen, als Landkarte der Kolonien in Afrika usw. Wesentlich bei der Analyse und Interpretation grafischer Darstellungen ist, dass Sie sich genau darüber klar werden, was in einer Grafik jeweils dargestellt ist und was nicht. Sie müssen sich fragen, wie weit die Angaben reichen, wo ihre Grenzen sind, was sie ggf. unterschlagen. Nur so können Sie zuverlässig den Aussagewert einer Grafik bestimmen.

Insgesamt sollten Sie diese Aspekte bei der Auswertung einer Grafik berücksichtigen:
1. Benennung der Rahmendaten (Gegenstand und Elemente der Grafik) sowie Beschreibung des Inhalts und seiner Besonderheiten
2. Erläuterung der erkannten Aussagen vor ihrem historischen Kontext (Ursachen, Trends, Querverbindungen usw.)
3. Bewertung der Aussagekraft oder Aussageabsicht

3 Das schriftliche Abitur

Als **Leistungskursschüler** müssen Sie in Geschichte eine Abiturklausur schreiben. Wenn Sie im **Grundkurs** sind, haben Sie die Wahl, ob Sie sich in Geschichte oder in einem anderen Fach des zweiten Aufgabenfeldes prüfen lassen wollen, gleichgültig ob schriftlich oder mündlich; falls Sie Hilfe bei Ihrer Entscheidung benötigen, beachten Sie Abschnitt 2.1 in diesem Buch. Zu den Fächern des **zweiten Aufgabenfeldes** gehören neben Geschichte: Politik und Wirtschaft, Religion, Ethik, Erdkunde, Philosophie und Wirtschaftswissenschaften.

3.1 Inhalte

Lehrplan mit Schwerpunktthemen

Im Lehrplan ist jedem Halbjahr ein **Thema** zugeordnet (für Q 1 zum Beispiel „Gesellschaftliche Veränderungsprozesse am Beginn der Moderne"). Zu den Themen gehören verbindliche **Unterrichtsinhalte** (etwa „Der Imperialismus und seine Folgen") und einschlägige **Stichworte**, die diese konkretisieren (etwa „Der verspätete Imperialismus im deutschen Kaiserreich").

Aus diesen Unterrichtsinhalten und Stichworten hat das Kultusministerium für Ihre schriftliche Abiturprüfung 2016 **prüfungsdidaktische Schwerpunktthemen** ausgewählt, die nachfolgend abgedruckt sind. Sie sind für den Grund- und Leistungskurs gleich, nur hat der Leistungskurs ein Thema mehr (in Q 2). Die Schwerpunktthemen für den bilingualen Geschichtsunterricht entnehmen Sie bitte den „Hinweisen zur Vorbereitung auf die schriftliche Abiturprüfung im Landesabitur 2016" auf der Homepage des Hessischen Kultusministeriums.

Q 1 Gesellschaftliche Veränderungsprozesse am Beginn der Moderne

Politische Revolutionen in Europa und ihre Folgen *(für den Grundkurs)*
- Modernisierungsprozesse in den von Napoleon besetzten Ländern (insbesondere Preußen, Königreich Westphalen); Judenemanzipation; Nationalbewusstsein und Nationalstaatsbewegung in Deutschland und Europa; der Wiener Kongress; Restauration und Vormärz; Demokratiebewegung und Revolution 1848; die Gründung des Deutschen Reiches

Die großen Revolutionen und ihre Folgen *(für den Leistungskurs)*
- Modernisierungsprozesse in den von Napoleon besetzten Ländern (insbesondere Preußen, Königreich Westphalen); Judenemanzipation; Nationalbewusstsein und Nationalstaatsbewegung in Deutschland und Europa; der Wiener Kongress; Restauration und Vormärz; Demokratiebewegung und Revolution 1848; die Gründung des Deutschen Reiches

Der Imperialismus und seine Folgen
- Motive und ideologische Legitimation des Imperialismus; der verspätete Imperialismus im deutschen Kaiserreich; der wachsende Nationalismus und Chauvinismus in Europa und der Kriegsausbruch 1914; die historische Bedeutung des Ersten Weltkriegs

Q 2 Deutschland zwischen Demokratie und Diktatur – Weimarer Republik und Nationalsozialismus

Weimarer Demokratie versus nationalsozialistischer Führerstaat
- Entstehungsbedingungen der Republik im nationalen und internationalen Umfeld (Pariser Vorortverträge); die Krise der Weimarer Republik und Ursachen ihres Scheiterns
- Der völkische Staat: Ideologie und Wirklichkeit; Zerschlagung des demokratischen Rechtsstaates; Terror und Propaganda; der Prozess der Gleichschaltung

Außenpolitik der Weimarer Republik versus nationalsozialistische Außenpolitik und Zweiter Weltkrieg
- Weimarer Außenpolitik in der Auseinandersetzung mit Versailles; außenpolitische Westorientierung und die Rolle der USA; die Rekonstruktion des europäischen Staatenbundes – der Völkerbund
- Deutsche Expansionspolitik im Vorfeld des Krieges; Vernichtungskrieg im Osten; „Totaler Krieg" und Folgen für die Bevölkerung; bedingungslose Kapitulation Deutschlands; die Interessenlage der Alliierten und die Nachkriegsordnung

Die Verfolgung und Ermordung der europäischen Juden
- Die Situation der jüdischen Bevölkerung in der Zeit der Verfolgung; die Pläne zur „Endlösung der Judenfrage"; die staatlich organisierte, planmäßige Ermordung der europäischen Juden

Der Widerstand gegen den Nationalsozialismus
- Formen des Widerstandes

Q 3 Konflikt und Kooperation in der Welt nach 1945

Die weltpolitische Ebene: Von der Bipolarität zur Multipolarität
- Die bipolare Struktur internationaler Politik im Kalten Krieg; Tendenzen zur Aufhebung der Bipolarität: Entspannung zwischen USA und UdSSR und ihre Auswirkungen; Elemente der Multipolarität: Entkolonialisierung (Beispiel Vietnam)

Die europäische Ebene: Integration und neue Nationalismen
- Die Teilung Europas im Zuge des Kalten Krieges; Kooperation und Integration in Westeuropa; der KSZE-Prozess und das Ende der politischen Teilung

Die deutsche Ebene: Teilung und Einheit
- Gründung der beiden deutschen Staaten; die innere Entwicklung in der Bundesrepublik bis 1990 (u. a. 1968); Veränderung im Zeichen neuer Ostpolitik und Entspannung; die Vereinigung der beiden deutschen Staaten (Ursachen, Verlauf und Folgen)

Zu den verbindlichen Unterrichtsinhalten des Lehrplans (über die prüfungsdidaktischen Schwerpunktthemen hinaus) gehören in diesen drei Halbjahren außerdem:
- Die Industrielle Revolution und ihre Folgen (Q 1)
- Modernisierung des Kapitalismus versus Wirtschafts- und Sozialpolitik des Nationalsozialismus (Q 2)
- Bürgerliche Identität und Industriegesellschaft (nur für den Leistungskurs) (Q 2)
- Neue Weltmächte: China *oder* Japan (nur für den Leistungskurs) (Q 3)

3.2 Aufgabenstellung

Aufgabenart

Als Aufgabenart ist eine **historische Argumentation** auf der Grundlage von Quellen vorgesehen. Als Material kommen dafür Text- oder Bildquellen in Betracht (Grafik, Karikatur usw.); dabei kann auch eine **kreative und produktorientierte Gestaltung** verlangt werden (zum Beispiel das Entwerfen einer Rede, eines Briefs, einer Strategie).

Kursübergreifender Bezug

Die Aufgabenstellung darf sich **nicht nur auf die Sachgebiete eines Schulhalbjahres** beschränken. Sie müssen sich also darauf einstellen, dass jede Prüfungsaufgabe einen kursübergreifenden Bezug aufweist. Zum Beispiel durch die thematische Verknüpfung zweier Epochen in einer Rede Friedrich Eberts von 1923 (Weimarer Republik) über die Revolution von 1848 wie in Aufgabe LK 2015-10 ff.

Arbeitsanweisungen

Trotz eines kursübergreifenden Bezugs stellt jede Prüfungsaufgabe eine thematische Einheit dar. Diese **thematische Einheit** bleibt auch durch die **Unterteilung der Aufgabenstellung in einzelne Arbeitsanweisungen** gewahrt. Denn die Arbeitsanweisungen sind keine unzusammenhängenden selbstständigen Teilaufgaben, sondern sie helfen die Aufgabenstellung zu strukturieren: Sie grenzen die Aufgabenstellung ein, akzentuieren und präzisieren sie. Dadurch wird es Ihnen erleichtert, die Aufgabe zu lösen, und Ihr Prüfer kann später Ihre Leistung gezielter bewerten und beurteilen.

Operatoren

Die Arbeitsanweisungen werden mithilfe **festgelegter einheitlicher Operatoren** formuliert. Operatoren sind Aufforderungsverben wie „wiedergeben", „erläutern", „vergleichen" usw. Die Definition dieser Operatoren müssen Sie genau kennen, um zu wissen, was von Ihnen verlangt wird. Während der Abiturklausur liegt Ihnen die aktuelle Liste sämtlicher Operatoren vor.[1]

Die Operatoren sind drei **Anforderungsbereichen** zugeordnet. Damit erfolgt eine weitere Strukturierung der Aufgabenstellung und Ihrer Prüfungsleistung. Wenn Sie zum Beispiel einen Text nur wiedergeben müssen, handelt es sich eher um eine reproduktive Leistung (AFB I), während das Erklären (AFB II) und erst recht das Beurteilen (AFB III) ein größeres Maß an Selbstständigkeit von Ihnen verlangt. Die Zuordnung eines Operators zu einem Anforderungsbereich zeigt Ihnen, auf welchem Anforderungsniveau Sie die Aufgabe lösen sollen.

1 Sollten sich bei den auf den Seiten IX – XI aufgeführten Operatoren nach Erscheinen dieses Bandes noch Änderungen für das Landesabitur 2016 ergeben, erhalten Sie aktuelle Informationen dazu im Internet unter: www.stark-verlag.de/pruefung-aktuell.

Anforderungsbereich I
Im Anforderungsbereich I wird von Ihnen die Wiedergabe von Sachverhalten aus einem abgegrenzten Gebiet im gelernten Zusammenhang und die Beschreibung sowie Verwendung gelernter und eingeübter Arbeitstechniken in einem begrenzten Gebiet und in einem wiederholenden Zusammenhang erwartet.

Operatoren	Definitionen
beschreiben	Aussagen, Sachverhalte, Strukturen o. Ä. in eigenen Worten strukturiert und fachsprachlich verdeutlichen
nennen	zielgerichtet Informationen zusammentragen, ohne diese zu kommentieren
skizzieren	einen Sachverhalt oder Gedankengang in seinen Grundzügen angeben
wiedergeben	ausgehend von einem Einleitungssatz Informationen aus dem vorliegenden Material unter Verwendung der Fachsprache in eigenen Worten ausdrücken
zusammenfassen	ausgehend von einem Einleitungssatz die wesentlichen Aussagen eines Textes in strukturierter und komprimierter Form unter Verwendung der Fachsprache herausstellen
zusammenstellen	Begriffe/Elemente nach vorgegebenen Gesichtspunkten sammeln

Beispiel:
Fassen Sie die Erinnerungen des Autors zusammen.
Bei der Zusammenfassung ist zu beachten, dass Sie nach einer kurzen Einführung in die Quelle alle wesentlichen Aussagen des Textes gut gegliedert und in knapper Form zusammenstellen. Für die Lösung siehe GK 2015-19 ff.

Anforderungsbereich II
Hier wird Folgendes von Ihnen erwartet: selbstständiges Auswählen, Erklären, Anordnen, Ordnen, Verarbeiten, Bearbeiten und Darstellen bekannter Sachverhalte unter vorgegebenen Gesichtspunkten und Fragestellungen sowie das selbstständige Anwenden und Übertragen des Gelernten auf vergleichbare neue Sachverhalte und Situationen. Dabei kann es sich entweder um veränderte Fragestellungen, um veränderte Sachzusammenhänge oder um abgewandelte Verfahrensweisen handeln.

Operatoren	Definitionen
analysieren	Merkmale eines Textes, Sachverhaltes oder Zusammenhanges kriterienorientiert bzw. aspektgeleitet erschließen und zusammenhängend verdeutlichen
anwenden	einen bekannten Sachverhalt oder eine bekannte Methode auf eine neue Problemstellung beziehen

Operatoren	Definitionen
auswerten	Daten, Einzelergebnisse oder sonstige Sachverhalte zu einer abschließenden Gesamtaussage zusammenführen
charakterisieren	Vorgänge, Sachverhalte, Personen/Figuren in ihrer jeweiligen Eigenart treffend und anschaulich kennzeichnen und ggf. unter einem bestimmten Gesichtspunkt zusammenführen
darstellen	Sachverhalte o. Ä. und deren Bezüge sowie Zusammenhänge aufzeigen
einordnen/zuordnen	Sachverhalte unter Verwendung von Vorwissen begründet in einen genannten Zusammenhang stellen
erklären	Materialien, Sachverhalte oder Thesen nachvollziehbar in einen Begründungszusammenhang stellen, z. B. durch Rückführung auf fachliche Grundprinzipien, Gesetzmäßigkeiten, Funktionszusammenhänge, Modelle, Regeln o. Ä.
erläutern	Materialien, Sachverhalte oder Thesen mit zusätzlichen Informationen und Beispielen verdeutlichen
herausarbeiten	aus Materialien bestimmte Sachverhalte erschließen, die nicht explizit genannt werden
in Beziehung setzen	Zusammenhänge unter vorgegebenen oder selbst gewählten Gesichtspunkten begründet herstellen
untersuchen	Sachverhalte unter bestimmten Aspekten betrachten und am Material belegen
vergleichen/ gegenüberstellen	nach vorgegebenen oder selbst gewählten Gesichtspunkten Gemeinsamkeiten, Ähnlichkeiten und Unterschiede begründet darlegen

Beispiel:
Erläutern Sie in Anknüpfung an die Materialien zentrale Forderungen und Erfolge der bürgerlichen Frauenbewegung im Deutschen Kaiserreich.
Hier sollen Sie sowohl mithilfe der Materialien als auch auf der Grundlage eigener Kenntnisse bestimmte Aspekte (Forderungen und Erfolge der Frauenbewegung) verdeutlichen. Für die Lösung siehe LK 2015-4 ff.

Anforderungsbereich III
In diesem Anforderungsbereich wird von Ihnen planmäßiges Verarbeiten komplexer Gegebenheiten mit dem Ziel erwartet, zu selbstständigen Begründungen, Folgerungen, Deutungen, Wertungen, Lösungen und Gestaltungen zu gelangen. Dabei werden aus gelernten Methoden bzw. Lösungsverfahren die zur Bewältigung der Aufgabe geeigneten selbstständig ausgewählt oder einer neuen Problemstellung angepasst.

Operatoren	Definitionen
begründen	einen Sachverhalt bzw. eine Aussage durch nachvollziehbare (Text-)Argumente stützen
beurteilen	zu einem Sachverhalt oder einer Aussage unter Verwendung von Fachwissen und Fachmethoden eine begründete Einschätzung geben
bewerten / Stellung nehmen	wie Operator „beurteilen", aber zusätzlich die eigenen Maßstäbe begründet darlegen
diskutieren / sich auseinandersetzen mit	zu einer Aussage, Problemstellung oder These eine Argumentation entwickeln, die zu einer begründeten Bewertung führt
entwickeln	einen eigenen (bewertenden) Gedankengang bzw. ein Konzept zu einem Thema entfalten und Schlussfolgerungen ziehen
erörtern	eine These oder Problemstellung unter Abwägen von Argumenten und Gegenargumenten hinterfragen und zu einem eigenen wertenden Urteil gelangen
gestalten / entwerfen / erfassen	Aufgabenstellungen kreativ und produktorientiert bearbeiten, z. B. auf der Grundlage eines Materials und seiner inhaltlichen oder stilistischen Gegebenheiten eine kreative Idee in ein selbstständiges Produkt umsetzen
interpretieren	auf der Grundlage einer Analyse Sinnzusammenhänge aus Materialien methodisch reflektiert erschließen, um zu einer schlüssigen Gesamtauslegung zu gelangen
überprüfen	Aussagen oder Behauptungen auf der Grundlage von Fachkenntnissen kritisch hinterfragen und auf ihre Angemessenheit hin begründet einschätzen

Beispiel:
Diskutieren Sie, inwieweit das „Wirtschaftswunder" zur Entwicklung der Bundesrepublik zu einer demokratischen, Gleichberechtigung (auch der Geschlechter) anstrebenden Gesellschaft beigetragen hat.
Hier liegt eine These vor, zu der Sie eine passende Argumentation mit einer abschließenden Bewertung entwickeln müssen. Für die Lösung der Aufgabe siehe GK 2015-19 ff.

Gewichtung der Teilaufgaben
In der Praxis sind die Anforderungsbereiche nicht scharf voneinander zu trennen, es kommt vielmehr zu Überschneidungen. Die zu erbringenden Prüfungsleistungen werden deshalb gelegentlich auch zwei oder gar allen drei Anforderungsbereichen zugeordnet, wie Sie an den **Tabellen** zur Bewertung im Aufgabenteil dieses Buches erkennen können. Die Tabellen stehen jeweils am Ende der Lösungsaufsätze. Diesen können Sie auch entnehmen, dass der **Schwerpunkt** der von Ihnen zu erbringenden Prüfungsleistung stets **im Anforderungsbereich II** (in der Regel im LK 40 %, im GK 45 %) liegt. Die beiden anderen Anforderungsbereiche werden entsprechend

weniger gewichtet (in der Regel im LK AFB I 30 %, AFB III 30 %; im GK AFB I 30 %, AFB III 25 %). Die prozentuale Verteilung der Anforderungsbereiche, die Sie den auf Ihrem Aufgabenblatt angegebenen **Berechnungseinheiten** (BE) entnehmen können, wird sowohl durch den Aufbau der Aufgabe als auch durch die Gewichtung der Arbeitsanweisungen deutlich.
Fazit: Die Festlegung der Operatoren und ihre Zuordnung zu den drei Anforderungsbereichen sowie die prozentuale Verteilung der Anforderungsbereiche machen für Sie transparent und nachvollziehbar, welche Prüfungsleistung Sie erbringen sollen.

3.3 Bewertungskriterien

Grundlage der Bewertung Ihrer Prüfungsleistung sind die mit den einzelnen Operatoren verbundenen allgemeinen Anforderungen sowie die Gewichtung der einzelnen Teilaufgaben. Konkretisiert werden diese Anforderungen durch die Hinweise des Kultusministeriums zur Korrektur und Bewertung: Sie konzentrieren sich auf die inhaltlichen Aspekte der jeweils vorliegenden Aufgabe und skizzieren beispielhaft eine Leistung, wie sie für 5 und für 11 Punkte zu erbringen wäre.

Als übergeordnete **allgemeine Kriterien** zur Bewertung von Abiturprüfungen gelten neben der **Selbstständigkeit** die Qualität, die Quantität und die Kommunikationsfähigkeit. Die **Qualität** Ihrer Ausführungen misst sich etwa an der Genauigkeit Ihrer Kenntnisse und Einsichten, an der Sicherheit in der Anwendung der Fachsprache und fachspezifischer Methoden, an der Konzentration auf das Wesentliche, an der Differenziertheit Ihrer Aussagen und an Ihrer Fähigkeit, die Bedingtheit und Problematik eigener und fremder Aussagen kritisch zu würdigen. Zum Kriterium der **Quantität** gehören der Umfang Ihrer Kenntnisse und Einsichten, die Vielfalt der Methoden, Aspekte und Bezüge sowie die Breite Ihrer Argumentationsbasis. Eine gute **Kommunikationsfähigkeit** zeichnet sich dadurch aus, dass Sie die Aufgabenstellung genau erfassen, sich präzise ausdrücken und Ihre Ausführungen klar gliedern.

Wie in allen Geschichtsklausuren in der Oberstufe gilt auch in Ihrer Abiturklausur der offizielle **Fehlerindex**. Gewertet werden Fehler der Rechtschreibung, der Zeichensetzung, der Grammatik und des Ausdrucks (zum Beispiel auch der fehlende Gebrauch von Fachausdrücken: „in dem Text vorne im Grundgesetz“ statt „in der Präambel des Grundgesetzes“).
Wenn Sie in Ihrer Klausur im Durchschnitt drei solcher Fehler auf einhundert Wörter machen, haben Sie den **Fehlerindex 3** und bekommen **einen Notenpunkt** abgezogen, bei sechs solcher Fehler pro einhundert Wörter haben Sie den **Fehlerindex 6** und verlieren **zwei Notenpunkte**.

3.4 Tipps zum schriftlichen Abitur

1. Zur Vorbereitung auf das schriftliche Abitur sollten Sie sich mit den **Prüfungsanforderungen** vertraut machen. Lernen Sie den **Stoff** (am besten auch durch dessen Umgestaltung in grafische Übersichten) und bearbeiten Sie frühere Aufgaben aus dem Landesabitur, die Sie in diesem Buch finden. Üben Sie gezielt die **Operatoren**, damit Sie die Arbeitsanweisungen später richtig umsetzen.
2. Bereiten Sie unbedingt den **gesamten Prüfungsstoff** vor, auch wenn Sie in der Prüfung zwei Aufgabenvorschläge weglegen können. Sie schränken sonst Ihre Wahlmöglichkeit unter Umständen erheblich ein. Außerdem ist nicht ausgeschlossen, dass ein und derselbe Themenbereich in allen drei Aufgaben vorkommt.
3. Diskutieren Sie beizeiten in Ihrem Kurs und mit Ihrem Lehrer vernünftige Kriterien für eine angemessene Entscheidung bei der **Auswahl der Abituraufgabe**.
4. Bemühen Sie sich, in **allen drei Anforderungsbereichen** gut zu sein: Sie brauchen gute Grundkenntnisse und methodische Fähigkeiten, Sie müssen sie aber auch anwenden und problematisieren können. Verlieren Sie sich einerseits nicht in Gedankenspielen und bleiben Sie andererseits nicht nur auf der Faktenebene.
5. Üben Sie **Schreiben**. Da Sie eine schriftliche Prüfung vorbereiten, sollten Sie sich auch schriftlich vorbereiten. Begnügen Sie sich nicht damit, Übungsaufgaben „im Kopf" durchzugehen, sondern formulieren Sie Ihre Lösungen tatsächlich schriftlich aus und überarbeiten Sie diese.
6. Nutzen Sie als Leistungskursschüler die **Klausur unter Abiturbedingungen** in Q 3 bewusst als Generalprobe für das Abitur. Überzeugen Sie Ihren Lehrer davon, die Abiturbedingungen möglichst realitätsnah zu simulieren, nicht nur durch eine längere Arbeitszeit (Zeiteinteilung üben!), sondern vielleicht auch durch Auswahlaufgaben oder alternative Arbeitsanweisungen.
7. Befolgen Sie die **Operatoren** gewissenhaft und verlieren Sie diese beim Schreiben nie aus den Augen. Die Arbeitsanweisungen bestimmen, wie Sie Ihre Aufgabe aufbauen und wonach Sie diese durchweg ausrichten müssen. Achtung: Gelegentlich sind in einer Teilaufgabe zwei Operatoren aufgeführt!
8. Formulieren Sie einen **Einleitungs- und einen Schlusssatz**, der zur jeweiligen Aufgabenstellung passt: Was ist mein Ziel, was will, was werde ich tun? Was ist – hinsichtlich des Operators – mein Fazit?
9. **Konzipieren** Sie Ihre Lösung auf Ihrem Konzeptpapier, bevor Sie mit der Ausformulierung beginnen. So gelingt es Ihnen besser, Ihre Ausführungen sinnvoll aufzubauen und zu gliedern.
10. Nach Abschluss jeder Teilaufgabe sollten Sie sich die Arbeitsanweisung und das Material noch einmal anschauen, um zu **überprüfen**, ob Ihre Lösung vollständig ist und tatsächlich zu der Aufgabe passt („prüfender Rückblick").
11. Wenn Sie ein Wort nicht verstehen, schlagen Sie im zugelassenen **Wörterbuch zur Rechtschreibung** nach: Vielleicht haben Sie Glück und es wird dort erklärt.
12. Planen Sie genügend Zeit zum **Überarbeiten** und **Korrekturlesen** ein.

Hessen – Geschichte – Grundkurs
Übungsaufgabe 1

Thema: *Außenpolitik der Weimarer Republik und des Kaiserreichs*

Aufgaben

1. Geben Sie die in der Rede zum Ausdruck kommenden Vorstellungen Stresemanns zur deutschen Außenpolitik wieder. (20 BE)

2. Erläutern Sie, inwiefern Stresemann die in der Rede dargelegten Vorstellungen von 1923 bis zu seinem Tod 1929 umsetzte. (35 BE)

3.1 Fassen Sie Stresemanns Äußerungen zum deutsch-französischen Verhältnis zusammen. (10 BE)

3.2 Beurteilen Sie diese Äußerungen Stresemanns vor dem Hintergrund der Entwicklung des deutsch-französischen Verhältnisses im Verlauf des 19. Jahrhunderts bis zum Ende des Ersten Weltkriegs. (35 BE)

Hinweis: **Gustav Stresemann** (1878–1929) war Vorsitzender der Deutschen Volkspartei (DVP) und von August 1923 bis November 1923 deutscher Reichskanzler. In den nachfolgenden Kabinetten bekleidete er bis zu seinem Tod am 3. Oktober 1929 das Amt des Reichsaußenministers.

Die Rechtschreibung entspricht der Textvorlage. Hervorhebungen durch Fettdruck werden nicht wiedergegeben.

Material

Rede Gustav Stresemanns im Deutschen Reichstag, 17. April 1923 (Auszug)

Wir haben in den letzten Tagen in der Öffentlichkeit eine lebhafte Erörterung darüber gehabt, daß die deutsche Reichsregierung mehr aktive Politik entfalten solle. […]

Was bedeutet aktive Politik? Es bedeutet schließlich: gegenüber jeder internationalen Situation gerüstet sein, um für Deutschland handelnd eingreifen zu können. […]

Aber was bedeutet denn Handeln in der internationalen Situation, in der wir uns befinden? Handeln bedeutet doch in unserer Situation den Weg freimachen für internationale Abmachungen und die Reparationsfrage endgültig lösen, um uns dadurch die Freiheit des Ruhrgebiets und des Rheinlandes wiederzuschaffen. […]

Dieses Handeln kann nach außen in verschiedener Art zum Ausdruck kommen: Es kann bestehen in parlamentarischen und diplomatischen Fühlungnahmen, parlamentarischen Reden, in Noten, in Vorschlägen. Welche Form gewählt wird, das muß die Situation ergeben. […]

Welche Phasen hat nicht schon diese Reparationsdebatte international durchlaufen! Ist es denn nicht die schärfste Kritik an dem Versailler Vertrag […], daß die Welt eine internationale Konferenz nach der anderen erlebt, die alle nur aus der Idee herausgeboren sind, die Schäden, die man in der ganzen Welt als Folgen dieses Vertrages spürt, wieder gut zu machen! [...]

Ein großer Teil, ja mehr als die Hälfte [der ersten Reparationsforderungen] [...] ist durch das geleistet worden, was inzwischen von Deutschland an die Entente abgegeben worden ist. [...]

Der Frieden wird für Frankreich immer teurer! [...]

Wie ist denn die Situation, in der sich Frankreich befindet? Es weist darauf hin, daß es durch den Krieg am meisten gelitten hat. Es führt die Propaganda gegen uns in den Vereinigten Staaten von Amerika, indem es darlegt, was es für den Wiederaufbau seiner zerstörten Gebiete ausgegeben habe, es weist hin auf seine Menschenverluste, auf zerstörte Gebiete, auf zerstörte Finanzen. Wir können das ruhig zugeben: so liegen die Dinge. Aber sehr, sehr falsch ist auch, abgesehen von den tatsächlichen Leistungen Deutschlands durch direkte Hergaben, ganz falsch ist auch, abgesehen davon, die Gegenüberstellung von den zerstörten Gebieten in Frankreich und einem angeblich unzerstörten Deutschland. [...]

Will man denn in Frankreich, will man in der Welt an der Tatsache vorbeigehen, daß doch ein ganz großer Teil des deutschen Volks direkt durch den Verlust des Krieges enteignet worden ist? [...]

Den Menschen, die ihr Heim in den zerstörten Gebieten verloren haben, wird es durch ihre Regierung wieder aufgebaut, in irgendeiner Form erhalten sie Entschädigung dafür. Wer entschädigt denn die Menschen, die deutsche Kriegsanleihe gezeichnet haben?

[...] [W]enn man zugibt, daß Frankreich zerstörte Finanzen hat – das ist gar kein Zweifel –, daß es eminente Aufwendungen für die zerstörten Gebiete gemacht hat [...], so ist und bleibt es ein volkswirtschaftlicher und politischer Unsinn, die Beseitigung aller Kriegsschäden der Alliierten von Deutschland fordern zu wollen [...].

Deutschlands Leistungsfähigkeit und Deutschlands Kredit muß der Ausgangspunkt [für die Bemessung der Reparationen] sein. [...]

Das sage ich nicht als deutscher Parlamentarier, das ist nicht nur die egoistische Auffassung Deutschlands. Darf ich Sie darauf hinweisen, [...] daß der englische erste Minister Bonar Law[1] auf der Pariser Konferenz[2] ganz denselben Gedanken ausgesprochen hat, ganz entschieden zurückgewiesen hat, daß zum Ausgangspunkt das gemacht wird, was die Alliierten brauchten, sondern verlangt hat, daß zum Ausgang das gemacht wird, was Deutschland leisten könne.

[...] [Bonar Law hat gesagt:] Die einzige Chance, die wir haben, frühzeitig Zahlungen von Deutschland zu erhalten, ist der Weg der internationalen Anleihe, und ohne daß wir den deutschen Kredit wiederherstellen, ist diese internationale Anleihe unmöglich. [...]

Ist die deutsche Freiheit und Selbständigkeit [...] damit zu erringen, daß Industrie, Finanz und Landwirtschaft veranlaßt werden, sich dem Staate zur Verfügung zu stellen als Garanten für deutsche übernommene internationale Leistungen, dann werden sie sich dieser Situation gegenüber nicht sträuben. [...]

[...] [M]eine Herren, ich bin der Meinung, daß es notwendig ist, gerade mit Absicht einmal vor der ganzen Welt festzustellen, daß eine Verständigung in der Frage der Reparationen nicht an Deutschland scheitert. [...]

Wir erstreben mit aller Kraft die endgültige Lösung der Reparationsfrage. [...]

[...] [D]iese Frage der Reparationen ist eine Frage des Kompromisses, eine Frage der Verhandlungen, eine Frage, bei der von der Höhe, von der Verteilung der Annuitäten[3] und von Einzelheiten Leben und Sterben des deutschen Volkes nicht abzuhängen braucht. Wenn man aber an Stelle der Reparationspolitik eine andere Politik treibt, die uns Rhein und Ruhr nehmen will, müssen wir mit derselben Klarheit sagen: Hier gibt es keine Verhandlungen und kein [sic!] Kompromiß, hier geht es um Leben und Sterben des deutschen Volkes und um unsere Zukunft. [...]

Der Seelenzustand des deutschen Volkes wird durch all die Ereignisse seit dem 11. Januar[4] auf eine außerordentlich harte Probe gestellt, auch politisch. Man kann sich gar nicht darüber wundern, wenn im Innern die Extreme gestärkt worden sind.

[...] Töricht diejenigen, die da glauben, diesen ganzen Fragenkomplex lösen zu können, indem sie nach dem starken Mann rufen gegenüber den angeblich schwächlichen Naturen, die sich vergeblich an der Lösung dieses Problems versuchen. [...]

Seltsam diejenigen, die sich auf Bismarck beziehen und von der Realpolitik dieses großen Staatsmannes in ihrer Beurteilung der außen- und innerpolitischen Verhältnisse nicht das geringste merken lassen. [...]

Sonst würden sie verstehen, daß wir in einer Übergangszeit leben, in der es darauf ankommt, alle Kräfte zusammenzufassen, um die Einheit des Volks und des Reichs, um den Staat zu retten gegenüber dem Ansturm, der von außen kommt. [...]

Unsere Aufgabe ist es meines Erachtens, mit aller Entschiedenheit den Staat, wie er ist, zu stützen, [...], uns um ihn zu scharen und ihn zu verteidigen, seine Führung zu unterstützen und durch eine Politik nationaler Besonnenheit, durch Zusammenfassung der Kräfte diejenige Zukunft uns zu sichern, auf der einmal [...] andere weiter aufbauen werden [...].

Verhandlungen des Reichstags. I. Wahlperiode 1920, Band 359, Stenographische Berichte, Berlin 1923, S. 10572–10580.

1 Andrew Bonar Law: Politiker der Konservativen Partei, britischer Premierminister 1922–1923

2 Auf der Pariser Konferenz vom 2. bis 4. Januar 1923 bemühten sich die Alliierten, ihre Reparationsforderungen gegenüber Deutschland neu zu regeln; die Konferenz scheiterte aber insbesondere am Gegensatz zwischen England und Frankreich.

3 Annuität: regelmäßige jährliche Zahlung bestehend aus Zins und Tilgung

4 Am 11. Januar 1923 besetzten belgische und französische Truppen das Ruhrgebiet, um ausstehende deutsche Reparationsleistungen (z. B. Kohle) zu sichern. Die Ruhrbesetzung endete im August 1925.

Lösungsvorschläge

Inhaltliche Schwerpunkte:
Der Schwerpunkt dieser Aufgabe liegt auf dem Halbjahresthema von Q 2 „Deutschland zwischen Demokratie und Diktatur – Weimarer Republik und Nationalsozialismus". Sämtliche Stichpunkte zur „Außenpolitik der Weimarer Republik" („Weimarer Außenpolitik in der Auseinandersetzung mit Versailles"; „außenpolitische Westorientierung und die Rolle der USA"; „die Rekonstruktion des europäischen Staatenbundes – der Völkerbund") sind für die Lösung der Aufgabe relevant. Der kursübergreifende Bezug entsteht durch die Behandlung des deutsch-französischen Verhältnisses im Verlauf des 19. Jahrhunderts bis zum Ende des Ersten Weltkriegs. Diese gehört in den Themenbereich „Der Imperialismus und seine Folgen" des Halbjahrs Q 1 „Gesellschaftliche Veränderungsprozesse am Beginn der Moderne".

1. *Beginnen Sie mit einem Einleitungssatz, der die Quelle einordnet (Autor, Quellenart, Datierung, historischer Hintergrund, Thema). Für die geforderte Wiedergabe dürfen Sie nicht einfach den gesamten Text zusammenfassen, sondern Sie müssen sich auf die in der Aufgabenstellung genannten Aspekte konzentrieren: die von Stresemann dargelegten Vorstellungen zur deutschen Außenpolitik. Formulieren Sie die Textwiedergabe in indirekter Rede (Konjunktiv, Redeeinleitungen usw.). Die weitgehend reproduktive Aufgabe erfordert vorwiegend Leistungen aus dem AFB I.*

Gustav Stresemann spricht am 17. April 1923 in einer Rede vor dem Reichstag über die Handlungsmöglichkeiten, Ziele und Aufgaben einer künftigen deutschen Außenpolitik. Der DVP-Politiker hält seine Rede vor dem Hintergrund des Konflikts um die deutschen Reparationsleistungen. Dieser hatte im Januar 1923 mit der französisch-belgischen Besetzung des Ruhrgebiets einen neuen Höhepunkt erreicht. In seiner Rede greift Stresemann die in der Öffentlichkeit diskutierte Forderung auf, dass Deutschland dem Ausland gegenüber eine aktivere Politik betreiben müsse (vgl. Z. 1 f.).

Für eine solche Politik sieht Stresemann in der aktuellen Situation mehrere Möglichkeiten: Man könne etwa die **Diplomatie** bemühen, im Parlament **Reden** halten oder **Vorschläge** entwickeln (vgl. Z. 9 ff.). Ziel müsse es sein, „internationale Abmachungen [zu schließen] und die Reparationsfrage endgültig [zu] lösen" (Z. 6 f.). Darin erblickt Stresemann den Schlüssel zur **Beendigung der Rheinland- und Ruhrgebietsbesetzung** (vgl. Z. 6 ff.). Die Höhe der deutschen Zahlungen dürfe sich nicht daran ausrichten, „was die Alliierten brauchten" (Z. 48), sondern müsse sich daran orientieren, „was Deutschland leisten könne" (Z. 49).

Die Erfüllung der Reparationsforderungen gelinge am besten dann, wenn Deutschland mithilfe des Auslands wieder kreditwürdig werde. Stresemann greift dazu einen entsprechenden Vorschlag Englands auf, Deutschland mit einer **internationalen Anleihe** den Wiederaufbau seiner Wirtschaft und die Gesundung seiner Staatsfinanzen zu ermöglichen (vgl. Z. 50 ff.). Der DVP-Vorsit-

zende gibt sich zuversichtlich, „daß eine **Verständigung in der Frage der Reparationen** nicht an Deutschland" (Z. 59 f.) scheitern werde. Im Gegensatz zu den Reparationsleistungen (vgl. Z. 62 ff.) könne es aber bei der **territorialen Zugehörigkeit** von Rheinland und Ruhrgebiet keine Kompromisse geben, da es hierbei „um Leben und Sterben des deutschen Volkes und um unsere Zukunft" (Z. 67 f.) gehe.
Angesichts der gegenwärtigen Krise sei die Situation in Deutschland stark angespannt und die **radikalen Kräfte** seien gestärkt worden (vgl. Z. 69 ff.). Gleichwohl lehnt Stresemann den **Ruf nach einem „starken Mann"** (Z. 73) ab und mahnt zu einer „Politik nationaler Besonnenheit" (Z. 83). Deutschland befinde sich in einer „**Übergangszeit**" (Z. 78), in der es darum gehe, **zusammenzustehen** und die eigene Staatsführung zu unterstützen, um so den Staat vor „dem Ansturm, der von außen kommt" (Z. 80), zu bewahren.

Stresemann betrachtet es als vordringliches Ziel der Außenpolitik, durch **Verhandlungen** einen **Kompromiss in der Reparationsfrage** zu erzielen und dadurch die **Besetzung** des Rheinlands und des Ruhrgebiets zu **beenden**.

2. *Bei dieser Aufgabe mit Schwerpunkt im AFB II müssen Sie Ihre Kenntnisse zur Außenpolitik Stresemanns einbringen und sie in Beziehung zu dessen außenpolitischen Vorstellungen vom April 1923 setzen. Verweisen Sie in Ihrer Darstellung der Außenpolitik Stresemanns immer wieder auf Übereinstimmungen mit den in der Rede dargelegten Grundsätzen.*

Im April 1923 hatte Stresemann im Reichstag als Redner der Opposition für eine Außenpolitik der „nationale[n] Besonnenheit" (Z. 83) plädiert und die endgültige Klärung der Reparationsfrage sowie das Ende der Ruhr- und Rheinlandbesetzung zu vorrangigen Zielen erklärt. Als er vier Monate später, im August 1923, zum Reichskanzler ernannt wurde, war er neben der anhaltenden französisch-belgischen **Ruhrbesetzung** mit dem Problem des sich inzwischen dramatisch beschleunigenden Wertverlusts der Reichsmark (**Hyperinflation**) konfrontiert. Letzterer war u. a. dadurch zustande gekommen, dass das Reich über keine ausreichenden Einnahmen verfügte, um die im Ruhrgebiet gegen die Besatzungsherrschaft streikenden Arbeiter (passiver Widerstand) zu entlohnen. Die Reichsregierung hatte deshalb die Geldmenge durch Inbetriebnahme der Notenpresse steigern lassen. Stresemann reagierte auf diese doppelte Krise, indem er den **passiven Widerstand** im Ruhrgebiet **beenden** ließ und eine **Währungsreform** (Einführung der Rentenmark) durchführte.
Neben der Beruhigung der inneren Lage ging es Stresemann vor allem darum, die wirtschafts- und währungspolitische Glaubwürdigkeit Deutschlands im Ausland wiederherzustellen. Sein mittelfristiges Ziel war die Reduzierung der deutschen Reparationsverpflichtungen gegenüber dem Ausland – dies erreichte er schließlich 1924 mit dem **Dawes-Plan**. Diese internationale Vereinbarung passte die Reparationsraten an die deutsche Wirtschaftskraft an, stärkte das Vertrauen in die deutsche Währung und stellte das Ende der Ruhrbesetzung in

Aussicht. Sie war Grundlage für ausländische Investitionen und Kredite, die zu einem Aufschwung der deutschen Wirtschaft in den darauffolgenden „Goldenen Zwanzigerjahren" beitrugen. Wie der DVP-Vorsitzende bereits im April 1923 im Reichstag dargelegt hatte, ließ sich die Reparationsfrage und die Ruhrkrise nur auf diplomatischem Wege und durch „internationale Abmachungen" (Z. 6 f.) lösen.

Stresemanns Politik, die darauf ausgelegt war, durch vertrauensbildende Maßnahmen die internationale Stellung Deutschlands zu stärken, fand im Herbst 1925 ihren Höhepunkt: Im **Locarno-Vertrag** sicherte das Deutsche Reich Frankreich und Belgien die Einhaltung seiner im Versailler Vertrag neu festgelegten Westgrenze zu und unterstellte sich bei Streitigkeiten der internationalen Schiedsgerichtsbarkeit. Mit diesem durch den Reichsaußenminister verhandelten Abkommen betrieb das Deutsche Reich eine versöhnliche Politik und suchte die Verständigung mit seinen westlichen Nachbarstaaten – eine Vorstellung, die bereits in Stresemanns Rede aus dem Frühjahr 1923 anklingt (vgl. Z. 26 f., 38 ff.). Ein Jahr nach Abschluss des Locarno-Vertrags wurde Deutschland in den **Völkerbund** aufgenommen. Stresemann war es gelungen, die außenpolitische Isolation Deutschlands nach dem Ersten Weltkrieg zu überwinden.

Für seine politische **Verständigung und Aussöhnung**, vor allem mit Frankreich, wurde der DVP-Politiker zwar von den rechtskonservativen Parteien in Deutschland heftig angefeindet, bei den republikanischen Parteien und international stieß seine Politik aber auf Zustimmung. Zusammen mit seinem französischen Amtskollegen Aristide Briand wurde er 1926 für seine Verdienste um den Frieden in Europa mit dem **Friedensnobelpreis** ausgezeichnet.

Einen letzten großen Erfolg erzielte Stresemann im Sommer 1929 mit dem **Young-Plan**. Dieser legte die Reparationsleistungen Deutschlands endgültig fest und bedeutete eine finanzielle Entlastung im Vergleich zu den bestehenden Verträgen. Damit hatte der DVP-Vorsitzende das erreicht, was er im April 1923 im Reichstag angemahnt hatte: Durch Verhandlungen und Kompromisse (vgl. Z. 62 f.) war es zu einer „**endgültige[n] Lösung der Reparationsfrage**" (Z. 61) gekommen. Den weiteren Verlauf der Entwicklungen mitzuerleben, blieb **Stresemann** allerdings verwehrt. Am 3. Oktober 1929 – noch vor Inkrafttreten des Young-Plans – **starb** der Außenminister.

Insgesamt war es ihm gelungen, die Vorstellungen und Perspektiven umzusetzen, die er mit einem **rationalen Blick für das Realisierbare** in seiner Rede im April 1923 aufgezeigt hatte. Unter Stresemann als Kanzler und Außenminister verständigte sich das Deutsche Reich mit den ehemaligen Kriegsgegnern auf eine Anpassung der Reparationsleistungen, leitete Schritte zur Aussöhnung mit Frankreich ein und wurde in die internationale Gemeinschaft des Völkerbunds aufgenommen. In den „**Goldenen Zwanzigerjahren**" hatte sich die politische und wirtschaftliche Lage Deutschlands nicht zuletzt durch Stresemanns außenpolitische Erfolge stabilisiert.

3.1 *Wählen Sie für die hier geforderte Zusammenfassung gezielt nur die Aspekte in Stresemanns Rede aus, die Frankreich betreffen. Ihre Lösung dürfte also nicht zu lang ausfallen, schließlich wird diese Aufgabe nur mit 10 Bewertungseinheiten berechnet. Denken Sie bei Ihrer Zusammenfassung daran, für Stresemanns Äußerungen die indirekte Rede zu verwenden. Verlangt wird in dieser Teilaufgabe eine vorwiegend reproduktive Leistung, sie gehört deshalb zum AFB I.*

Gustav Stresemann fordert anlässlich der **Besetzung des Ruhrgebiets** im Januar 1923 durch belgische und französische Truppen die „Freiheit des Ruhrgebiets und des Rheinlandes" (Z. 8). Diese hofft er durch „internationale Abmachungen" (Z. 6 f.) zu gewinnen, er ist also zu einer **Verständigung mit Frankreich** bereit. Dies wird auch daran deutlich, dass er betont, eine „Verständigung in der Frage der Reparationen" (Z. 59 f.) würde nicht an Deutschland scheitern. Diese Äußerung zeigt, dass Deutschland zu Zugeständnissen bereit ist. Allerdings verwahrt sich Stresemann vehement gegen eine „Politik [...], die uns Rhein und Ruhr nehmen will" (Z. 65 f.). In dieser Frage könne es auch keine Verhandlungen mit Frankreich geben, da dabei die Zukunft des deutschen Volks auf dem Spiel stehe.
Stresemann räumt ein, dass **Frankreich** durch den Ersten Weltkrieg **erhebliche Schäden erlitten** habe und seine **Finanzlage desaströs** sei (vgl. Z. 38 f.). Allerdings bezeichnet er es als „Propaganda gegen uns" (Z. 23), wenn Frankreich vor der internationalen Staatengemeinschaft, vor allem gegenüber den USA, betone, welch erhebliche Verluste es durch Deutschland erlitten habe. Dabei würde unberücksichtigt bleiben, dass **auch Deutschland große Zerstörungen** hinnehmen musste. Darüber hinaus habe das deutsche Volk durch die wertlos gewordenen Kriegsanleihen und durch bislang geleistete „direkte Hergaben" (Z. 28) enorme Belastungen ertragen müssen. Im Übrigen sei es „volkswirtschaftlicher und politischer Unsinn" (Z. 40), dass Deutschland für sämtliche Kriegsschäden der Alliierten aufkommen solle, obwohl es zu Zahlungen in dieser Höhe gar nicht fähig sei (vgl. Z. 42 f.).

Stresemann **kritisiert** also das **Verhalten Frankreichs in der Reparationsfrage**, schlägt im Großen und Ganzen jedoch **versöhnliche Töne** an und zeigt sich zu **Kompromissen mit Frankreich** bereit.

3.2 *Diese Aufgabe zielt darauf ab, Stresemanns Haltung gegenüber Frankreich vor dem geschichtlichen Hintergrund des deutsch-französischen Verhältnisses zu beurteilen. Dazu müssen die Beziehungen der beiden Nationen seit dem Beginn des 19. Jahrhunderts in den Blick genommen werden. Erläutern Sie also zentrale historische Ereignisse der deutsch-französischen Geschichte, auf deren Grundlage sich Stresemanns Äußerungen zu Frankreich beurteilen lassen. Gehen Sie darauf ein, inwiefern Stresemann in seiner Rede die vorherige Haltung übernimmt oder sich von ihr lossagt. Diese Aufgabe verlangt von Ihnen historische Kenntnisse und deren gezielte Auswahl (AFB II und III).*

Im Mittelpunkt des deutsch-französischen Verhältnisses standen seit Beginn des 19. Jahrhunderts **zahlreiche kriegerische Auseinandersetzungen**, die wechselseitige Besetzungen und Grenzverschiebungen nach sich zogen. Im Zuge von Napoleons Kriegserfolgen kam es 1806 zur vollständigen **Auflösung des Heiligen Römischen Reichs Deutscher Nation**. An dessen Stelle trat neben die Großmächte Österreich und Preußen der **Rheinbund**, ein deutscher Staatenbund, der in enger, vor allem militärischer Abhängigkeit von Frankreich stand. Dessen Ostgrenze verlief damals entlang des Rheins, den Frankreich stets als seine natürliche Grenze zu Deutschland ansah. Einige Gebiete des Rheinbunds wurden direkt von Frankreich verwaltet, andere standen in enger personeller Abhängigkeit des Nachbarlands. In vielen Staaten, die ihm unterstellt waren, führte Napoleon Rechts- und Verwaltungsreformen durch („Code civil"). Konservative Kräfte im Rheinbund empfanden die Reformen als zwanghafte Bevormundung, reformfreudige Anhänger der Revolution begrüßten sie.
Seit der Auflösung des Heiligen Römischen Reichs durch Napoleon entwickelte sich in Deutschland ein besonders gegen Frankreich gerichteter deutscher Nationalismus. Er hatte zum Ziel, die als **Fremdherrschaft** empfundene Präsenz Frankreichs in den Rheinbundstaaten zu beenden. In dieser Zeit entstand in Deutschland der Begriff der **„Erbfeindschaft" mit Frankreich**, deren Wurzeln angeblich bis ins Mittelalter zurückreichten und die bis nach dem Zweiten Weltkrieg bestehen bleiben sollte. Sie drückte sich durch eine besonders aggressive und feindselige Haltung gegenüber allem Französischen aus und stand einer Versöhnung beider Nationen über Jahrzehnte entgegen.
Durch die **Befreiungskriege** (1813–1815) konnten sich die deutschen Staaten mithilfe Österreichs, Russlands und Großbritanniens von der französischen Vorherrschaft befreien. Obwohl Frankreich anschließend wieder in den Kreis der Großmächte aufgenommen wurde, blieben heftige Ressentiments gegenüber Preußen bzw. Deutschland bestehen.
Im letzten der drei sogenannten deutschen **Einigungskriege** verschärfte sich der deutsch-französische Gegensatz unter Bismarck 1870/71 erneut. Der preußische Ministerpräsident hatte die Kriegserklärung Frankreichs durch die **Emser Depesche** provoziert. Nach der Niederlage der Franzosen 1871 ließ Bismarck das Deutsche Kaiserreich ausgerechnet im Schloss von Versailles ausrufen, was Frankreich als besondere Demütigung empfinden musste. Dazu kamen **harte Friedensbedingungen für Frankreich:** hohe Reparationszahlungen und

die Angliederung von Elsass-Lothringen an Deutschland. Außerdem bewirkte Bismarck in der Folgezeit durch seine Außenpolitik eine **Isolierung Frankreichs in Europa**. Dies steigerte die **Revanchegelüste auf französischer Seite**. Im Vorfeld des Ersten Weltkriegs nahm der Nationalismus in Deutschland und Frankreich stark chauvinistische Züge an und die beiden Nationen standen sich immer unversöhnlicher gegenüber. In den vier Kriegsjahren bekämpften sich deutsche und französische Truppen in einem langwierigen Stellungskrieg. Da der Krieg auf französischem Territorium stattfand, hatte das Land erhebliche **Zerstörungen** durch deutsche Truppen und große **Verluste in der Zivilbevölkerung** zu beklagen. Für den Fall eines Sieges hatte Deutschland vorgesehen, große Teile Frankreichs zu annektieren und hohe Reparationszahlungen zu fordern („**Septemberprogramm**" von Reichskanzler Bethmann Hollweg 1914).
Nach der Niederlage Deutschlands 1918 drängte Frankreich auf harte Friedensbedingungen für das besiegte Nachbarland. Nicht nur fand die erzwungene Unterzeichnung des Friedensvertrags als besondere Demütigung für Deutschland im Spiegelsaal von Versailles statt, sondern das Land musste im **Versailler Vertrag** auch die Alleinschuld am Krieg akzeptieren. Außerdem wurde es zu hohen Reparationszahlungen verpflichtet und musste einschneidende Gebietsverluste hinnehmen. Unter anderem fiel **Elsass-Lothringen** wieder zurück an Frankreich. Der Versailler Friedensvertrag von 1919/1920 stieß in Deutschland weitgehend auf Ablehnung und sorgte in den Folgejahren für ständige Forderungen nach einer Revision, die das deutsch-französische Verhältnis auch in den 1920er-Jahren belasteten.

Die Entwicklung des deutsch-französischen Verhältnisses seit dem 19. Jahrhundert zeigt also eine durchgehend **feindliche Haltung** zwischen den beiden Ländern, die kein friedliches Nebeneinander entstehen ließ. Diese Entwicklung begann sich mit **Stresemanns Versöhnungspolitik** zu ändern. In seiner Rede von 1923 wehrte er sich zwar gegen Frankreichs Ansprüche und den Übergriff auf das Ruhrgebiet. Aber er sah auch die Verluste Frankreichs im Ersten Weltkrieg und strebte nach einer diplomatischen Zusammenarbeit mit dem Nachbarland. Dieses Bemühen um eine gegenseitige Verständigung setzte Stresemann in den Folgejahren gemeinsam mit Frankreich fort. Zu einer konkreten **Annäherung** zwischen beiden Ländern kam es 1925 im Locarno-Vertrag. 1926 wurde diese international mit der Verleihung des Friedensnobelpreises an Stresemann und seinen französischen Amtskollegen Briand gewürdigt.

Teilaufgabe	AFB I	AFB II	AFB III	BE
1	20	–	–	20
2	–	25	–	25
3.1	15	–	–	15
3.2	–	15	25	40
Summe	35	40	25	100

Hessen – Geschichte – Grundkurs
Übungsaufgabe 2

Thema: *Kriegsniederlage und Reformpolitik – Preußen 1807–1816 versus Westdeutschland 1948–1955*

Aufgaben

1. Geben Sie die Grundgedanken Heinrich von Kleists (Material) zusammenfassend wieder und skizzieren Sie den politischen Standort des Autors. (25 BE)
2. Stellen Sie dar, wie und mit welchem Erfolg Preußen seine „intensive[…] Macht" (Z. 5) in den Jahren nach 1806 auszubauen versuchte. (40 BE)
3. Vergleichen Sie anhand ausgewählter Aspekte die Politik Preußens in der Reformära mit der Nachkriegspolitik Westdeutschlands. Gehen Sie dabei sowohl auf Gemeinsamkeiten als auch auf Unterschiede ein. (35 BE)

Hinweis: Heinrich von Kleist (1777–1811) war ein deutscher Schriftsteller jenseits der Epochengrenzen, der erst nach seinem Tod Berühmtheit erlangte, auch wenn er literarisch bewanderten Zeitgenossen durchaus bekannt war. Neben seiner poetischen Tätigkeit publizierte er ab 1810 in den *Berliner Abendblättern* zur „Beförderung der Nationalsache" lokale Nachrichten. Nachdem die Zeitung der Zensur zum Opfer gefallen war, nahm Kleist sich mittellos und innerlich zerrissen 1811 das Leben.

Material

Heinrich von Kleist (1777–1811): „Über den Geist der neuen preußischen Gesetzgebung" (Berliner Abendblätter, 28. November 1810)

Der Statistiker bestimmt die Rangordnung der Staaten nach ihrer Grundmacht, d. h. nach ihrem Flächeninhalt und nach ihrer Bevölkerung; und im Allgemeinen ist dies sehr richtig. Es gibt aber noch eine Rücksicht, die sich nicht so auf dem Papier berechnen läßt, aber dennoch bei der Balance einen bedeutenden Ausschlag gibt: die Vaterlandsliebe. Man könnte sie das Prinzip der intensiven Macht der Staaten nennen. Bloße Bevölkerung ohne diese Rücksicht: das Prinzip der extensiven Macht.

Die intensive Macht eines Staates verhält sich zur extensiven, wie der innere Handel zum auswärtigen, d. h. sie ist wichtiger und reeller. Eine bloße Vergrößerung des Flächeninhalts und der Volksmenge ist ein sehr zweideutiges Mittel, die Macht eines Staates zu vermehren; ja öfters wird dadurch das Gegenteil bewirkt. Ich darf diese Behauptung wohl nicht näher beweisen, da die unglücklichen Ereignisse unserer Tage[1] noch in Jedermanns Andenken sind. Was hat wohl die Besitznehmung der polnischen Provinzen, ohnerachtet aller Wohltaten der mildesten Regierung, zur Vermehrung der Macht der preußischen Monarchie beigetragen?

Also – nicht in der Volksmenge allein besteht die Macht der Staaten, sondern in dem Grade der Anhänglichkeit dieser Volksmenge an ihre Verfassung und an die Person ihrer Beherrscher. Wir finden in der Geschichte Beispiele genug, daß Staaten, die, bloß nach statistischen Grundsätzen geschätzt, sehr ohnmächtig schienen, ihren an Volksmenge und Flächeninhalt unendlich überlegenen Feinden siegreich widerstanden. Die kleine Republik Athen schlug das zahllose Heer des Perserkönigs aufs Haupt, welches er selbst das Unüberwindliche nannte. Noch vor wenigen Jahrhunderten scheiterte die furchtbare mit Stahl bedeckte Macht des deutschen Kaisers an dem Heroismus eines Häufleins nackter Schweizer. Solche anscheinend wunderbaren Ereignisse werden durch die größere intensive Macht dieser kleinen Staaten zu natürlichen.

Es gibt also Mittel, die Macht der Staaten ohne Vergrößerung des Gebiets und der Volksmenge zu erhöhen. Es gibt Mittel, diejenigen Kräfte, welche ein Staat durch Verkleinerung seines Gebietes und seiner Volksmenge verloren hat, in seinem Inneren zu ersetzen. Diese Mittel, viel sicherer als auswärtige Eroberungen, liegen in der Gewalt einer jeden Regierung, und gedeihen am besten im tiefsten Frieden. Sie darf nur die intensive Macht erhöhen, d. h. die Einwohner mehr als bisher an ihr Interesse knüpfen, und ihnen ihre Verfassung wert machen. Dies geschieht durch Wegräumung alles desjenigen, welches die Anhänglichkeit an diese Verfassung und die Person des Regenten schwächen, und die so natürliche Liebe zu dem vaterländischen Boden verringern kann.

Dieses war die große Aufgabe der preußischen Regierung nach dem Tilsiter Frieden. Mit bedächtiger Weisheit hat sie angefangen, sie zu lösen, und fährt nun damit fort.

Der preußische Staat hat durch diesen Frieden die Hälfte seiner extensiven Macht verloren.

Die verlorenen Quadrat-Meilen und Seelen konnte die Regierung freilich nicht ersetzen, wohl aber durch Eröffnung aller Wege, die zu einem allgemeinen Wohlstande führen können, durch Wegräumung der bisherigen Hindernisse der Industrie und Vaterlandsliebe, die intensive Macht der Gesellschaft erhöhen und die Zahl der aktiven Staatsbürger vermehren. Denn gerade die zahlreichste Klasse war bisher nicht zu den Staatsmitgliedern zu rechnen, weil sie kein Interesse an Aufrechterhaltung einer Verfassung haben konnten, von der sie teils aus Mangel an Aufklärung kaum einen Begriff hatten, und die teils in Hinsicht ihrer zu stiefmütterlich war, als daß deren Umsturz ihnen hätte ein großes Übel scheinen können.

Nun aber ist, durch […] das Edict vom 9. Okt. 1808[2] über die Aufhebung der Erbuntertänigkeit […] dem Preußischen Staat die frohe Aussicht geworden, das, was er an äußerer Macht verlor, in seinem Inneren wiederzufinden. Noch steht das Werk des erhabenen Gesetzgebers, der unter uns aufgetreten ist, nur unvollkommen vor den Augen der Welt da; gleichwohl werden wir bereits auf das Fundament, auf welchem es ruht, und auch vielleicht schon auf den Zusammenhang mehrerer Teile, im Laufe dieser Blätter erläuternde Blicke werfen können.

Berliner Abendblätter (51. Blatt, 28. November 1810). Faksimile-Ausgabe hg. v. H. Sembner, VMA-Verlag, Wiesbaden, o. J., S. 199–201. Zitiert nach: Gilbert Krebs, Bernard Poloni (Hg.): Volk, Reich und Nation 1806–1918: Texte zur Einheit Deutschlands in Staat, Wirtschaft und Gesellschaft. Paris: Pu Sorbonne Nouvelle 1995. S. 18 f.

1 Heinrich von Kleist bezieht sich hier auf die Inbesitznahme polnischer Provinzen durch Preußen im Zuge der polnischen Teilungen. Vor allem in Posen widersetzte sich die mehrheitlich polnische Bevölkerung der preußischen Unterdrückung durch die Beteiligung an einem Aufstand, nach dessen Niederschlagung der „Preußenhass“ weiter bestehen blieb.
2 Heinrich von Kleist hat sich an dieser Stelle im Jahr geirrt und bezieht sich auf das Oktoberedikt von 1807.

Lösungsvorschläge

Inhaltliche Schwerpunkte:
Die Aufgabenstellung bezieht sich hauptsächlich auf den für die Jahrgangsstufe Q 1 vorgesehenen Unterrichtsschwerpunkt „Politische Revolutionen in Europa“ und hier vor allem auf das neu aufgenommene Schlagwort „Modernisierungsprozesse in den von Napoleon besetzten Ländern (insbesondere Preußen, Königreich Westphalen)“. Der kursübergreifende Bezug wird in Aufgabe 3 zur Jahrgangsstufe Q 3 und hier insbesondere zum Schwerpunkt „Gründung der beiden deutschen Staaten; die innere Entwicklung der Bundesrepublik bis 1990“ hergestellt.

1. *Am besten leiten Sie Ihre Zusammenfassung mit einer Identifizierung und Einordnung der Quelle und ihres Autors ein. Bei der knappen Wiedergabe der wichtigsten Aussagen sollten Sie Ihre Distanz zur Textvorlage durch Verwendung des Konjunktivs und der indirekten Rede zum Ausdruck bringen und Zitate präzise kennzeichnen. Der politische Standort des Autors sollte in der Zusammenfassung deutlich am Text belegt werden. (AFB I)*

Heinrich von Kleist, ein damals noch wenig bekannter, später berühmter deutscher Schriftsteller, äußert sich in diesem Text, der Ende November 1810 mitten im **preußischen Reformprozess** in den *Berliner Abendblättern* erschienen ist, unter der Überschrift „Über den Geist der neuen preußischen Gesetzgebung“ als Zeitgenosse begeistert über die Reformschritte, die nach Preußens **Niederlage gegen Napoleon** bei Jena und Auerstedt (1806) eingeleitet worden sind. Er zeigt sich also als Verfechter der preußischen Reformpolitik, die er für geeignet hält, Preußens Macht nach dem verlorenen Krieg wieder zu stabilisieren.
Kleist unterscheidet zwischen der „intensiven“ (Z. 5) und der „extensiven Macht“ (Z. 6) eines Staates. Unter der „**extensiven Macht**“ versteht er äußerliche Merkmale wie Flächen- und Bevölkerungsgröße, die „**intensive Macht**“, die ihm wesentlich wichtiger erscheint, definiert er als die „Vaterlandsliebe“ (Z. 5) der Bevölkerung bzw. den „Grade der Anhänglichkeit dieser Volksmenge an ihre Verfassung und an die Person ihrer Beherrscher“ (Z. 16 f.).
Als Beweis für die These, dass eine bloße Vergrößerung von Fläche und Bevölkerungszahl einem Land **ohne den Patriotismus der Neubürger keinen wirklichen Machtgewinn** bringe, erinnert er an die wenige Jahrzehnte zurückliegende Besitznahme polnischer Provinzen durch Preußen, die dem Staat mehr Schwierigkeiten als Machtgewinn beschert hätte. Als weitere Belege dafür, dass die „intensive Macht“ für den Erfolg eines Staats entscheidender ist als die extensive, verweist er

auf den Sieg der Athener gegen das zahlenmäßig weit überlegene Perserreich und auf den erfolgreichen Freiheitskampf der Schweizer gegen die Habsburger.
Preußen, das durch den **Frieden von Tilsit** 1807 mehr als die Hälfte seiner „extensiven Macht" verloren hatte, müsse jetzt auf die Steigerung der „intensiven Macht" hinarbeiten und zwar durch Maßnahmen, die die **innere Verbundenheit der Bevölkerung mit dem Staat stärkten** und sie ihre Verfassung wertschätzen ließen. Die preußische Regierung müsse „die Zahl der aktiven Staatsbürger vermehren" (Z. 44 f.) und vor allem die unteren Schichten, die dem Staat bisher passiv gegenübergestanden hätten, für sich gewinnen.
Neue Wege zum Wohlstand müssten eröffnet und Hindernisse, die der Industrie und der Vaterlandsliebe bisher im Weg gestanden hätten, müssten konsequent beiseitegeräumt werden.
Diese Aufgaben habe „de[r] erhabene[...] Gesetzgeber[...]" (Z. 52 f.) mit seinen **Reformedikten**, die beispielsweise die Erbuntertänigkeit aufhoben, seit Oktober 1807 inzwischen in Angriff genommen. Heinrich von Kleist betrachtet das Oktoberedikt als ein „Fundament" (Z. 54), auf dem nach seiner Auffassung weitere Reformsäulen errichtet werden können und müssen.

2. *Kleist erwähnt in seiner Abhandlung nur die Aufhebung der Erbuntertänigkeit als preußische Reformmaßnahme, ohne genauer auf weitere Neuerungen einzugehen. Deshalb sollen Sie unter Aufgabe 2 die preußischen Reformgesetze zwischen 1807 und 1816 in ihrem Zusammenhang darstellen und der Frage nachgehen, inwieweit die Reformziele erreicht wurden oder nicht. Ihre Darstellung sollte zumindest die Bauernbefreiung, die Städteordnung und die Heeresreform umfassen. Zur Ergänzung und Verdeutlichung können Sie aber auch auf die Bildungsreform, die Gewerbefreiheit oder die Judenemanzipation verweisen. (AFB II)*

Die vernichtende Niederlage Preußens gegen Napoleon in der **Schlacht von Jena und Auerstedt** im Jahr 1806 hatte Preußens Modernisierungsdefizite gegenüber Frankreich erbarmungslos offengelegt.
Wenn Preußen also seinen im Tilsiter Frieden von 1807 verlorenen Großmachtstatus zurückgewinnen und die Oberherrschaft Frankreichs abschütteln wollte, so war eine tief greifende Umgestaltung von Staat, Wirtschaft, Gesellschaft und Militär, eine Art „**Revolution von oben**", unumgänglich. Nur so konnte nach Meinung eines Großteils der preußischen Beamtenschaft eine „**Revolution von unten**" nach französischem Vorbild verhindert werden.
Friedrich Wilhelm III., der mit seinem Hofstaat vor dem Einmarsch französischer Truppen in Berlin nach Ostpreußen geflohen war, ließ sich angesichts der verzweifelten Lage des Staates von der Notwendigkeit einer Neuordnung überzeugen und beauftragte ein Reformministerium unter der Federführung des **Freiherrn vom Stein** mit der Ausarbeitung und Umsetzung der nötigen Maßnahmen.
Eine grundlegende **Reform der Staatsverwaltung** machte vom Stein zur Voraussetzung für seinen Eintritt ins Staatsministerium, das nun nach Ressorts gegliedert wurde und direkt dem König verantwortlich war. So gewannen die Fachministe-

rien entscheidenden Einfluss auf die Regierung und die Gesetzgebung. Weitergehende Pläne vom Steins zur Einführung einer ständischen Nationalrepräsentation scheiterten am Widerstand des Adels und wurden schließlich aufgegeben.
Mit dem **Oktoberedikt** von 1807 und seiner Ankündigung, ab November 1810 würde es in Preußen nur noch freie Leute geben, begann vom Stein mit der Beseitigung der Grundlagen der bisherigen ständisch gegliederten Gesellschaft. Die Erbuntertänigkeit der Bauern wurde abgeschafft. Freizügigkeit, freie Berufswahl, Freiheit der Eheschließung und der freie Zugang zum Erwerb von Privateigentum sollten in Zukunft auch für Bauern gelten. Auf diese Weise läutete das Oktoberedikt den Beginn der **Bauernbefreiung** ein.
Es bedurfte allerdings zweier sog. **Regulierungsedikte** (1811 und 1816), um die Details und vor allem die Fragen des Landbesitzes sowie der Entschädigung der Gutsherren für die ihnen entgangenen bäuerlichen Frondienste zu regeln. Es wurde festgelegt, dass den Bauern das Land, das sie bisher bewirtschaftet hatten, als Eigentum zugeschlagen werden sollte, allerdings hatten sie selbst ihre ehemaligen Gutsherren für entgangene Dienste mit Geldleistungen oder durch die Abgabe von Teilen des ihnen zugesprochenen Landes zu entschädigen. Das bedeutete in der Praxis zumeist, dass die Bauern die Hälfte ihres Landes an ihren ehemaligen Gutsherrn abtreten mussten und viele Höfe dadurch zu klein wurden, um eine bäuerliche Familie zu ernähren. Die Reform erfüllte also die Hoffnung vieler Kleinbauern auf eine selbstständige bäuerliche Existenz letztlich nicht. Dennoch stieg die Zahl der Bauernstellen in Preußen und es entstand neben dem adligen Grundbesitz eine stabile bäuerliche Mittelschicht.
Als nächstes großes Reformwerk nahm vom Stein 1808 die Neuordnung der Kommunalverwaltung in Angriff, die sog. **Städteordnung**. Auf der Basis eines Zensuswahlrechts, das Hausbesitz und ein Mindesteinkommen voraussetzte, erhielten die preußischen Städte, die bisher direkt vom Staat kontrolliert worden waren, das Recht zur Wahl von Stadtverordneten. Diese durften wiederum einen Magistrat und einen Bürgermeister als städtische Verwaltungsspitze bestimmen. Die Städte konnten fortan einen eigenen Haushalt aufstellen und z. B. über Stadtentwicklung, Schulwesen und öffentliche Ordnung selbst entscheiden.
Auch wenn zunächst nur etwa ein Drittel der städtischen Bevölkerung das Wahlrecht erlangte, so repräsentierte die kommunale Selbstverwaltung doch eine deutliche Abkehr von absolutistischen Grundsätzen und eine Annäherung an das Prinzip der Volkssouveränität. Vom Steins Pläne, ähnliche Selbstverwaltungsstrukturen auch auf die Landgemeinden und die Landkreise zu übertragen, scheiterten wieder am Widerstand des Adels.
Des Weiteren sollte eine **Heeresreform** durchgeführt werden. Der König berief dafür eine Kommission ein, in der Gerhard von Scharnhorst den Vorsitz führte. Deren Ziel war es, die Leistungsfähigkeit der Armee zu verbessern und die Kampfmotivation der einfachen Soldaten zu steigern.
Zu diesem Zweck wurde das bisherige Rekrutierungssystem mit seinen zahlreichen Ausnahmen durch die **allgemeine Wehrpflicht** ersetzt und die sonst übliche Prügelstrafe für die einfachen Soldaten abgeschafft. Die eigentlich dem Adel vorbehaltenen Offiziersränge wurden auch für Bürgerliche geöffnet, die Ausbildung

der Offiziere verbessert und an die Stelle des Senioritätsprinzips trat bei der Beförderung das **Leistungsprinzip**. Die positiven Auswirkungen dieser Reformen zeigten sich bereits in den Befreiungskriegen von 1813 bis 1815.
Eine besondere Bedeutung kam in den Augen der Initiatoren der **Bildungsreform** zu, welche die Voraussetzung für die Heranbildung aufgeklärter mündiger Staatsbürger schaffen sollte. Wilhelm von Humboldt übernahm die Neuorganisation des Bildungswesens und gliederte es in Volksschule, Gymnasium und Universität. Die Einhaltung der Schulpflicht und der Lehrpläne wurde von nun an durch die staatliche Schulaufsicht streng überwacht und die Lehrerausbildung verbessert.
Für die Gymnasien setzte von Humboldt ein humanistisches Bildungsideal durch, bei dem die Allgemein- und Persönlichkeitsbildung im Vordergrund stand. Mit dem Abitur erhielten die Absolventen die allgemeine Hochschulreife. Für die Universitäten galt fortan der Grundsatz der **Freiheit von Forschung und Lehre**. Die Studenten sollten während des Studiums zu selbstständigem Denken erzogen und an die Wissenschaft herangeführt werden. Insgesamt erreichte das neu organisierte preußische Schulwesen in den nächsten Jahrzehnten ein hohes Niveau und lieferte dem Land hoch qualifizierte Arbeitskräfte und wissenschaftlichen Nachwuchs.
Die Halbierung des Staatsgebiets und der Bevölkerungszahl sowie die hohen Reparationszahlungen, die der Tilsiter Friede Preußen auferlegt hatte, zwangen die Reformer zur Nutzung aller wirtschaftlichen Kräfte des Landes, wenn man den verlorenen Großmachtstatus zurückgewinnen wollte. Eine ganze Reihe von Wirtschafts- und Steuerreformen, insbesondere jedoch die **Gewerbereform** Karl August von Hardenbergs von 1810 dienten diesem Ziel. Ganz im Sinne der Ideen des liberalen Wirtschaftstheoretikers Adam Smith wurde der Einfluss der Zünfte und des Staates zurückgedrängt und eine weitgehende Gewerbe- und Berufsfreiheit eingeführt, die die Konkurrenz und damit die Leistung fördern sollten. Auch hinderliche Binnenzölle wurden abgeschafft und das Steuersystem durch die Einführung von Verbrauchs- und Gewerbesteuern modernisiert. Auf lange Sicht leistete diese Reform einen wichtigen Beitrag zur erfolgreichen Industrialisierung Preußens im Laufe des 19. Jahrhunderts.
Das **Preußische Judenedikt** von 1812 brachte die weitgehende Gleichstellung der jüdischen Bevölkerung mit den übrigen Bürgern Preußens. Zwar blieb den Juden bis auf Weiteres der Zugang zu den Offiziersrängen in der Armee sowie zu Justiz- und Verwaltungsstellen verwehrt, aber ihr Rechtsstatus war in Preußen trotz allem besser als in den meisten umliegenden Ländern. Preußen wurde für jüdische Einwanderer attraktiv, die wiederum ihre Kenntnisse und Fähigkeiten sowie ihre Wirtschaftskraft ins Land brachten.
Auch wenn die Reformen vielfach nur zum Teil umgesetzt wurden und sie nach modernen Maßstäben weiterhin die Oberschicht begünstigten, stellten sie doch eine wichtige Voraussetzung für Preußens Industrialisierung und die spätere preußische Vormachtstellung im Deutschen Bund dar. Außerdem gewährten sie dem einzelnen Bürger zumindest zum Teil ein Mitspracherecht an der Entwicklung des Staates (z. B. kommunale Selbstverwaltung), was mit Sicherheit die „intensive Macht“ des Landes vergrößerte.

3. *Hier sollen Sie von Ihnen selbst gewählte Aspekte der Politik Preußens und Westdeutschlands sinnvoll aufeinander beziehen. Dazu bieten sich z. B. vom Steins Bauernbefreiung auf der einen und die Entscheidung des Parlamentarischen Rats für ein Grundgesetz mit einem umfassenden Grundrechtekatalog auf der anderen Seite an. Ebenso könnten Sie die Stein'sche Gewerbefreiheit mit den marktwirtschaftlichen Reformen Ludwig Erhards nach der Währungsreform in Zusammenhang bringen. Die vorliegende Lösung führt die beiden genannten Aspekte aus. Darüber hinaus könnte aber auch die preußische Heeresreform mit dem Leitbild eines „Bürgers in Uniform" verglichen werden, das bei der Gründung der Bundeswehr Pate stand.*
Neben den weitestgehend vergleichbaren Punkten sollten Sie auch andere, eher gegensätzliche Aspekte thematisieren. So etwa die Ablösung der preußischen Reformära durch eine lange Periode der Restauration nach dem Wiener Kongress auf der einen gegenüber einer Stabilisierung und Fortentwicklung der parlamentarischen Demokratie in der Ära Adenauer auf der anderen Seite. (AFB II und III)

Auch wenn sich ein Vergleich der **Stein-Hardenberg'schen Reformen** in Preußen mit den politischen Weichenstellungen, die in der Nachkriegszeit und in der frühen Bundesrepublik vorgenommen wurden, nicht auf den ersten Blick aufdrängt, so kann dieser dennoch sehr ergiebig sein. Zwar handelt es sich bei den Vergleichsobjekten um Staaten mit unterschiedlichem territorialen Zuschnitt sowie um gegensätzliche politische Systeme, doch trotz dieser voneinander abweichenden Ausgangsbedingungen befanden sich beide Staaten in einer Situation, die Reformen erforderlich machte.
Sowohl Preußen als auch Westdeutschland hatte einen totalen militärischen und moralischen Zusammenbruch erlitten, beide Staaten verloren einen Teil ihres Territoriums an die Sieger, beide waren militärisch von fremden Mächten besetzt und hatten ihre Souveränität faktisch (im Fall Westdeutschlands auch rechtlich) eingebüßt. Außerdem mussten sie für die Kriegskosten aufkommen und litten unter einer schweren Wirtschafts- und Versorgungskrise. Ein **politisch-moralischer und ein wirtschaftlicher Neuanfang** war für beide Staaten unumgänglich.
In Preußen sorgte **vom Steins Oktoberedikt von 1807**, das zwar hauptsächlich eine wirtschaftliche Zielsetzung hatte, auch für einen moralischen Neubeginn. Der bislang rechtlose Teil der Bevölkerung bekam mit der Abschaffung der bäuerlichen Erbuntertänigkeit nun Persönlichkeitsrechte zugesprochen, die auch ihm ein Leben ohne Knechtschaft und Unterdrückung ermöglichen sollte. So hielt der **Geist von Freiheit und Selbstbestimmung** in Preußen Einzug und wurde in den Reformgesetzen vom Steins, Hardenbergs und Humboldts zumindest ansatzweise konkretisiert, auch wenn er vor allem aufgrund der Opposition des Adels noch nicht vollständig umgesetzt werden konnte.
Der politisch-moralische Neubeginn der Bundesrepublik Deutschland war definiert durch eine eindeutige Abkehr von einer tyrannischen Alleinherrschaft und einer **Hinwendung zum parlamentarischen System**. Diese wurde im Grundgesetz vom Mai 1949 festgeschrieben, dem **unabänderliche Grundrechte** vorangestellt wurden. Die Gewährleistung und der Schutz der Menschenrechte sollten nun

zu den obersten Pflichten staatlicher Gewalt gehören. Damit bekannte sich der neue Staat ausdrücklich zu den Prinzipien der Aufklärung und der Humanität, die vom „Dritten Reich" mit Füßen getreten worden waren. Auch in der neu gegründeten Bundesrepublik herrschte also ein Geist von Freiheit, da die Bevölkerung nach Jahren der Diktatur nun die Freiheiten einer Demokratie kennenlernte.

Der ökonomische Neubeginn Preußens, dessen wirtschaftliches Leben durch merkantilistische Reglementierung gehemmt war und zusätzlich unter den Folgen der Niederlage litt, wurde eingeleitet durch Hardenbergs **Gewerbereform** von 1810. Mit ihr wandte sich Preußen vom **Merkantilismus** und alten Zunftzwängen ab und setzte gegen den Widerstand des Adels, der Zünfte und der kleinen Gewerbetreibenden auch in der Wirtschaft mutig auf den Erfolg freiheitlich-liberaler und marktwirtschaftlicher Strukturen. Die Entwicklung Preußens zu einem der führenden Industriestaaten Europas wurde dadurch erst möglich.

Ganz ähnlich wie in Preußen nach Jena und Auerstedt war die wirtschaftliche Lage im Nachkriegsdeutschland katastrophal. Das Land war zerstört, seine Industrie lag am Boden, die Währung war zerrüttet und der Staat versuchte, den Mangel durch eine **Rationierungs- und Zuteilungswirtschaft** auszugleichen, konnte ihm aber zunächst nicht abhelfen.

Die von den Alliierten organisierte Währungsreform vom 20. Juni 1948 brachte mit der D-Mark eine neue stabile Währung. Zudem beendete Ludwig Erhards „Leitsätzegesetz vom 24. Juni 1948", das die staatlich verordnete Preisbildung aufhob, die Rationierungswirtschaft. Preise konnten sich nun nach Angebot und Nachfrage bilden, was gegen den Widerstand von Gewerkschaften und Opposition der Übergang zu einer **sozialen Marktwirtschaft** einleitete. Diese wurde zur entscheidenden Voraussetzung für das „**Wirtschaftswunder**" der 1950er-Jahre und den wirtschaftlichen Wiederaufstieg der Bundesrepublik.

An den genannten Beispielen wird erkennbar, dass das von Napoleon besiegte Preußen und die frühe Bundesrepublik Deutschland z. T. vor ähnlichen Problemen standen und teilweise durchaus ähnliche Lösungswege einschlugen.

Allerdings lassen sich neben diesen Gemeinsamkeiten auch gravierende **Unterschiede** im Vorgehen der beiden Staaten festmachen. Nicht nur, dass die konkreten Reformen unterschiedlich waren (siehe Bauernbefreiung versus Grundgesetz), auch der Anstoß zu ihrer Durchführung war ein jeweils anderer. Während Preußen aus eigenem Antrieb die genannten Neuerungen vornahm, wurde Westdeutschland die Demokratisierung von den Alliierten vorgegeben. Auch wenn sich die westdeutschen Politiker rasch mit den Vorgaben der Alliierten identifizierten, blieb ihnen gar keine andere Möglichkeit, als deren Pläne bestmöglich umzusetzen. Zudem waren die aus den Reformmaßnahmen folgenden Konsequenzen vollkommen unterschiedlich. Während die preußische Reformära ab dem Wiener Kongress 1815 von einer langen **Zeitspanne der Restauration** abgelöst wurde, leiteten die Reformen im Nachkriegsdeutschland eine **stabile Phase der parlamentarischen Demokratie** ein. In Westdeutschland entwickelten sich die Neuerungen unter Konrad Adenauer und später Willy Brandt also fort, statt zu stagnieren oder rückgängig gemacht zu werden, wie es in der Restaurationszeit der Fall war.

Der entscheidende Unterschied zwischen der Reformpolitik Preußens und der Politik der frühen Bundesrepublik ist jedoch in der zugrunde liegenden **Intention** zu finden. Die preußischen Reformer wollten ihr Land modernisieren, um dessen verlorene Machtstellung wiederherzustellen und die **französische Fremdherrschaft** mittelfristig abzuschütteln. Die Reformen waren also machtpolitisch gegen das napoleonische Frankreich gerichtet.
Demgegenüber war nach drei verheerenden Kriegen zwischen 1870 und 1945 ein Grundmotiv der Regierung Adenauer die **deutsch-französische Aussöhnung** im Rahmen einer europäischen Integration und einer festen Anbindung der Republik an den Westen. Eine gegen Frankreich gerichtete deutsche Machtpolitik war für Adenauer undenkbar.

Teilaufgabe	AFB I	AFB II	AFB III	BE
1	25	–	–	25
2	–	40	–	40
3	–	10	25	35
Summe	25	50	25	100

Hessen – Geschichte – Grundkurs
Übungsaufgabe 3

Thema: *Motive, Verlauf und Folgen des deutschen Kolonialismus*

Aufgaben

1. Zeigen Sie auf, wie Schwabe (M 1) das Verhältnis zwischen den Kolonialherren und der eingeborenen Bevölkerung darstellt. Skizzieren Sie, ausgehend vom Text Schwabes, die ideologischen Denkmuster, die die Überlegenheit der weißen Europäer gegenüber den afrikanischen Völkern begründen sollten. (20 BE)

2.1 Stellen Sie die Entwicklung der Kolonialpolitik in der deutschen Außenpolitik von Bismarck bis zum Versailler Vertrag in Abgrenzung zu anderen europäischen Staaten dar. (15 BE)

2.2 Diskutieren Sie auf der Grundlage des Textes von Gründer (M 2), ob die weitgehende Ausblendung der Kolonialvergangenheit im deutschen Geschichtsbewusstsein berechtigt ist. (25 BE)

3. Skizzieren Sie die Folgen der Kolonisation und Dekolonisation für den Verlauf der Geschichte Vietnams. Begründen Sie anschließend, dass es sich beim Vietnamkrieg um einen „Stellvertreterkrieg" handelte, und vergleichen Sie diese Form der Konfliktaustragung mit dem Vorgehen der Großmächte in der Zeit des Imperialismus. (40 BE)

Material

M 1: Kurd Schwabe: Der Krieg in Deutsch-Südwestafrika 1904–1906

Kurd Schwabe, Ende des 19. Jahrhunderts Hauptmann in der deutschen Kolonialarmee und danach in der Kolonialverwaltung tätig, stellt die Inbesitznahme Afrikas durch europäische Nationen zu Anfang des 20. Jahrhunderts dar.

Die Aufteilung Afrikas durch die europäischen Nationen und die intensive Besitzergreifung – die Ausbreitung der Herrschaft und der Besiedlung in den besetzten Gebieten – hat in der neuesten Zeit ein bis zur Fieberhaftigkeit gesteigertes Maß angenommen. Ein Netz von Dampferlinien umspannt den schwarzen Erdteil; tief in sein Inneres dringen von allen Seiten die Schienenstränge vor; zahllose Expeditionen durchwühlen an geheiligten Stätten den Boden nach Schätzen, und die Wogen der stillen Seen und der geheimnisvollen Riesenströme werden gefurcht von den rauchenden Schiffen der Weißen. Den Schritt der neuen Herren vermag nichts aufzuhalten: In kühnem gewaltigen Bogen überspannt ihre Brücke aus stählernen Lianen die

Wunderfälle des Sambesi; auf den Wällen der heiligen Städte am Niger schreiten die Posten im Kakikleide, und die Fahne des Propheten, die Schädel-Pyramiden vor den Altären der blutigen Götzen, die geheiligten ewigen Feuer, sie sanken dahin, sie erloschen vor dem Kreuz der Eroberer.

Tief hat dies alles in das Leben, in das gesamte Dasein der eingeborenen Völker eingegriffen. Sie sahen ihre alten Institutionen, ihre Begriffe von Recht, ihre Sitten und Gebräuche, ihre zügellose Freiheit und Unabhängigkeit im innersten Mark bedroht. Und wie den Europäern immer deutlicher die Erkenntnis erwuchs, dass die Auffassungen der Eingeborenen von Staat, Religion und Wirtschaft zum größten Teil kulturfeindliche seien, so kam diesen allmählich die Erkenntnis von der drückenden Überlegenheit der verachteten europäischen Kultur.

Und aus stiller Wut wuchs rasender Hass, offene Feindschaft und endlich in zwölfter Stunde das wilde Begehren, sich den fremden Eindringlingen im Kampf bis aufs Messer zu widersetzen.

Willy Scheel: Deutschlands Kolonien. Berlin: Verlagsanstalt Weller & Hüttich 1912, S. 52.

M 2: Horst Gründer: Geschichte der deutschen Kolonien

Der Historiker Horst Gründer, einer der führenden deutschen Kolonialismus-Forscher, geht auf die Bedeutung der Phase des deutschen Kolonialreichs im Geschichtsbewusstsein der Deutschen ein.

Die deutsche Kolonialgeschichte scheint im Geschichtsbewußtsein der Deutschen und in der deutschen Geschichtsschreibung nach 1945 eher eine nebengeordnete und beiläufige Rolle zu spielen. Das mag sowohl aus der Kurzlebigkeit des deutschen Kolonialreiches resultieren, das nur exakt dreißig Jahre effektiven Bestand hatte (1884–1914), als auch aus der relativen Folgenlosigkeit dieser historischen Erfahrung für das gegenwärtige politisch-historische Bewußtsein in Deutschland. Daß das Deutsche Reich 1919 im Versailler Friedensvertrag seine Kolonien in Afrika und in der Südsee sowie sein „Pachtgebiet" Kiautschou in China definitiv verloren hatte, wurde nicht zuletzt deshalb geradezu erleichtert registriert, weil Deutschland zumindest für die im Dekolonisationsprozeß evident werdende imperialistische Vergangenheit Europas und für die anschließend mit Vehemenz einsetzende Diskussion um die Probleme von „Ausbeutung" und „Unterentwicklung" nur indirekt die Verantwortung zu tragen schien. Im übrigen ließen und lassen sich bis heute die Beziehungen Deutschlands zu seinen ehemaligen Kolonien weitgehend ohne Belastung durch die eigene koloniale Vergangenheit gestalten.

Dagegen stellt die koloniale Erfahrung für die Betroffenen einen wesentlich tieferen Einschnitt in ihre Geschichte und in ihre Kultur dar als für die ehemaligen Kolonialeroberer.

Horst Gründer: Geschichte der deutschen Kolonien. Paderborn: Schöningh Verlag 6. Auflage 2012, S. 11.

Lösungsvorschläge

Inhaltliche Schwerpunkte:
In der vorliegenden Aufgabe geht es schwerpunktmäßig um das Themenfeld „Der Imperialismus und seine Folgen" aus Q 1 „Gesellschaftliche Veränderungsprozesse am Beginn der Moderne". Dabei spielen sowohl die Motive und die ideologische Legitimation des Imperialismus als auch sein spätes Aufkommen im deutschen Kaiserreich, der wachsende Nationalismus und Chauvinismus in Europa und der Kriegsausbruch 1914 eine Rolle. Behandelt wird außerdem die historische Bedeutung des Ersten Weltkriegs.
Der Kursübergriff findet in Teilaufgabe 3 auf Q 3 „Konflikt und Kooperation in der Welt nach 1945" statt. Dabei geht es besonders um das Themenfeld „Die weltpolitische Ebene: Von der Bipolarität zur Multipolarität", bei dem vor allem die Entkolonialisierung behandelt wird.

1. *Wichtig bei der Beantwortung der Frage ist es, auf die Perspektivgebundenheit des Autors dieser Primärquelle zu achten: Er schildert seine Sicht der Dinge, die deshalb weitgehend einseitig ausfällt. Durch die Wiedergabe der wesentlichen Inhalte (AFB I) der Quelle sollen Sie zeigen, dass Sie den Text verstanden haben und ihn strukturieren können. Dabei müssen Sie sich auf die Fraugestellung beziehen und vor allem das Verhältnis zwischen den Kolonialherren, für die der Verfasser steht, und der unterworfenen Bevölkerung berücksichtigen. Über den Text hinaus sollen Sie die Denkmuster darlegen, mit denen die Eroberer die Kolonisation zu rechtfertigen versuchten. Gehen Sie dabei von den in der Quelle genannten Schlagworten aus und reichern Sie diese mit Ihrem Wissen zur ideologischen Einstellung der Europäer gegenüber den afrikanischen Völkern an (AFB II).*

   Die Primärquelle vom Anfang des 20. Jahrhunderts (M 1) spiegelt die **Sicht eines Europäers** auf die Unterwerfung des afrikanischen Kontinents wider. Kurd Schwabe, selbst als Hauptmann Ende des 19. Jahrhunderts in die Eroberung bzw. Verwaltung von Kolonien auf dem afrikanischen Kontinent eingebunden, skizziert die immense Überlegenheit der europäischen Kolonialherren gegenüber der indigenen Bevölkerung. Diese sei noch in ihren alten Sitten und Bräuchen (vgl. Z. 15 f.) und ihrem „Götzenglauben" (vgl. Z. 12) verhaftet. Während die Ureinwohner aufgrund eines fehlenden modernen Rechtswesens in „zügellose[r] Freiheit" (Z. 16) lebten, werde ihnen langsam, aber sicher die **Überlegenheit der europäischen Zivilisation** klar. Dampferlinien, Schienennetze und Brücken, die den Kontinent überziehen, demonstrieren laut Schwabe die kulturelle Hoheit der Europäer. Doch wegen ihrer „drückenden Überlegenheit" (Z. 19 f.) würden diese von den als „kulturfeindlich[...]" (Z. 19) bezeichneten Afrikanern verachtet. Die Wut über die nicht vorhandene Ebenbürtigkeit habe dieses Gefühl der Verachtung zu „rasende[m] Hass" (Z. 21) gesteigert, der die Ureinwohner zum Abwehrkampf gegen die Europäer motiviere.

Insgesamt verwundert bei der Perspektivgebundenheit der Darstellung Schwabes die deutliche Klassifizierung der **Afrikaner als Kulturfeinde** und die der **Europäer als Kulturträger** nicht. Maßstab dieser Einschätzung sind die ungleichen Auffassungen von **Staatswesen**, **Religion und Wirtschaft**. Jedoch macht Schwabe zumindest den Versuch, die Kolonisation auch aus der Sicht der indigenen Bevölkerung zu betrachten (vgl. Z. 14 f.). Deswegen kommt er allerdings trotzdem nicht zu dem Schluss, eigene Fehler einzugestehen, sondern unterstellt den Ureinwohnern selbst ein Unterlegenheitsgefühl (vgl. Z. 19 f.).

Was die **Denkhaltung der Kolonisten** angeht, fallen bei der Darstellung Schwabes (M 1) bestimmte Begrifflichkeiten auf: Er spricht von den „Weißen" (Z. 8), die den „schwarzen Erdteil" (Z. 4) in Besitz nehmen, was unaufhaltsam geschehe (vgl. Z. 8). Es wird also eine Zwangsläufigkeit festgestellt, wobei die Überlegenheit der Eroberer schon an der Hautfarbe zu erkennen sei. Unzweifelhaft wohnte dem europäischen Kolonialismus ein gewisser **Rassismus** inne, bei dem man vor allem der schwarzafrikanischen Bevölkerung mit wenig Respekt begegnete. Deren in den Augen der Eroberer rückständige Lebensweise aktivierte das **Sendungsbewusstsein** der Europäer, den fremden Völkern nicht nur den christlichen Glauben zu bringen (**Missionierung**), sondern sie insgesamt mit den Errungenschaften der europäischen **Zivilisation** vertraut zu machen. Auch bei Schwabe ist vornehmlich von **kulturellen Leistungen** in Staat und Wirtschaft die Rede, während der Bereich des Politischen und damit die Kolonialisierung zum Zweck der Machterweiterung im Konkurrenzkampf der europäischen Staaten ausgeblendet werden. Letztlich liefert Schwabes Argumentation eine Legitimation für den Kampf gegen die Ureinwohner: Diese werden als **rückständige Aggressoren** dargestellt, gegen die man sich als höher entwickelter **Träger des Fortschritts** zur Wehr setzen müsse. Über kurz oder lang erfolge dann zwangsläufig die Durchsetzung der Herrschaft über die unterentwickelten Gebiete, da im Denken des **Sozialdarwinismus** stets der Stärkere gegen den Schwächeren siegt.

Bemerkenswert an Schwabes Text ist allerdings der Versuch, die **Position der Gegenseite** zumindest nachzuvollziehen und die Rolle der Europäer als „Eindringlinge[…]" (Z. 22) ansatzweise zu reflektieren, auch wenn er an der prinzipiellen Richtigkeit des Vorgehens der Kolonialherren keinen Zweifel lässt.

2.1 *Hier wird eine strukturierte Darstellung der deutschen Kolonialgeschichte erwartet, die den Wandel von Bismarck zu Wilhelm II. herausstellt (vor allem AFB II). Dabei sollten Sie auch auf die Kolonialpolitik anderer europäischer Staaten eingehen und diese von der deutschen Vorgehensweise abgrenzen. Abschließen können Sie Ihre Darstellung mit dem Versailler Vertrag, der die deutsche Kolonialpolitik beendet hat.*

Während die alten Kolonialmächte Spanien und Portugal bereits im 16. Jahrhundert im Zuge ihrer Entdeckungsfahrten Kolonialreiche errichteten, traten seit dem 17. Jahrhundert **Großbritannien** und **Frankreich** in Asien und später auch in Afrika auf die kolonialpolitische Bühne. Diese Mächte hatten somit im 19. Jahrhundert einen erheblichen **Erfahrungsvorsprung** und verfügten bereits über ein ausgedehntes Imperium, als das Deutsche Reich erst mit seiner Kolonialpolitik begann.

Nach der Reichsgründung 1871 verfolgte **Bismarck** zunächst seine **Politik der Saturiertheit**, d. h., das Reich sollte nach innen gefestigt und nach außen hin abgesichert werden, wobei Konflikte mit anderen europäischen Mächten in Kolonialfragen zu vermeiden waren. Dennoch erwarb das Deutsche Reich in den 1880er-Jahren „**Schutzgebiete**", in denen deutsche Unternehmer unter der Obhut von Schutztruppen Handel treiben konnten. Die **Umwandlung zu Kolonien** erfolgte dann erst schrittweise im Laufe der Jahre. Da die meisten Gebiete in Übersee bereits zwischen Großbritannien und Frankreich aufgeteilt waren, blieben dem Kaiserreich nur unzusammenhängende Kolonien in Afrika (Südwestafrika, Kamerun, Togo, Ostafrika) und im Pazifik (Neuguinea und andere Inselgruppen). Während sich Frankreich und Großbritannien also um die Aufteilung von Afrika stritten und Russland seine Konflikte mit Österreich-Ungarn im Balkan austrug, wollte Bismarck nicht in die Rivalitäten der anderen Großmächte hineingezogen werden.

Nach der Entlassung Bismarcks aus dem Amt des Reichskanzlers 1890 forcierte **Wilhelm II.** eine weitaus **aggressivere Außenpolitik**, die zur Hervorhebung der eigenen **Weltmachtstellung** den Wettlauf um Kolonien propagierte. Zugleich wurde ein ambitioniertes **Flottenbauprogramm** unter Admiral Tirpitz begonnen, das einen Konflikt mit Großbritannien heraufbeschwor. Nationalistisch gesinnte Interessenverbände wie der „Alldeutsche Verband" förderten den „**Neuen Kurs**" der Außenpolitik, die das Ziel hatte, einen „**Platz an der Sonne**" für Deutschland zu erlangen. Diese **aktive Kolonialpolitik** verwickelte das Kaiserreich in die Rivalitäten der anderen Großmächte um Besitzungen in Übersee und trieb Deutschland immer weiter in die **Isolation**. Deutschland besetzte Ende des 19. Jahrhunderts Kiautschou in China, geriet beim **Bau der Bagdadbahn** seit 1903 in Konflikt mit den Interessen Russlands sowie Großbritanniens und aus den **Marokkokrisen** (1905/1911) resultierten Spannungen mit Frankreich. Die deutsche Kolonialpolitik unter dem persönlichen Regiment Kaiser Wilhelms II., der die Sicherheitsgarantien des Bismarckschen Bündnissystems abbaute, trug wesentlich zu den **Spannungen im Vorfeld des Ersten Weltkriegs** bei. Durch den **Versailler Vertrag** 1919 verlor Deutschland sowohl seine Kolonien als auch seine Hochseeflotte – Deutschlands kurze Kolonialzeit war damit beendet und verschwand allmählich aus dem öffentlichen Bewusstsein.

2.2 *Der Operator „diskutieren" aus dem AFB III weist darauf hin, dass Sie hier sowohl Belege für als auch gegen die Ausblendung der kolonialen Vergangenheit finden sollten. Dafür bildet der Text von Gründer (M 2) die Grundlage. Allerdings müssen Sie über diesen hinausgehen, um Argumente für beide Seiten der Diskussion zu finden. Achten Sie dabei auf Multiperspektivität, die eine differenzierte Sichtweise auf Deutschlands Kolonialgeschichte erlaubt.*

Während an andere Abschnitte der Geschichte immer wieder erinnert wird, ist die koloniale Vergangenheit Deutschlands im öffentlichen Bewusstsein nicht mehr sehr präsent. Gründer nennt in M 2 als naheliegende Ursachen dafür die **kurze Dauer des deutschen Kolonialreichs** von nur knapp 30 Jahren (vgl. Z. 4 f.) sowie den Umstand, dass wir heute **keine folgenreichen Auswirkungen** dieser Zeit mehr spüren (vgl. Z. 5 f.). Durch den frühen Verlust der Erwerbungen habe man dem schwierigen **Dekolonisationsprozess ausweichen** können (vgl. Z. 9 ff.), der den Kolonialmächten der betroffenen Gebiete wie Großbritannien oder Frankreich teilweise heute noch zu schaffen macht. Da sich Deutschlands **Verhältnis zu den ehemaligen Kolonien weitgehend konfliktfrei** ausnehme (Z. 13 ff.), gebe es insgesamt kaum Gründe, dieser Zeit aus deutscher Perspektive allzu viel Beachtung zu schenken.

Dies alles sind überzeugende Argumente dafür, warum **aus Sicht der Deutschen** die Verdrängung der Kolonialzeit erklärbar ist. Doch Gründer deutet am Ende seiner Ausführungen an, dass die **Folgen für die betroffenen Völker** trotz des frühen Endes der Kolonialherrschaft gravierend waren und teilweise bis heute andauern (Z. 16 ff.). Nicht nur, dass sie sich einem **radikalen Wandel** unterwerfen mussten, der zum **Verlust der eigenen kulturellen Identität** führte. Durch ihre koloniale Vergangenheit waren sie jetzt auch mit sämtlichen **Problemen einer modernen, globalen Gesellschaft** konfrontiert, die sie ohne ihre „Entdeckung" durch die Europäer nie kennengelernt hätten. Die von der Inbesitznahme angestoßene **Entwicklung war nun nicht mehr rückgängig zu machen**, auch wenn die ehemaligen Kolonialherren ihren früheren „Schutzgebieten" längst den Rücken zugekehrt hatten. So mussten die unabhängig gewordenen Kolonien nun alleine mit den Schwierigkeiten fertigwerden, die ihnen ihre früheren Herrscher hinterlassen hatten. Man war zudem nach der Entkolonialisierung gezwungen, neue staatliche Identitäten zu finden, was sozial, kulturell und materiell schwierig war. Die **rigide Behandlung der indigenen Bevölkerung** durch die Kolonialverwaltung oder gar der **Vernichtungskrieg gegen die Herero** in Deutsch-Südwestafrika legen außerdem Zeugnis von der Inhumanität im Zuge der Kolonialisierung ab.

Betrachtet man die Kolonialzeit also nicht allein aus deutscher Perspektive, sondern auch aus der der indigenen Bevölkerung, so sollte zumindest die **Verantwortung für die bis heute nachwirkenden Folgen** des Kolonisationsprozesses im Geschichtsbewusstsein der Deutschen verankert werden. Die Auswirkungen der Kolonisation mögen hier zwar weniger gravierend sein als im Fall des britischen Empire, dennoch rechtfertigen sie nicht die geringe Rolle, die die deutsche Kolonialpolitik im kollektiven Geschichtsbewusstsein spielt. Heutige Entwicklungspolitik dürfte von einer stärkeren Berücksichtigung der anhaltenden Nachwirkungen in den ehemaligen Kolonien profitieren.

3. *Bei der Lösung dieser Teilaufgabe sollten Sie zunächst die Folgen der Dekolonisation auf die weitere Entwicklung Vietnams darstellen. Dazu gehört auch eine knappe Erläuterung von Vietnams Weg in den Krieg. Dies verlangt von Ihnen Leistungen des AFB II. Bevor Sie dann anhand einzelner Ereignisse des Vietnamkriegs belegen, dass es sich bei dieser Auseinandersetzung um einen „Stellvertreterkrieg" im Rahmen des Kalten Kriegs handelte (AFB III), sollten Sie den zu erörternden Begriff kurz definieren (AFB I). Am Ende stellen Sie dann die „Stellvertreterkriege" des Kalten Kriegs der Austragung der Rivalitäten der Großmächte zur Zeit des Imperialismus gegenüber (AFB III).*

Die Phase der **Dekolonisation** nach dem Zweiten Weltkrieg fiel mit dem Beginn des Kalten Kriegs zusammen. Aufgrund der Instabilität vieler Länder, die in die **Unabhängigkeit** entlassen worden waren, brachen **innere Konflikte** aus, die beide Machtblöcke zur Ausweitung ihrer Einflusssphäre zu nutzen versuchten. Ihre Unterstützung konnte finanziell oder militärisch erfolgen, zum Teil auch durch direkten Einsatz von Soldaten. Beispiele sind der **Koreakrieg** (1950–1953), der **Vietnamkrieg** (1964–1975) oder der **Afghanistankrieg** (1979–1989).
Im Falle des Vietnamkriegs sind die **Folgen des europäischen Kolonialismus** nicht zu übersehen. Die Franzosen weiteten ihr Kolonialreich im 19. Jahrhundert auf Indochina aus, zu dem das spätere Vietnam zählte. Von den Japanern wurde das Gebiet im Zweiten Weltkrieg besetzt, danach versuchte **Frankreich** vergeblich, seine Herrschaft dort wiederherzustellen. Es verlor den **Indochinakrieg** 1954 gegen die kommunistischen Truppen des Ho Chi Minh. Danach wurde Vietnam in einen kommunistisch regierten Norden und in einen von den USA unterstützten Süden geteilt. Beide Teile waren in den Folgejahren Schauplatz eines Stellvertreterkriegs zwischen den USA und der Sowjetunion.

Der Begriff „**Stellvertreterkrieg**" bezeichnet die Verlagerung eines Konflikts zwischen zwei verfeindeten Großmächten in Staaten der „Dritten Welt", um nicht auf dem eigenen Territorium direkt miteinander Krieg führen zu müssen. Beispielhaft dafür ist der Kalte Krieg, in dem sich zwei Machtblöcke gegenüberstanden und die USA mit ihren Verbündeten auf der einen und die UdSSR mit den Ostblockstaaten auf der anderen Seite in zahlreiche militärische Konflikte in Staaten der „**Dritten Welt**" verwickelt waren.
Der Charakter des Vietnamkriegs als Stellvertreterkrieg wird in der Abfolge seiner verschiedenen Phasen deutlich. Zunächst entbrannte nach der französischen Kolonialherrschaft ein **Bürgerkrieg** (1955–1964), in dem der Norden versuchte, seine Herrschaft über ganz Vietnam auszuweiten. Bis 1964 unterstützten die **USA** den Süden durch **Militärberater**, ab 1965 griffen sie direkt durch **Bombardements und Bodentruppen** ein. Hinter Nordvietnam standen China und die Sowjetunion, hinter dem Süden und den USA weitere Länder wie Südkorea oder Australien. Nach verlustreichen Kämpfen zogen sich die USA aus Vietnam zurück, wo der Krieg mit der Eroberung Saigons, der Hauptstadt Südvietnams, durch Truppen des Nordens 1975 beendet wurde.

Während also im Zuge der Entkolonialisierung nach dem Zweiten Weltkrieg Auseinandersetzungen zwischen den Supermächten in die ehemaligen Kolonien der „Dritten Welt“ ausgelagert wurden, war eine **gegenläufige Entwicklung** im 19. und Anfang des 20. Jahrhunderts zu beobachten: **Koloniale Rivalitäten** mit anderen Mächten schürten Konflikte, die die europäische Politik nachhaltig beeinflussten und die Feindschaften, die es ohnehin gab, noch anfachten. Auseinandersetzungen zwischen Kolonialmächten und den unterworfenen Völkern – etwa beim Boxeraufstand in China oder dem Hereroaufstand in Deutsch-Südwestafrika – hatten allerdings kein Eingreifen konkurrierender Mächte in den Kolonien zur Folge, weil man in **kriegerischen Auseinandersetzungen auf dem europäischen Festland**, z. B. im Balkangebiet, gebunden war. Während also die Kämpfe im Kalten Krieg von Europa ferngehalten werden sollten und in die Kolonien verlagert wurden, entstanden sie in der Zeit des Imperialismus häufig erst durch die Kolonien, wurden aber nicht dort ausgetragen.

Der Unterschied zwischen der Zeit vor 1914 und der Phase nach 1945 ist damit zu erklären, dass im Vorfeld des Ersten Weltkriegs **nationalistische**, **militaristische und sozialdarwinistische Motive** handlungsleitend waren, die ihren Ursprung in der **europäischen Mächterivalität** hatten. Dagegen wurde nach dem Zweiten Weltkrieg – in der Zeit der **Bipolarität** – der **ideologische Systemkampf** zwischen westlicher Demokratie und Kommunismus international ausgetragen. Eine direkte Konfrontation der Großmächte, wie sie noch im Ersten Weltkrieg leichtfertig herbeigeführt wurde, war im **Zeitalter nuklearer Massenvernichtungswaffen** kaum zu rechtfertigen.

Teilaufgabe	AFB I	AFB II	AFB III	BE
1	10	10		20
2.1		15		15
2.2			25	25
3	10	15	15	40
Summe	20	40	40	100

Hessen – Geschichte – Grundkurs
Übungsaufgabe 4

Thema: *Die Verfolgung und Ermordung der europäischen Juden und der Widerstand gegen den Nationalsozialismus*

Aufgaben

1. Geben Sie unter Berücksichtigung der von Goebbels verwendeten sprachlichen Mittel die Argumentationslinie des Redeauszugs zur Verunglimpfung des Judentums wieder. (30 BE)

2. Ordnen Sie die Rede in ihren Kontext ein, indem Sie die Entwicklung der Situation der jüdischen Bevölkerung von der Judenemanzipation im 19. Jahrhundert bis zur Zeit der Verfolgung im Nationalsozialismus darstellen. (35 BE)

3. Joseph Goebbels behauptet in seiner Rede: „Deutschland […] hat nicht die Absicht, sich dieser Bedrohung zu beugen, sondern […] die, ihr rechtzeitig und […] mit den radikalsten Gegenmaßnahmen entgegenzutreten.“ (Z. 37 ff.)
   Begründen Sie anhand von zwei Beispielen des deutschen Widerstands gegen den Nationalsozialismus (aus unterschiedlichen Gesellschaftsgruppen), dass Goebbels mit dieser Inanspruchnahme aller Deutschen für seine Ziele Unrecht hat. Bewerten Sie anschließend die historische Bedeutung des deutschen Widerstands gegen den Nationalsozialismus. (35 BE)

Material

Rede von Joseph Goebbels im Berliner Sportpalast am 18. Februar 1943: „Wollt Ihr den totalen Krieg?“ (Auszug)

Das Ziel des Bolschewismus ist die Weltrevolution der Juden. […]

Hinter den anstürmenden Sowjetdivisionen sehen wir schon die jüdischen Liquidationskommandos, hinter diesen aber erhebt sich der Terror, *das Gespenst des Millionenhungers und einer vollkommenen Anarchie.* Hier erweist sich wiederum das internationale Judentum als das teuflische Ferment der Dekomposition[1], das eine geradezu zynische Genugtuung dabei empfindet, die Welt in ihre tiefste Unordnung zu stürzen und damit den Untergang jahrtausendealter Kulturen, an denen es niemals einen inneren Anteil hatte, herbeizuführen. Wir wissen damit also, vor welcher geschichtlichen Aufgabe wir stehen. Eine zweitausendjährige Aufbauarbeit der abendländischen Menschheit ist in Gefahr. […] Wir haben niemals Angst vor den Juden gehabt und haben sie heute weniger denn je. (Aus der Versammlung wird spontan in stürmischen Rufen die Forderung laut: Juden raus!)

[…] Wie es [das Judentum] sich in der Sowjetunion bolschewistisch tarnt, so tarnt es sich in den angelsächsischen Staaten plutokratisch-kapitalistisch[2]. Die Methoden der Mimikry[3] sind bei der jüdischen Rasse bekannt. Sie geht seit jeher darauf aus, ihre Gastvölker einzuschläfern und damit ihre Abwehrkräfte gegen von ihr stammende akute und lebensgefährdende Bedrohungen zu lähmen. (Zurufe aus der Menge: Wir haben sie erlebt!)

[…] Als Nationalsozialisten haben wir die Pflicht, Alarm zu schlagen gegen die versuchte Chaotisierung des europäischen Kontinents durch das internationale Judentum, das sich im Bolschewismus eine terroristische Militärmacht aufgebaut hat, deren Bedrohlichkeit überhaupt nicht überschätzt werden kann.

[…] Die Lähmungserscheinungen der westeuropäischen Demokratien gegen ihre tödlichste Bedrohung sind herzbeklemmend. *Das internationale Judentum fördert sie mit allen Kräften.* […] Das Judentum erweist sich hier wieder einmal als die Inkarnation des Bösen, als plastischer Dämon des Verfalls und als Träger eines internationalen kulturzerstörerischen Chaos.

Man wird, um das hier nur zu erwähnen, in diesem Zusammenhang auch unsere konsequente Judenpolitik verstehen können.

Wir sehen im Judentum für jedes Land eine unmittelbare Gefahr gegeben. Wie andere Völker sich gegen diese Gefahr zur Wehr setzen, ist uns gleichgültig. Wie wir uns aber dagegen zur Wehr setzen, das ist *unsere eigene Sache*, in die wir keinerlei Einsprüche dulden. Das Judentum stellt eine infektiöse Erscheinung dar, die ansteckend wirkt. Wenn das feindliche Ausland gegen unsere antijüdische Politik scheinheilig Protest einlegt und über unsere Maßnahmen gegen das Judentum heuchlerische Krokodilstränen vergießt, so kann uns das nicht daran hindern, das Notwendige zu tun. Deutschland jedenfalls hat nicht die Absicht, sich dieser Bedrohung zu beugen, sondern vielmehr die, ihr rechtzeitig und wenn nötig mit den radikalsten Gegenmaßnahmen entgegenzutreten. (Minutenlang ist der Minister durch laute Sprechchöre am Weiterreden gehindert.)

[…] Das deutsche Volk erfüllt mit seinen Achsenpartnern im wahrsten Sinne des Wortes eine europäische Mission, wenn es dieser unmittelbaren und ernsten Lebensbedrohung mit den Waffen entgegentritt. Wir lassen uns nicht durch das Geschrei des internationalen Judentums in aller Welt in der mutigen und aufrechten Fortführung des gigantischen Kampfes gegen diese Weltpest beirren. Er kann und darf nur mit Sieg enden. (Laute Zwischenrufe ertönen: „Deutsche Männer, ans Gewehr“, „deutsche Frauen an die Arbeit!“)

[…] Im Osten tobt ein Krieg ohne Gnade. Der Führer hat ihn richtig charakterisiert, als er erklärte, es werden aus ihm nicht Sieger und Besiegte, sondern nur noch Überlebende und Vernichtete hervorgehen. […]

Hier kämpft die deutsche Nation um ihr Alles. Wir sind in diesem Kampf zu der Erkenntnis gekommen, daß das deutsche Volk hier *seine heiligsten Güter*, seine Familien, seine Frauen und seine Kinder, die Schönheit und Unberührtheit seiner Landschaft, seine Städte und Dörfer, das zweitausendjährige Erbe seiner Kultur und alles, was uns das Leben lebenswert macht, zu verteidigen hat. […]

Das terroristische Judentum hat sich in Rußland 200 Millionen Menschen dienstbar gemacht, dabei seine zynischen Methoden und Praktiken mit der stumpfen Zähigkeit der russischen Rasse vermählt, die deshalb eine um so größere Gefahr für die europäischen Kulturvölker darstellt. […]

Zitiert nach: Kundgebung der NSDAP, Gau Berlin, im Berliner Sportpalast, Joseph Goebbels, 18. Februar 1943, Auszug aus der Rundfunkübertragung, DRA-Nr. 2600052.

1 Ferment der Dekomposition: biologische Substanz zur Beschleunigung der Zersetzung; ein in antisemitischen Kreisen weitverbreitetes Zitat des bekannten Historikers Theodor Mommsen (1817–1903)
2 Plutokratie: Herrschaft aufgrund von Geld und Vermögen
3 Mimikry: in der Biologie Nachahmung oder auch Tarnung

Lösungsvorschläge

Inhaltliche Schwerpunkte:
Die vorliegende Übungsaufgabe behandelt schwerpunktmäßig das Kurshalbjahr Q 2 „Deutschland zwischen Demokratie und Diktatur – Weimarer Republik und Nationalsozialismus". Dabei geht es sowohl um die Ideologie des völkischen Staats als auch um „Die Verfolgung und Ermordung der europäischen Juden". Hier findet ein Übergriff auf das Kurshalbjahr Q 1 „Gesellschaftliche Veränderungsprozesse am Beginn der Moderne" statt, indem auf die Entwicklung der Situation der jüdischen Bevölkerung im Lauf ihrer Geschichte und die „Judenemanzipation" Bezug genommen wird. Teilaufgabe 3 behandelt das Themenfeld „Der Widerstand gegen den Nationalsozialismus" und geht auf verschiedene Formen des Widerstands ein.

1. *Zunächst sollten Sie die Quelle vorstellen, indem Sie auf Autor, Art der Quelle, Anlass, Datierung und Thema verweisen sowie eine kurze historische Einordnung vornehmen. Ihre zusammenfassende Wiedergabe der zentralen Aspekte sollte sich an der Argumentation von Goebbels orientieren. Erläutern Sie außerdem ausgewählte sprachliche Mittel der Rede und zeigen Sie ihre Wirkung auf die Zuhörer. Achten Sie dabei unbedingt auf die Verwendung der indirekten Rede und des Konjunktivs, um Ihre Distanz zu Goebbels' Aussagen hervorzuheben. Die Aufgabe verlangt von Ihnen Leistungen aus den Anforderungsbereichen I und II.*

Das vorliegende Material ist ein Textauszug aus **Joseph Goebbels' bekannter Rede im Berliner Sportpalast** am 18. Februar 1943. Angesichts der drohenden Niederlage der deutschen Wehrmacht in Stalingrad ruft Goebbels die Deutschen im Saal und an den Rundfunkgeräten zum „**totalen Krieg**" auf.

Goebbels baut im vorgestellten Teil seiner Rede eine **Drohkulisse** auf, indem er die **Gefahr** schildert, die vom internationalen Judentum für Deutschland ausgehe. Die Juden würden Europa und die Welt in ein tiefes Chaos stürzen und die abendländische Kultur und Menschheit in den Untergang treiben (vgl. Z. 6 ff.). In der Sowjetunion hätten sie sich dazu als Bolschewisten getarnt und eine „terroristische Militärmacht" (Z. 21) aufgebaut.
Die Nationalsozialisten würden sich gegen diese Bedrohung durch das Judentum mit den „**radikalsten Gegenmaßnahmen**" (Z. 38 f.) und mit Waffengewalt wehren. Davon würden sie sich auch von ihren ausländischen Kritikern nicht abbringen lassen (vgl. Z. 34 ff.). Den gegenwärtigen Krieg im Osten bezeichnet Goeb-

bels als **alles entscheidenden Überlebenskampf** des deutschen Volks. Alles, was den Deutschen heilig sei und ihr Leben lebenswert mache, gelte es dort gegen das „terroristische Judentum“ (Z. 56) zu verteidigen (vgl. Z. 51 ff.).
Goebbels' Ziel ist es, durch seine Rede die Deutschen zum Durchhalten im Krieg gegen die Sowjetunion zu motivieren. Dazu unterstellt er dem Judentum, das russische Volk vereinnahmt zu haben und nun mit dessen „stumpfe[r] Zähigkeit“ (Z. 57 f.) die europäischen Kulturvölker vernichten zu wollen (vgl. Z. 56 ff.). Um diese **existenzielle Bedrohung** zu veranschaulichen, bedient sich Goebbels **drastischer Metaphern aus dem Bereich der Biologie:** Juden würden sich wie Tiere tarnen („Mimikry“, Z. 15), um ihre „Gastvölker einzuschläfern“ (Z. 16) und dann als „das teuflische Ferment der Dekomposition“ (Z. 5) zu wirken. Die **angebliche Gefährlichkeit des Judentums** unterstreicht Goebbels durch metaphorische Bezeichnungen wie „Weltpest“ (Z. 45) oder „infektiöse Erscheinung“ (Z. 33). Diese Verleumdungen lassen das Judentum wie eine tödliche Krankheit aussehen, die es mit allen Mitteln zu beseitigen gelte. Durch die Behauptung, dass das Judentum *„mit allen Kräften“* (Z. 25) die Wehrlosigkeit seiner Gegner zu fördern versuche, wird es noch stärker als verabscheuungswürdiges Feindbild gezeichnet. Die Juden seien die „Inkarnation des Bösen“ (Z. 25 f.) und empfänden bei ihrem vermeintlichen Zerstörungswerk „geradezu zynische Genugtuung“ (Z. 6).
Um die angebliche Gefahr noch anschaulicher zu machen, entwirft Goebbels als **Kontrast** zur jüdischen „Weltpest“ (Z. 45) ein **anheimelndes Bild** der *„heiligsten Güter“* (Z. 52), die die deutsche Nation zu verteidigen habe. Das Judentum strebe danach, des Deutschen „Familien, seine Frauen und seine Kinder, die Schönheit und Unberührtheit seiner Landschaft […] und alles, was uns das Leben lebenswert macht“ (Z. 52 ff.) zu vernichten. Durch diese **Aufzählung emotional besetzter Begriffe** will Goebbels die Zuhörer dazu bringen, ihm widerspruchslos zu folgen.

Die **Reaktionen der von Goebbels handverlesenen Zuhörer** zeigen, dass ihm dies gelungen ist. Die Menschen stimmen seiner Verunglimpfung des Judentums zu („Wir haben sie erlebt!“, Z. 18) und sind bereit, sie sogar noch zu steigern („Juden raus!“, Z. 12). Dies hat sicher auch einen starken Eindruck auf die Zuhörer an den Rundfunkgeräten gemacht.

2. *Die Einordnung der Quelle besteht zu einem großen Teil daraus, die Entwicklung der Situation der jüdischen Bevölkerung darzustellen. Dabei dürfen Sie aber die zeitliche Eingrenzung der Fragestellung nicht als Bezugspunkt aus den Augen verlieren. So sollten Sie frühere Formen des Antisemitismus mit Goebbels' Aufruf zum Völkermord vergleichen. Insgesamt muss Ihre Darstellung den Wandel in der Behandlung der jüdischen Bevölkerungsteile und die Verschärfung des Antisemitismus in Deutschland erkennen lassen. Diese Aufgabe gehört zum AFB II, da die Anwendung Ihres Wissens von Ihnen gefordert wird.*

Goebbels' Rede stellt einen Höhepunkt in der **Propaganda des Völkermords an den Juden** dar. In den Jahren zuvor hatten die Nationalsozialisten ihre „Maßnahmen gegen das Judentum“ (Z. 35) immer weiter verschärft. Diese sollten durch

Goebbels' Rede, in der die Juden als gefährliche Feinde Deutschlands und Europas verunglimpft werden, eine Rechtfertigung erfahren. Aufgrund des von den Nationalsozialisten propagierten Antisemitismus stieß Goebbels' Verleumdung auf offene Ohren, da Juden als „Volksfeinde" galten. Doch hatte es im Lauf der deutschen Geschichte auch Zeiten gegeben, in denen man die Juden als vollwertige Mitglieder in die Gesellschaft integrieren wollte.

Zu Beginn des 19. Jahrhunderts war in der Folge der Aufklärung und der Französischen Revolution versucht worden, die schon lange währende Gettoisierung und gesellschaftliche Diskriminierung von Juden in Deutschland zu beenden. Auf Napoleons Initiative erlangten Juden durch sogenannte **Judenedikte** im Rahmen der Preußischen Reformen ab 1809 **staatsbürgerliche Freiheit und rechtliche Gleichstellung**. Zwar gelang die **Emanzipation** vielerorts nur stufenweise, blieb **unvollständig** oder wurde wieder zurückgenommen, aber die soziale und kulturelle **Integration der Juden** war zumindest begonnen worden. Im Zuge der Industrialisierung und des Aufstiegs des Bürgertums ergaben sich ab Mitte des 19. Jahrhunderts weitere Emanzipationsmöglichkeiten für Juden.
Im deutschen Kaiserreich ab 1871 entwickelte sich dann allerdings der sogenannte **moderne Antisemitismus**. Er richtete sich nicht gegen eine ohnehin abgesonderte Gemeinschaft Andersgläubiger am Rande der Gesellschaft, sondern gegen zum Teil wohlhabende und einflussreiche Juden. Diese waren in hohe staatliche Positionen gelangt und wurden als Konkurrenten im Handel und in der Industrie wahrgenommen, weshalb man sie für Krisen verantwortlich machte.
Es entstanden **antisemitische Vereine und Parteien**, die die Ausweisung von Juden in den Osten oder nach Palästina forderten. Im Zuge des Imperialismus verstärkte sich der Antisemitismus: Zu der **nationalistischen und rassistischen Legitimation des deutschen Imperialismus** passten auch antisemitische Ressentiments, wie sie besonders der erfolgreiche „Alldeutsche Verband" propagierte. Juden dienten bevorzugt als **politisch-gesellschaftliche Sündenböcke**. So gab man ihnen mit der Dolchstoßlegende die Schuld an der Niederlage im Ersten Weltkrieg oder an der deutschen Novemberrevolution 1918. An diese Art antijüdischer Feindbilder knüpft Goebbels in seiner Rede an, wenn er von einer bolschewistischen und plutokratisch-kapitalistischen Tarnung der Juden spricht (vgl. Z. 13 f.).
Mit der Machtübernahme der Nationalsozialisten entwickelte sich in Deutschland eine sukzessive **Verschärfung des Antisemitismus** über die Diskriminierung und Verfolgung der Juden bis hin zum Völkermord. Zunächst waren es **öffentliche Diffamierungen und Boykottaufrufe** gegen jüdische Geschäfte (April 1933), dann folgte mit den **Nürnberger Gesetzen** (1935) die staatlich legitimierte und organisierte Judenverfolgung. Juden verloren nun ihre staatsbürgerlichen Rechte und wurden gegenüber dem „deutschen Blut" als minderwertige Rasse stigmatisiert und herabgesetzt. Der **völkisch-rassistische Antisemitismus**, den auch Goebbels in seiner Rede betreibt, wurde die Leitlinie der staatlichen Gesetzgebung. Die **Pogrome** im November 1938 stellten eine weitere Stufe auf dem Weg zur Ausrottung der europäischen Juden dar. In der Nacht vom 9. auf den 10. November zerstörten SA und SS in ganz Deutschland Synagogen sowie andere

jüdische Einrichtungen und deportierten Juden in die **Konzentrationslager** Dachau, Buchenwald und Sachsenhausen. Viele Juden flohen vor diesem Terror ins Ausland, diejenigen, die eigentlich bleiben wollten, wurden vertrieben.
Mit Kriegsbeginn 1939 begannen **Massaker** an den Juden in den eroberten Gebieten. Außerdem wurde die jüdische Bevölkerung sowohl aus Deutschland als auch aus den besetzten Ländern in **Arbeits- und Vernichtungslager** deportiert. Die **Wannseekonferenz** im Januar 1942, ein Jahr vor der Rede von Goebbels, organisierte dann die sogenannte „**Endlösung der Judenfrage**“, die bürokratisch geplante Liquidierung der Juden im Osten. Goebbels verfolgte mit seiner Rede 1943 eine ebenso mörderische Absicht: Angesichts der drohenden Niederlage an der Ostfront (Vernichtung der 6. Armee in Stalingrad) wollte er den Holocaust an den Juden rechtfertigen und vorantreiben.
Nach Goebbels' Rede sollte es noch zwei Jahre dauern, bis Ende Januar 1945 mit Auschwitz das erste Vernichtungslager durch die Alliierten befreit wurde. Bis dahin waren ca. sechs Millionen Juden der nationalsozialistischen Tötungsmaschinerie zum Opfer gefallen.

3. *Diese Aufgabe gehört mit ihren Operatoren „begründen“ und „bewerten“ zum AFB III. Hier geht es darum, an zwei unterschiedlichen Beispielen des deutschen Widerstands zu zeigen, auf welche Weise sich Regimekritiker gegen das System stellten und welche historische Bedeutung ihnen zukommt. Gehen Sie dabei z. B. chronologisch vor, so wie es im folgenden Lösungsvorschlag gehandhabt wird. Denkbar wäre aber auch eine Unterteilung in aktiven und passiven Widerstand. Erläutern Sie jeweils das Vorgehen, die Ziele und die Wirkung der Gruppierungen und Einzelpersonen. Nehmen Sie anschließend eine Wertung vor, die zeigt, welche Bedeutung dem Widerstand trotz seiner Wirkungslosigkeit zukommt. Ausgangs- und Endpunkt Ihrer Überlegungen sollte das Goebbels-Zitat sein.*

Goebbels wollte mit seiner Rede im Februar 1943 dem Ausland, v. a. England, demonstrieren, wie entschlossen ganz Deutschland hinter den radikalen Kriegsplänen der Nationalsozialisten stehe. Auch wenn ihm die ausgewählten Zuhörer lautstark zustimmten, stellt sich die Frage, ob Goebbels Recht hat, wenn er für alle Deutschen spricht, oder ob es eine **nennenswerte Opposition gegen den Nationalsozialismus** gegeben hat.

Von der Phase der „Machtergreifung“ 1933 bis zum Ende des Kriegs 1945 existierten ganz **unterschiedliche Formen des Widerstands** in Deutschland, die deutlich machen, dass nicht die gesamte Bevölkerung mit dem Vorgehen der Nationalsozialisten einverstanden war. Zu Beginn widersetzten sich **politische Parteien** wie KPD und SPD (z. B. Otto Wels' Rede gegen das „Ermächtigungsgesetz“ im März 1933), dann **Vertreter der Kirche** (z. B. Niemöller, „Bekennende Kirche“ unter Bonhoeffer) gegen Ende auch **Militärs** (z. B. Attentat von Stauffenberg 1944) und Gruppierungen aus dem **Bürgertum** (z. B. „Kreisauer Kreis“, „Goerdeler Kreis“). Hinzu kamen **zahllose Einzelpersonen**, die verfolgten Mitbürgern halfen, dem Terrorregime zu entkommen (z. B. Oskar Schindler).

Unter den **Einzeltätern**, die Widerstand leisteten, soll beispielhaft **Georg Elser** hervorgehoben werden. Er fasste bereits 1938 den Entschluss, Hitler zu töten, um den drohenden Krieg zu verhindern. Er war Schreiner und stand der KPD nahe. So motivierte ihn anfänglich auch die Sorge um die sich verschlechternden sozialen Verhältnisse der Arbeiterschaft zum Widerstand. Später hatte er vor, die Ausweitung des Kriegs zu verhindern. 30 Nächte lang präparierte Elser den Münchner Bürgerbräukeller, in dem Hitler am Abend des 8. November 1939 zum Jahrestag seines Putschversuchs von 1923 eine Rede halten würde. Elser verbaute Sprengstoff und einen Zeitzünder in der Säule am Rednerpult, um **Hitler und die NS-Führungsriege zu töten**. Hitler entkam dem Anschlag nur, weil er seine Rede früher als geplant beendete. Der Sprengstoff explodierte kurz nach Hitlers Abfahrt und sorgte für zahlreiche Tote und Verletzte. Georg Elser wurde an der Schweizer Grenze verhaftet, dann inhaftiert, verhört und gefoltert, bis er seine Tat gestand. Im April 1945 wurde er kurz vor der Befreiung durch amerikanische Truppen im KZ Dachau ermordet. Er war der erste Widerstandskämpfer, dem es beinahe gelungen war, Hitler zu töten. Wenn seine Tat 1939 geglückt wäre, hätten der Krieg und der Völkermord der Nationalsozialisten wohl nicht die bekannten Ausmaße angenommen. Eine Gedenkstätte in Elsers Heimatort erinnert noch heute an die aufsehenerregende Tat des **mutigen Einzelkämpfers**.
Auch von **Jugend- und Studentengruppen** gab es trotz der Indoktrination der NS-Ideologie in Schulen und Universitäten Widerstand gegen den NS-Staat. Besonders bekannt ist die „**Weiße Rose**“ um die **Geschwister Scholl** und Alexander Schmorell. Die Studentengruppe brachte seit 1942 in verschiedenen Städten Süddeutschlands heimlich insgesamt sechs verschiedene **Flugblätter** (Auflage bis zu 9 000) in Umlauf und ihre Mitglieder schrieben nachts Parolen gegen Hitler an Hauswände. Sie versuchten ausdrücklich, die „Masse des Volks“ zu erreichen. Aus **christlich-humanistischer Überzeugung** riefen sie zur Beendigung des Kriegs und zum Aufbau eines friedlichen Europa auf. Die Geschwister Scholl wurden am Vormittag des 18. Februar 1943 in der Münchner Universität verhaftet, an dem Tag also, an dem am Abend Goebbels seine Rede im Berliner Sportpalast hielt. Sie hatten im Lichthof der Universität ihr sechstes Flugblatt ausgelegt, in dem sie zum Aufstand gegen die Hitler-Diktatur aufriefen. Dabei wurden sie beobachtet, festgenommen und anschließend verhört. Nur wenige Tage später ließ man sie in München hinrichten. Ihre Aktionen gelten noch heute als ein beispielhaftes **Eintreten für Frieden und Menschenrechte**.

Sowohl das öffentlichkeitswirksame Auftreten der „Weißen Rose“ als auch Georg Elsers Attentat zeigen, dass Goebbels mit seiner Vereinnahmung aller Deutschen am 18. Februar 1943 Unrecht hatte. Während der gesamten Dauer der nationalsozialistischen Herrschaft gab es junge Menschen, aber auch einfache Männer wie Georg Elser, die aktiv für ihre abweichenden Überzeugungen eintraten. Die „Weiße Rose“ und alle übrigen Beispiele des deutschen Widerstands machen deutlich, dass es zumindest ein **gewisses Maß an Opposition gegen das NS-Regime** in Deutschland gab.

Im Ergebnis war aller **Widerstand**, der auf den Zusammenbruch des NS-Regimes aus war, **vergeblich, da keine übergreifende Organisation entstand**, die alle Oppositionellen vereint hätte. Dies lag sowohl an den unterschiedlichen Zielen der einzelnen Widerstandskämpfer als auch an der **Brutalität**, mit der das NS-Regime seine Gegner bestrafte. Gerade deshalb kann jeder Einzelne, der mutig sein Leben riskierte, um sich gegen Terror, Diktatur und Willkürherrschaft aufzulehnen sowie für die Ideale des Friedens und der Menschlichkeit einzutreten, für spätere Generationen als ein bewundernswertes **Vorbild an Zivilcourage** gelten.

Teilaufgabe	**AFB I**	**AFB II**	**AFB III**	**BE**
1	20	10	–	30
2	10	25	–	35
3	–	10	25	35
Summe	30	45	25	100

Hessen – Geschichte – Leistungskurs
Übungsaufgabe 5

Thema: *Die Krise der Weimarer Republik 1923 und die innere Entwicklung der Bundesrepublik zwischen 1966 und 1977*

Aufgaben

1. Beschreiben Sie mit Bezug auf den Text die Inflation und die Währungsreform von 1923 /1924 in Deutschland und stellen Sie zusammen, welche Auswirkungen das Krisenjahr 1923 nach Sebastian Haffner auf die Zeitgenossen hatte. (30 BE)
2. Vergleichen Sie die krisenhaften Erscheinungen zwischen 1918 und 1923 mit den Problemen der bundesrepublikanischen Gesellschaft zwischen 1966 und dem „Deutschen Herbst" 1977. (40 BE)
3. Überprüfen Sie, inwiefern 1968 die Mentalität einer ganzen Generation geprägt wurde. (30 BE)

Material

Sebastian Haffner: Das Krisenjahr 1923

Es kam das Jahr 1923. Dieses phantastische Jahr ist es wahrscheinlich, was in den heutigen Deutschen jene Züge hinterlassen hat, die der gesamten übrigen Menschheit unverständlich und unheimlich und die auch dem normalen „deutschen Volkscharakter" fremd sind: jene hemmungslos zynische Phantastik, jene nihilistische Freude am „Unmöglichen" um seiner selbst willen, jene zum Selbstzweck gewordene „Dynamik". Einer ganzen deutschen Generation ist damals ein seelisches Organ entfernt worden: ein Organ, das dem Menschen Standfestigkeit, Gleichgewicht, freilich auch Schwere gibt, und das sich je nachdem als Gewissen, Vernunft, Erfahrungsweisheit, Grundsatztreue, Moral oder Gottesfurcht äußert. Eine ganze Generation hat damals gelernt – oder zu lernen geglaubt – daß es ohne Ballast geht. [...]

Kein Volk der Welt hat etwas erlebt, was dem deutschen „1923"-Erlebnis entspricht. Den Weltkrieg haben alle erlebt, die meisten auch Revolutionen, soziale Krisen, Streiks, Vermögensvernichtungen, Geldentwertungen. Aber keins die phantastische, groteske Übersteigerung von alledem auf einmal, die 1923 in Deutschland stattfand. [...] Die psychologischen und machtpolitischen Wurzeln des Nazismus[1] liegen tiefer zurück, wie wir sahen. Aber damals entstand das, was ihm heute seinen Wahnsinnszug gibt: die kalte Tollheit, die hochfahrend hemmungslose, blinde Entschlossenheit zum Unmöglichen; das „Recht ist, was uns nutzt" und „das Wort unmöglich gibt es nicht". Offenbar liegen Erlebnisse dieser Art jenseits der Grenze dessen, was Völker ohne seelischen Schaden durchmachen können. [...]

Schon bald nach dem Ruhrkrieg schoß der Dollar auf 20 000, hielt eine Weile an, kletterte auf 40 000, zögerte kurze Zeit, und fing dann an, mit kleinen periodischen Schwankungen stoßweise die Zehntausende und Hunderttausende abzuleiern. Keiner wußte genau, wie es geschah. [...] Wer ein Sparkonto, eine Hypothek oder sonst eine Geldanlage besaß, sah es über Nacht verschwinden. Bald machte es nichts aus, ob es sich um einen Spargroschen oder ein Großvermögen handelte. Alles wurde ausgelöscht. Viele Leute wechselten schnell ihre Anlagen, nur um zu sehen, daß es überhaupt nichts ausmachte. Bald wurde es klar, daß etwas geschehen war, das alle ihr Vermögen verlorengehen ließ und ihre Gedanken auf etwas viel dringlicheres richten ließ.

Die Lebensunterhaltskosten hatten angefangen davon zu jagen, denn die Händler folgten dem Dollar dicht auf den Versen. Ein Pfund Kartoffeln, das noch am Vortage fünfzigtausend Mark gekostet hatte, kostete heute schon hunderttausend; ein Gehalt von fünfundsechzigtausend Mark, das man am vorigen Freitag nach Hause gebracht hatte, reichte am Dienstag nicht aus, um ein Paket Zigaretten zu kaufen.

Was sollte geschehen? Plötzlich entdeckten Leute eine Insel der Sicherheit: Aktien. Das war die einzige Form der Geldanlage, die irgendwie der Geschwindigkeit standhielt. [...] Also ging man und kaufte Aktien. Jeder kleine Beamte, jeder Angestellte, jeder Schichtarbeiter wurde Aktionär. Man bezahlte seine täglichen Einkäufe, indem man Aktien verkaufte. [...]

Den Alten und Weltfremden ging es am schlechtesten. Viele wurden zum Betteln getrieben, viele zum Selbstmord. Den Jungen, Flinken ging es gut. Über Nacht wurden sie frei, reich, unabhängig. Es war eine Lage, in der Geistesträgheit und Verlaß auf frühere Erfahrung mit Hunger und Tod bestraft, aber Impulshandeln und schnelles Erfassen einer neuen Lage mit plötzlichem ungeheurem Reichtum belohnt wurde. Der einundzwanzigjährige Bankdirektor trat auf, wie auch der Primaner, der sich an die Börsenratschläge seiner etwas älteren Freunde hielt. [...]

Dann passierte etwas seltsames. Die unglaubliche Mär begann eines Tages die Runde zu machen, es würde bald wieder Geld „von beständigem Wert" geben, und etwas später wurde es Wirklichkeit. Kleine häßlich grau-grüne Scheine mit dem Schriftzug „eine Rentenmark". [...]

Der Dollar hörte auf zu steigen. Aktien auch. Und wenn man sie in Rentenmark verwandelte, siehe! sie waren zu nichts geworden, wie alles andere. Also behielt keiner etwas. [...] Die einundzwanzigjährigen Bankdirektoren mußten wieder Gehilfenstellen suchen und die Primaner mußten sich wieder mit ihren zwanzig Mark Taschengeld begnügen. Natürlich gab es einige „Opfer der Währungsstabilisation", die Selbstmorde begingen. Aber die Zahl derer war viel größer, die jetzt zaghaft aus ihren Schlupflöchern hervorlugten und sich fragten, ob es wieder möglich war zu leben. [...] Plötzlich wurden Löhne und Gehälter in Rentenmark ausgezahlt, und etwas später, Wunder über Wunder, erschienen sogar Groschen und Sechser, feste blinkende Münzen. Man konnte sie in der Tasche klingen lassen, und außerdem behielten sie ihren Wert. Man konnte am Donnerstag noch etwas kaufen mit dem Geld, das man am vorigen Freitag erhalten hatte. Die Welt war voller Überraschungen.

Sebastian Haffner: Geschichte eines Deutschen. Die Erinnerungen 1914–1933 (geschrieben Anfang 1939). Stuttgart, München: DVA 2000, S. 53 ff., S. 65 f.

1 Nazismus: Kurzform für Nationalsozialismus

Lösungsvorschläge

Inhaltliche Schwerpunkte:
Die Aufgabe hat ihren Schwerpunkt im Thema „Weimarer Republik versus nationalsozialistischer Führerstaat" aus dem Halbjahr Q 2 „Deutschland zwischen Demokratie und Diktatur – Weimarer Republik und Nationalsozialismus". Dabei sind besonders die Stichworte „Entstehungsbedingungen der Republik im nationalen und internationalen Umfeld" sowie „Die Krise der Weimarer Republik und Ursachen ihres Scheiterns" von Bedeutung. Die dritte Teilaufgabe stellt den halbjahresübergreifenden Bezug zu Q 3 „Konflikt und Kooperation in der Welt nach 1945" her. Hier wird vor allem die „deutsche Ebene" mit dem Unterpunkt „Die innere Entwicklung in der Bundesrepublik bis 1990 (u. a. 1968)" angesprochen.

1. *Die Aufgabe verlangt sowohl Ihr Vorwissen als auch eine Auswertung entsprechender Hinweise aus dem Quellentext zum Thema Inflation und Währungsreform. Beim Operator „beschreiben" muss die Inflation und ihre Entwicklung mithilfe der passenden Fachbegriffe dargestellt und strukturiert verdeutlicht werden. An zentralen Stellen sollten Sie sich dabei direkt auf den Text von Haffner beziehen. Der zweite Operator „zusammenstellen" fordert Sie dazu auf, die Auswirkungen des Krisenjahrs 1923 aus dem Text zu entnehmen. Konzentrieren Sie sich dabei besonders auf die geistige Einstellung der Menschen. Beide Operatoren gehören zum AFB I.*

Nach der Niederlage im Ersten Weltkrieg stand Deutschland sowohl vor einem **politischen Neuanfang** als auch vor großen **wirtschaftlichen Aufgaben**. Die Folgen des Kriegs stellten für die **junge Weimarer Republik** eine erhebliche wirtschaftliche Belastung dar, die 1923 schließlich zur Inflation sowie zur Währungsreform führte. Von einer **Inflation** spricht man, wenn die Geldmenge absolut und gemessen am Wert der Waren und Dienstleistungen deutlich ansteigt (lat. „inflare" – anschwellen). In der Folge einer Inflation erhöhen sich die Preise, da der **Wert des Geldes sinkt**.

Die **Ursachen** der Inflation von 1923 waren vielfältig: Zum einen entzogen die hohen **Reparationszahlungen** dem Staat und der Wirtschaft wesentliche Finanzmittel, zum anderen wuchsen die Belastungen für die Republik durch die hohen Sozialausgaben (vor allem für Kriegsopfer und Hinterbliebene) sowie durch die Rückzahlungen der vor und während des Kriegs ausgegebenen Staatsanleihen. Mit Letzteren war die Kriegsrüstung finanziert worden, nun wurden sie von den Bürgern zur Auszahlung vorgelegt. Der Staat half sich damit, Papiergeld nachzudrucken, wodurch die **Geldmenge erhöht** und die Inflation beschleunigt wurde. Darlehenskassenscheine und andere Schuldverschreibungen verloren deutlich an Wert, was die Anleger und Gläubiger bitter enttäuschte.

Der **Ruhrkampf** („Ruhrkrieg", Z. 21) verschärfte die seit 1919 allmählich gestiegene Inflation 1923 zu einer galoppierenden Inflation. Die Reichsregierung hatte die Bevölkerung im Ruhrgebiet aufgefordert, durch einen Generalstreik zu verhindern, dass Franzosen und Belgier wegen ausstehender Reparationsleistungen der

Deutschen Kohle aus dem Ruhrgebiet abtransportierten. Für den Lohnausfall der Streikenden musste die Reichsregierung aufkommen. Das gelang jedoch nur durch eine weitere **Erhöhung der Geldmenge:** Es wurden neue Banknoten gedruckt oder alte mit einem neuen Betrag überstempelt. Der **Kurs des Dollar**, der als stabile Auslandswährung galt, fing an, rasant zu steigen (vgl. Z. 21 ff.). Der Verteuerung des Dollars folgte ein entsprechend heftiger Anstieg der Preise, sodass die Lebenshaltungskosten im Sommer 1923 ins Unermessliche stiegen (vgl. Z. 31 ff.).
Die **Verlierer** der Inflation waren die Besitzer von Sparvermögen, Hypotheken und anderen Geldanlagen (vgl. Z. 24 ff.); ihr Vermögen wurde vernichtet. **Gewinner** waren umgekehrt sämtliche Kreditnehmer wie der Staat, Landwirte und Unternehmer, da ihre Schulden entsprechend der Entwertung des Geldes schrumpften. Verschont von Verlusten blieben auch die Besitzer von Sachwerten wie Immobilien, Fabrikanlagen usw. Einige Leute versuchten, ihr Geld in Aktien anzulegen, um es vor der Inflation zu retten (vgl. Z. 36 ff.). Flinke Spekulanten wurden an der Börse über Nacht reiche Leute (vgl. Z. 41 ff.).
Mit der **Währungsreform** Ende 1923 wurden die **Rentenmark** und später, 1924, die neue **Reichsmark** eingeführt. Damit gelang es, die Inflation zu überwinden (vgl. Z. 48 ff.). Gedeckt war die neue Währung durch Garantien der deutschen Landwirtschaft und der deutschen Industrie (mit jeweils 1,6 Mrd. Rentenmark). Die neue Währung war stabil, sodass die Profiteure der Inflation ihre Vermögen wieder verloren („Opfer der Währungsstabilisation“, Z. 55) und die Wirtschaft sich rasch wieder erholte.
Sebastian Haffner charakterisiert 1939 in seinen Erinnerungen die Auswirkungen, die dieses Krisenjahr 1923 auf die Menschen damals hatte. Das, was die Deutschen 1923 als „phantastische, groteske Übersteigerung“ (Z. 13 f.) aller möglichen Krisenerscheinungen erlebten, sei mehr, als das, was andere Völker erlebt hätten. Deshalb habe nicht zuletzt dieses Jahr die **Mentalität einer ganzen Generation** geprägt. Die Deutschen hätten in der Folgezeit eine „zynische Phantastik“ und „nihilistische Freude“ (Z. 4) an allem gezeigt, was eigentlich unmöglich erschien. Verloren hätten sie dafür ein geistiges inneres Gleichgewicht. Dieser **seelische Schaden** habe dann dazu geführt, dass ihnen Vernunft, Gewissen und Moral abhanden gekommen seien (vgl. Z. 6 ff.). Daraus sei, so Haffner, schließlich die kalte, jegliches Recht missachtende **Entschlossenheit zum Unmöglichen** des Nationalsozialismus entstanden (vgl. Z. 16 ff.).
Haffner räumt ein, dass damit die **Mentalität des Nationalsozialismus** keineswegs hinreichend erklärt sei, dessen Wurzeln lägen tiefer (vgl. Z. 15 f.). Durch die Erschütterungen des Jahres 1923 sei aber jener „Wahnsinnszug“ (Z. 17) des Nationalsozialismus entstanden, dessen „kalte Tollheit“ (Z. 17) und „blinde Entschlossenheit zum Unmöglichen“ (Z. 17 f.) sich bis 1939 schon gezeigt habe.
Haffner betont damit, welch großen „seelischen Schaden“ (Z. 20) das Krisenjahr 1923 bei den Deutschen angerichtet habe, wodurch die Mentalität der Nationalsozialisten entscheidend geprägt worden sei.

2. *Mit ihrem Operator „vergleichen" gehört diese Teilaufgabe zum AFB II. Stellen Sie zunächst die krisenhaften Erscheinungen beider Zeitabschnitte dar. Der erste ist durch das Kriegsende (1918) und die Währungsstabilisierung (1923) begrenzt, der zweite durch den Beginn der Großen Koalition (1966) und die Überwindung des RAF-Terrors (1977). Anschließend müssen Sie die beiden Zeitabschnitte miteinander vergleichen. Stellen Sie Unterschiede und Gemeinsamkeiten jeweils zusammen dar und ziehen Sie am Ende ein kurzes Fazit.*

In unauflösbarem Zusammenhang mit der von Sebastian Haffner beschriebenen Inflation und der Geldentwertung standen **politische Krisen**, die im Jahre 1923 eskalierten. Die erste Belastung der künftigen Republik stellte nach dem Krieg die **Revolution** vom November 1918 bis zum Januar 1919 dar. Die SPD schloss sich in der Auseinandersetzung um die politische Gestaltung des neuen Staats gegen die Kommunisten mit den alten Eliten zusammen. Zu erkennen war dies an **Friedrich Eberts Bündnis mit Wilhelm Groener**, dem Chef der OHL. Außerdem wurden die aus dem Freikorps-Milieu stammenden Mörder von Rosa Luxemburg und Karl Liebknecht durch den sozialdemokratischen Reichswehrminister Gustav Noske freigesprochen. Damit sorgten die Sozialdemokraten für die konsequente Feindschaft der KPD gegenüber der Weimarer Republik. Außerdem schürte 1919 die unvermeidbare Unterzeichnung des **Versailler Friedensvertrags** („Diktatfrieden") durch Vertreter der jungen Republik die Aversionen der Bürger gegen diesen neuen Staat. **Politische Morde** – meist von rechts – waren die Folge, vor allem an „Erfüllungspolitikern" wie Matthias Erzberger und Walther Rathenau.
Darüber hinaus destabilisierten **Separatistenbewegungen** (im Rheinland und in der Pfalz) das Land ebenso wie Streiks und Putschversuche. Die bedeutendsten Erhebungen waren der **Kapp-Lüttwitz-Putsch** (1920) und der **Hitler-Ludendorff-Putsch** (1923). **Freikorps-Verbände** aus Soldaten, die nach der erzwungenen Abrüstung keinen Erwerb mehr hatten, leisteten dabei Unterstützung mit Waffen.

Der gesellschaftliche und politische **Umbruch** von 1968 setzte deutlich erkennbar mit der Bildung der **Großen Koalition** 1966 ein. Zum ersten Mal in der Geschichte der Bundesrepublik war die SPD Teil der Regierung. Der Grund für eine solche Bündelung der politischen Kräfte waren die **krisenhaften Erscheinungen** dieser Zeit. Nur eine Regierung, die einen breiten politischen Konsens repräsentierte, schien sie bewältigen zu können. Die erste **Wirtschaftskrise (Rezession)** der Bundesrepublik erforderte beispielsweise eine konzertierte Aktion aus Arbeitnehmern und Arbeitgebern. Die in der Krise erstarkte **NPD** mit teilweise über 10 % der Stimmen bei Landtagswahlen wollte man gemeinsam wieder zurückdrängen. Zudem musste den **öffentlichen Protesten** gegen den Vietnamkrieg und den Demonstrationen für mehr Demokratie angemessen begegnet werden. Die bereits fest eingeplante Verabschiedung der **Notstandsgesetze** erforderte eine Änderung des Grundgesetzes mit einer Zweidrittelmehrheit im Bundestag. Damit sollten in Krisensituationen einzelne Grundrechte eingeschränkt werden, um die Handlungsfähigkeit des Staats zu gewährleisten.
Allerdings bewirkte die zur Stabilisierung gedachte Große Koalition genau das Gegenteil: Wegen der offensichtlichen Ausschaltung der Opposition im Bundes-

tag – vertreten nur noch durch die FDP – bildete sich eine **außerparlamentarische Opposition (APO)**. Sie vereinte politisch besorgte Bürger, vor allem Studenten, zu einer **Protestbewegung** gegen gesellschaftliche Rückständigkeit und eine zu große Macht des Staats.
Die APO forderte eine grundlegende **Bildungsreform**, eine **Aufarbeitung der NS-Vergangenheit** und eine umfassende **Demokratisierung** der Gesellschaft. Der Staat und seine Verfassungsorgane gerieten damit in eine tiefe **Legitimationskrise**. 1968 erlebte sie ihren Höhepunkt. Das Attentat auf den Studentenführer **Rudi Dutschke** in Berlin führte zu einer Ausweitung der Protestbewegung von den Studenten auf andere gesellschaftliche Gruppen (liberales Bildungsbürgertum, Schüler, Gewerkschaftler) und hatte eine weitere **Eskalation** der Straßengewalt zur Folge.
Die sozial-liberale Koalition unter Bundeskanzler Willy Brandt (1969–1974) sorgte durch den Beginn einer grundlegenden Demokratisierung der Gesellschaft für den Abbau des „Reformstaus" aus der Adenauer-Zeit und für die Überwindung der krisenhaften Erscheinungen von 1968. Eine kleine radikale Minderheit jedoch führte ab 1970 die Auseinandersetzung mit dem Staat durch **Terror und Gewalt** weiter (Rote Armee Fraktion, **RAF**). Die RAF verübte Banküberfälle sowie Bombenanschläge. Zudem **entführte und ermordete** sie namhafte Repräsentanten aus Politik, Wirtschaft und Justiz (z. B. den Arbeitgeberpräsidenten Hanns-Martin Schleyer oder den Generalbundesanwalt Siegfried Buback). Dieser Herausforderung begegnete die sozialliberale Koalition (SPD/FDP) unter Bundeskanzler Helmut Schmidt mit allen ihr zur Verfügung stehenden **rechtsstaatlichen Mitteln** und mit unnachgiebiger **Konsequenz**. Nach den Selbstmorden der RAF-Führer im „Deutschen Herbst" 1977 ebbte die Terrorwelle schließlich ab.

Im **Vergleich** des sozialpolitischen Umbruchs von den 68ern bis zur RAF mit den Anfangsjahren der Weimarer Republik (1918–1923) fallen zunächst einige **Übereinstimmungen** auf. So sind vor allem die **Erscheinungsformen der Krisen** vergleichbar: Straßenkämpfe, Demonstrationen, politische Morde (in Weimar Rathenau und Erzberger, in der Bundesrepublik Schleyer und Buback) sowie eine entsprechende Radikalisierung politischer Gruppierungen gab es sowohl in der Weimarer Republik als auch in den Problemjahren der Bundesrepublik. Außerdem konnten **beide Krisen – zumindest vorübergehend – bewältigt** werden.
Bedeutsamer aber scheinen die **Unterschiede** zwischen den verglichenen Zeitabschnitten zu sein. Die **Ursache** für die Weimarer Krise lag darin, dass der junge Staat **direkt nach dem Krieg** die Probleme, die der **radikale Neuanfang** ihm bescherte, nicht in den Griff bekam. Die Belastungen der Kriegsniederlage und des **Versailler Vertrags** schufen eine **Republik ohne Republikaner** und eine Regierung ohne Rückhalt (u. a. Separatistenbewegung, Putschversuche 1920 und 1923). In der Bundesrepublik dagegen war der Krieg schon über zwanzig Jahre vorüber. Allerdings gärte es nach den konservativen Fünfzigerjahren („**Reformstau**"), da die politische und soziale Erneuerung nicht in Angriff genommen worden war. Jedoch herrschte in der frühen Bundesrepublik ein grundlegender **gesellschaftlicher Konsens** (Grundgesetz), der die Gesellschaft vergleichsweise fest zusam-

menhielt. **In der Weimarer Republik** war ein solcher Zusammenhalt allenfalls im Generalstreik während der Ruhrbesetzung 1923 zu spüren sowie in der einhelligen Ablehnung des Versailler Vertrags. Statt eines positiven Grundkonsenses gab es hier **nur Zusammenhalt in der Ablehnung**.
Ein deutlicher Unterschied ist auch im Schwerpunkt der jeweiligen Krise zu finden. In der ersten deutschen Demokratie spielte die fehlende Stabilisierung der Wirtschaft eine zentrale Rolle, in der nach dem Wirtschaftswunder saturierten Bundesrepublik dagegen dominierten politische und soziale **Inhalte**. Deshalb wurden die Problemlagen auf ganz verschiedene Weisen gelöst: In der Weimarer Republik sorgten **Finanzhilfen aus den USA** und der **Dawes-Plan** 1924 mit einer Neuregelung der Reparationen für eine Stabilisierung. In der Bundesrepublik führten **politische Reformen** der sozialliberalen Koalition mit einer **Demokratisierung der Gesellschaft** zu größerer politischer Zufriedenheit.
Dies zeigt, dass die Weimarer Republik sowohl in der Entstehung als auch in der Behebung ihrer Krise **vom Ausland abhängig** war (Versailler Vertrag, Dawes-Plan, Weltwirtschaftskrise). Im Gegensatz dazu war die **Bundesrepublik** gezwungen und imstande, ihre Probleme **selbstständig** zu lösen. Insgesamt überwiegt trotz einiger vergleichbarer Erscheinungen (politische Morde, Straßenkämpfe) der grundlegende **Unterschied in den Krisenursachen und Lösungsansätzen**.

3. *Diese Teilaufgabe fordert Sie auf, zu überprüfen, inwiefern 1968 die Mentalität einer ganzen Generation geprägt wurde. Stellen Sie dazu zunächst dar, welche Gemeinsamkeiten die 68er aufwiesen. Anschließend müssen Sie dann überlegen, wie man die gefragte Prägung messen oder feststellen kann. Denken Sie dazu an das Verhalten der betreffenden Generation in den Folgejahren. Stellen Sie sowohl Argumente für als auch gegen die aufgestellte Behauptung zusammen. Diese Teilaufgabe verlangt von Ihnen Leistungen im AFB III.*

Ob in den 68ern die **Mentalität einer ganzen Generation** geprägt wurde, lässt sich am ehesten durch die Auswirkungen der Protestbewegung auf die folgenden Jahrzehnte erkennen. Dazu soll aber zunächst einmal definiert werden, welche Gesinnung für die 68er typisch war.

Die 68er zeichnete von Anfang an keine einheitliche Mentalität aus. Dies hatte seine Ursache in der **großen Meinungsvielfalt** der pluralistischen Bundesrepublik. Trotzdem lassen sich einige zentrale Einstellungen finden, die viele 68er gemeinsam hatten. Dazu gehört auf jeden Fall das **politische Engagement** der Studenten unter Führung des Sozialistischen Deutschen Studentenbunds (SDS). Dieser trat für mehr Demokratie, Transparenz und Partizipation in allen Bereichen der Gesellschaft ein.
Begleitet wurde das politische Engagement von heftigen **Autoritäts- und Generationenkonflikten**. Viele junge Leute hinterfragten plötzlich die bislang unbestrittene Autorität von Lehrern, Professoren, Vorgesetzten und Eltern. Diesen machte man ihre **nationalsozialistische Vergangenheit** zum Vorwurf, deren schonungslose Aufklärung die 68er forderten.

Basis der Protestbewegung war die **Kritik an der bürgerlich-kapitalistischen Konsumgesellschaft**. In Verbindung mit der marxistischen Vorstellung eines klassenlosen Staats entwickelten die Demonstranten daraus ihre Forderung, die bestehenden **Macht- und Herrschaftsstrukturen des „Establishments" zu überwinden** und eine Entwicklung hin zu einer sozialistischen Gesellschaft einzuleiten. Die revolutionäre Umgestaltung sollte mit **neuartigen Demonstrations- und Protestformen** erreicht werden. Studenten besetzten öffentlichkeitswirksam Straßen, Plätze oder Institutionen, um zu boykottieren und zu provozieren („Go-ins", „Sit-ins" und „Happenings").
Aber nicht alle, die das Bestehende infrage stellten, waren im engeren Sinn politisch interessiert und engagiert. Viele störten sich vornehmlich an etablierten Konventionen, Normen und Moralvorstellungen, die als spießig empfunden wurden. Durch eine **alternative Daseinsgestaltung** sollte besonders das partnerschaftliche Zusammenleben selbstbestimmter und sexuell freizügiger werden. Man lebte statt in der bürgerlichen Kleinfamilie in **Kommunen sowie alternativen Wohngemeinschaften** (WGs) und ließ seine Kinder in antiautoritären Kindergärten groß werden. So wollte man ein freies und unabhängiges Leben fernab vom Leistungs- und Konsumdruck der kapitalistischen Überflussgesellschaft führen.

Einen Teil ihrer Überzeugungen hat sich diese Generation **bewahrt**. So stießen ehemalige 68er in den Siebzigerjahren die **Frauenbewegung** an und protestierten auf vielfältige Weise gegen Kriege (z. B. in den Achtzigerjahren gegen den Golfkrieg). Auch die **AKW-Bewegung**, die auf Umweltzerstörungen durch Atomenergie aufmerksam machte, lässt ein **Engagement** erkennen, das an die 68er erinnert. Aus dieser Protestbewegung entstand 1980 die **Partei der „Grünen"**, die sich als feste Kraft im Parlament etablieren konnte.
Viele Erscheinungsformen der 68er sind danach allerdings zu reinen Modeerscheinungen verkommen (Pop-Musik, Jeans, lange Haare) und haben ihre **politische Bedeutung verloren**. Nicht wenige Mitglieder der Studentenbewegung sind in einflussreiche **Führungspositionen** des früher verachteten „Establishments" aufgerückt.
Insgesamt entsteht der Eindruck, dass von der Mentalität der 68er nicht viel geblieben ist. Die gesellschaftskritische Einstellung ist einem **breiten politischen Konsens** gewichen. Allerdings hat z. B. das **Bewusstsein für den Umweltschutz** und die **Gleichberechtigung der Frau** inzwischen in das Programm aller etablierten politischen Parteien Eingang gefunden. Auf diese Weise **lebt das Gedankengut der 68er bis heute fort**.

Teilaufgabe	**AFB I**	**AFB II**	**AFB III**	**BE**
1	30			30
2		40		40
3			30	30
Summe	30	40	30	100

Hessen – Geschichte – Leistungskurs
Übungsaufgabe 6

Thema: *Totalität des Ersten und des Zweiten Weltkriegs*

Aufgaben

1.1 Geben Sie wieder, worin Jörn Leonhard die besondere Bedeutung des Ersten Weltkriegs sieht. (30 BE)

1.2 Erläutern Sie über den Text hinaus die weltgeschichtliche Bedeutung des Ersten Weltkriegs. (15 BE)

2. Stellen Sie dar, welche Bereiche der „totale Krieg" (Goebbels) im Zweiten Weltkrieg umfasste und welche Auswirkungen dieser auf die deutsche Bevölkerung hatte. (25 BE)

3. Erörtern Sie – ausgehend von Jörn Leonhards Textauszug (vgl. Z. 54–57) – die These, der Zweite Weltkrieg sei für Deutschland eine Fortsetzung des Ersten Weltkriegs gewesen. (30 BE)

Hinweis: Hitlers Propagandaminister Joseph Goebbels rief nach der Vernichtung der 6. Armee in Stalingrad im Februar 1943 in einer Rede im Berliner Sportpalast am 18. Februar 1943 die deutsche Bevölkerung zum „totalen Krieg" auf.

Material

Auszug aus Jörn Leonhard: Was hinterließ der Erste Weltkrieg dem 20. Jahrhundert? (2014)

Was also war der Krieg gewesen? Was hinterließ er dem 20. Jahrhundert?

[…] Das Ergebnis des Krieges, das war den Zeitgenossen unmittelbar bewusst, ging nicht allein in der Quantität der Kriegsopfer auf. Es war nicht messbar anhand der Millionen von toten Soldaten und Zivilisten. Hinter der schieren Quantität der Opfer verbarg sich eine grundsätzlich neue Qualität von Gewalterfahrungen. Obwohl die Opfer anders als im Zweiten Weltkrieg zumeist noch Soldaten waren, entstand eine neue Dimension der Gewalt gegen die Zivilbevölkerung, so in Belgien und Nordfrankreich, in Serbien, Armenien und vielen Gebieten Osteuropas. Das Ausbluten der vom Krieg betroffenen Räume, die zerstörten Städte, Fabriken, Straßen und Bahnlinien, gaben eine Ahnung von den Möglichkeiten künftiger Kriege. […]

Der Krieg hatte offenbart, was im Namen von Nation und Nationalstaat möglich war, und das Mögliche hatte sich in zahllosen Tabubrüchen und Enthemmungen offenbart. […] Die europäischen Kriegsgesellschaften verloren zwischen August 1914 und November 1918 ihre Fähigkeit, aus eigenen Kräften äußeren und inneren Frieden zu schließen und einer solchen Friedensordnung langfristig zu vertrauen. Das markierte einen entscheidenden Einschnitt für die Wahrnehmung Europas und die Glaubwürdigkeit der von seinen Staaten repräsentierten Ordnungsmodelle in der Welt. [...] Der eigentliche Sieger war der Krieg selbst, das Prinzip des Krieges, der totalisierbaren Gewalt als Möglichkeit. [...]

Zur Erfahrung der Gewalt gehörte die Anonymität, die der Einsatz von Material und Maschinen bewirkte. [...] Es gab die gesteigerte Attraktion physischer Gewalt, die vor allem aus der Distanz zwischen Waffen und Tötungsräumen entstand. Das alles lenkte vom Blick auf die individuellen Opfer ab. Aber alle Bürokratisierung des Tötens, das zum Geschäft von Konstrukteuren, Ingenieuren und anderen Facharbeitern des Krieges zu werden schien, änderte nichts an der ganz individuellen Angst der Überlebenden und der Trauer um die Toten.

Nicht die Gewaltmittel an sich, wohl aber ihre Ideologisierung enthielt Elemente eines totalen Krieges. [...] Aus dem tendenziell verabsolutierten und nach außen und innen instrumentalisierbaren Antagonismus zwischen Freund und Feind, Loyalität und Verrat, entstanden die mit immer längerer Kriegsdauer radikalisierten Erwartungen, die Utopien von Siegfrieden und Raumherrschaft. [...]

Die Totalisierung des Krieges zeigte sich vor allem in der Mobilisierung von Ressourcen, dem immer weitergehenden Zugriff der Kriegsstaaten. Aber das bedeutete nicht den totalen Krieg, wie sich 1918 zeigte: Obwohl die Kriegsanstrengungen noch einmal gesteigert und die Gewalt noch einmal intensiviert wurde, stand am Ende des Krieges keine bedingungslose Kapitulation. [...]

Die gesellschaftliche Totalisierung des Krieges schuf temporäre Freiräume und veränderte soziale Statuszuschreibungen. Aber als Vehikel der Emanzipation wirkte der Krieg nicht unbedingt. Obwohl sich die meisten dieser Freiräume für Frauen nach 1918 im Zeichen einer Rückkehr zu traditionellen Rollenverständnissen wieder verengten, kam es im Krieg zu einer relativen Neupositionierung sozialer Gruppen. Das galt für die tendenzielle Aufwertung der Arbeiter, die Anerkennung der Gewerkschaften, aber auch den relativen Statusverlust der bürgerlichen Mittelklassen. [...]

Warum endete der Krieg trotz des immer neu erwiesenen Missverhältnisses zwischen Opfern und Ergebnissen und trotz der zahlreichen Friedenssondierungen seit 1916 nicht früher? Er endete erst, als die weitgehende Erschöpfung einer Seite jenen Mechanismus außer Kraft setzte, der bis dahin seine Fortsetzung garantiert hatte. Zu diesem Mechanismus zählte zum einen die militärisch offene Situation, die jeder Seite bis in die letzten Wochen einen Sieg möglich erscheinen ließ. [...] Zudem machten die Opfer, das Heer der Invaliden und die Armee an unversorgten Witwen und Waisen, einen Frieden ohne Sieg zu etwas Kompromittierendem, das die Opfer entwertet und jede politisch-soziale Ordnung delegitimiert hätte. So paradox es klingt: Die umso höheren Opfer schnitten auf allen Seiten jeden Rückweg ab. [...]

1918 [...] blieb der Eindruck einer ungeklärten Niederlage, ja eines Sieges haften, um den man in letzter Minute gebracht worden sei. Das verpestete das politische Klima. Die Annahme der Niederlage wurde durch den Hinweis auf den knapp verpassten Sieg und die Schuldigen daran verweigert [...].

Die von Wilson erhoffte Friedensordnung im Zeichen des nationalen Selbstbestimmungsrechts und der Demokratie erwies sich als brüchig. Der Nationalstaat wurde nicht zum Akteur einer kollektiven Sicherheit, die Internationale der Friedenswahrung blieb eine Chimäre[1]. Als Forum einer neuen Sicherheitskultur scheiterte der Völkerbund, weil er zu keinem Zeitpunkt ein Gegengewicht zu nationalstaatlicher Aggression und Revanche bieten konnte.

Jörn Leonhard: Die Büchse der Pandora. Geschichte des Ersten Weltkrieges. München: C. H. Beck 2014, S. 998 ff., 1010.

1 Chimäre: hier Einbildung, Trugbild

Lösungsvorschläge

Inhaltliche Schwerpunkte:
Thematischer Schwerpunkt der Aufgabe ist „Die historische Bedeutung des Ersten Weltkriegs" aus dem Themenfeld „Der Imperialismus und seine Folgen", das zum Kurshalbjahr Q 1 „Gesellschaftliche Veränderungen am Beginn der Moderne" gehört. Durch die Teilaufgaben 2 und 3 erfolgt ein Übergriff auf das Kurshalbjahr Q 2 „Deutschland zwischen Demokratie und Diktatur – Weimarer Republik und Nationalsozialismus". Dabei geht es besonders um den Schwerpunkt „‚Totaler Krieg' und Folgen für die Bevölkerung" aus dem Bereich „Außenpolitik der Weimarer Republik versus nationalsozialistische Außenpolitik und Zweiter Weltkrieg".

1.1 *Beginnen Sie Ihre Lösung mit einer kurzen Einordnung des zu bearbeitenden Textes. Dazu nennen Sie Autor, Titel, Thema und Erscheinungsjahr. Geben Sie anschließend zusammenfassend wieder (AFB I), was Jörn Leonhard zur besonderen Bedeutung des Ersten Weltkriegs schreibt. Wählen Sie die passenden Aspekte aus und stellen Sie sie in ihrem inhaltlichen Zusammenhang dar. Verfassen Sie Ihre Wiedergabe grundsätzlich in der indirekten Rede.*

Der vorliegende Text ist ein Auszug aus Jörn Leonhards Veröffentlichung „Die Büchse der Pandora", einer „Geschichte des Ersten Weltkrieges". Das Buch ist 2014, 100 Jahre nach Beginn der Kampfhandlungen 1914, erschienen. In dem Textauszug geht Leonhard der Frage nach, was der Erste Weltkrieg dem 20. Jahrhundert hinterlassen hat. Er erforscht also dessen besondere **Bedeutung**. Ein wichtiger Aspekt sei die „**neue Dimension der Gewalt**" (Z. 7) gewesen. Dazu gehörten sowohl die hohen Verluste unter der Zivilbevölkerung als auch die weitläufigen Zerstörungen (vgl. Z. 5 ff.). Der Kriegsverlauf habe es den beteiligten Nationen unmöglich gemacht, „aus eigenen Kräften äußeren und inneren Frieden zu schließen" (Z. 14 f.), wodurch das Vertrauen in Friedensregelungen auf lange Sicht erschüttert worden sei.
Die neue Art von Gewalt sei aufgrund ihrer **Anonymität** besonders attraktiv gewesen. Durch entsprechende Waffen habe man nun aus der Distanz töten können, ohne seinem Opfer direkt begegnen zu müssen. Dies habe zu einer „**Bürokratisierung des Tötens**" (Z. 23 f.) geführt, das mehr ein „Geschäft von Konstrukteuren, Ingenieuren und anderen Facharbeitern […] zu werden schien" (Z. 24 f.).

Wegen des **ungeheuren Zerstörungspotenzials** durch die neue Waffentechnik habe man auf beiden Seiten bis zuletzt an einen Sieg geglaubt (vgl. Z. 47 ff.). Ein **Friedensschluss** sei angesichts solcher – utopisch übersteigerter – Hoffnungen **undenkbar** gewesen (vgl. Z. 30 f.). Dieser verbot sich auch deshalb, weil mit dem Ansteigen der Zahl an Gefallenen, Verwundeten und Witwen das **Eingeständnis der Niederlage eine zu große Blamage** geworden wäre (vgl. Z. 49 ff.). Je länger der Krieg gedauert habe, desto radikaler und ideologischer seien die Einstellungen geworden, wodurch es für keine Seite infrage gekommen sei, aufzugeben (vgl. Z. 27 ff.).
Demzufolge spricht Leonhard von einer „**Totalisierung des Krieges**" (Z. 32, 37), die unter anderem auch am **immer größeren Bedarf an neuen Ressourcen** erkennbar sei (vgl. Z. 32 f.). Daraus sei laut Leonhard aber noch kein „totale[r] Krieg" (Z. 34) geworden, der seiner Meinung nach mit einer bedingungslosen Kapitulation hätte enden müssen (vgl. Z. 33 ff.). Dennoch sei nach einem solchen Krieg ein **dauerhafter Friedensschluss nicht mehr möglich** gewesen (vgl. Z. 58 ff.). Stattdessen blieb der „Eindruck einer ungeklärten Niederlage" (Z. 54) sowie „nationalstaatliche Aggression[…] und Revanche" (Z. 62 f.).
Allerdings habe die Totalisierung des Kriegs **soziale Veränderungen** in Deutschland bewirkt, wie die Aufwertung der Arbeiterklasse und ihrer Gewerkschaften sowie ein – wenn auch nur vorübergehendes – neues Rollenverständnis der Frauen (vgl. Z. 37 ff.).

1.2 *In dieser Teilaufgabe sollen Sie Aspekte ergänzen, die bei Leonhard noch nicht zur Sprache kamen und Ihrer Auffassung nach zur historischen Bedeutung des Ersten Weltkriegs beitragen. Fragen Sie sich, was den weiteren Verlauf der Geschichte beeinflusste und damit langfristige Auswirkungen auf das Weltgeschehen hatte. Da die Aufgabenstellung von Ihnen eine Erläuterung der gefundenen Aspekte verlangt, ist sie dem AFB II zuzuordnen.*

Über Leonhards Ausführungen hinaus lässt sich die **historische Bedeutung des Ersten Weltkriegs** sowohl an innerdeutschen als auch an internationalen Entwicklungen festmachen.
Da im Zuge der anfänglichen Kriegsbegeisterung alle anderen Interessen dem Krieg untergeordnet worden waren, traf die Niederlage 1918 die deutsche Gesellschaft umso härter. So führte sie innenpolitisch zu gegenseitigen Vorwürfen und Schuldzuweisungen, die das **politische Klima der Weimarer Republik auf lange Zeit vergifteten**. Dies erleichterte es Republikfeinden wie Hitler, gegen den demokratischen Staat zu agieren, was letztendlich zur Herrschaft des Nationalsozialismus und in den Zweiten Weltkrieg führte. Des Weiteren hatten sich die Denkhaltungen vieler Überlebenden durch die Kriegserfahrungen radikal verändert. Ihr **neues Wertesystem aus militärischer Ordnung und Kameradschaft** hatte sie dem zivilen Leben entfremdet und erschwerte ihre Wiedereingliederung in die Gesellschaft. Bei dieser „**verlorenen Generation**" fiel Hitlers extreme Ideologie Jahre später auf fruchtbaren Boden.

Doch nicht nur in Deutschland hinterließ der Erste Weltkrieg historisch bedeutsame Spuren, sondern er stellte darüber hinaus eine **einschneidende Zäsur** von geradezu weltpolitischer Bedeutung dar. In der „**Urkatastrophe**" **Europas** schwächten sich die Großmächte gegenseitig, die europäische Dominanz in der Welt begann zu bröckeln. Die „Flügelmächte" Europas, die 1917 entstandene „Russische Sowjetrepublik" und die USA, betraten jetzt mit Macht die weltpolitische Bühne und wurden in den folgenden Jahrzehnten zu *den* Weltmächten der zweiten Hälfte des 20. Jahrhunderts.
Folgenreich war auch die gesellschaftliche Wirkung des Kriegs in Europa: Er zerstörte die aristokratisch-großbürgerliche Ordnung der Vorkriegszeit mit ihren starren, aber stabilen Normen; in Deutschland, Österreich-Ungarn und Russland stürzten die Monarchien. Sie hatten in der Niederlage und durch die massiven Belastungen der Bevölkerung ihre Herrschaftslegitimation verloren. Aus dem politischen und moralischen **Zusammenbruch der alten Ordnung** entstanden radikale Alternativen: der russische Sowjetkommunismus, der italienische Faschismus und der deutsche Nationalsozialismus. Daraus entwickelte sich ein **ideologischer Gegensatz**, der die europäische und die Weltgeschichte bis zum endgültigen Zusammenbruch der Sowjetunion 1991 bestimmte.

2. *Diese Teilaufgabe verlangt von Ihnen, Ihre in der Oberstufe erworbenen Kenntnisse zum „totalen Krieg" zu erläutern (AFB II). Dabei sollten Sie zunächst definieren, was Goebbels mit seinem Diktum vom „totalen Krieg" gemeint hat. Gehen Sie auf alle Bereiche ein, die von der Verabsolutierung des Kriegs betroffen waren, und stellen Sie die Folgen für die deutsche Bevölkerung heraus.*

Reichspropagandaminister Joseph Goebbels hielt am 18. Februar 1943 im Berliner Sportpalast eine Rede, die vor allem durch den Aufruf zum „**totalen Krieg**" berühmt wurde. Was mit dieser Bezeichnung gemeint ist, welche Bereiche davon erfasst wurden und welche Auswirkungen die Totalisierung des Kriegs hatte, soll im Folgenden dargestellt werden.

Wie es das Wort „total" bereits vermuten lässt, ist damit ein **Krieg gemeint**, **der alle Bereiche der Gesellschaft umfasst**. **Jeder Einzelne** hatte die Pflicht, unter schwersten persönlichen Belastungen **das Letzte für den „Endsieg" zu geben**. Dies bedeutete auch, dass harte Maßnahmen gegen alle ergriffen werden konnten, die sich diesem Diktum entziehen wollten. So ermordeten in den letzten Kriegswochen regimetreue SS- und SD-Einheiten überall in Deutschland Tausende von Soldaten und Zivilisten, die den sinnlosen Krieg beenden wollten. Die Totalität des Kriegs umfasste den **Einsatz aller verfügbaren Mittel an Material und Menschen**. Dazu wurde die **Rüstungsproduktion intensiviert**, indem Unternehmen, die kriegswirtschaftlich unbedeutend waren, geschlossen wurden. Außerdem wurden **Frauen** zur Arbeit in Rüstungsbetrieben **zwangsverpflichtet**. So konnten Männer für den Kriegseinsatz freigestellt werden, ohne dass es zu Engpässen in der Waffenproduktion kam. Es sollte **keine Privilegien** für eine Befreiung vom Kriegsdienst mehr geben. Vielmehr waren für alle die gleichen Rechte und die gleichen Pflichten vorgesehen.

Zum „totalen Krieg“ gehörte weiterhin der **Einsatz der sog. „Wunderwaffe“**, Flugbomben, mit denen v. a. London (1944) und Antwerpen (1944/45) bombardiert wurden. Ein durchschlagender militärischer Erfolg blieb dabei allerdings aus. Darüber hinaus wurden weitere **Maßnahmen zur Rekrutierung** ergriffen. Während die **Wehrpflicht** bereits im August 1943 **auf Jungen unter 18 Jahren ausgeweitet** worden war, kam es im letzten Kriegsherbst 1944 zur Mobilisierung des sog. „**Volkssturms**“. Der Einsatz aller wehrfähigen Männer zwischen 16 und 65 Jahren führte in der Endphase des Kriegs noch einmal zu hohen Opferzahlen. In diesen letzten Abschnitt fiel auch der sog. „**Nero-Befehl**“ vom 19. März 1945, mit dem Hitler die Zerstörung der deutschen Infrastruktur und Industrie sowie die Verteidigung deutscher Städte bis zuletzt befahl, um sie nicht dem „Feind“ in die Hände fallen zu lassen. Dieser Befehl spiegelt wider, was die Nationalsozialisten unter einem „totalen Krieg“ verstanden.
Obwohl es nach Goebbels’ Rede zu Einschränkungen in der Strom- und Gasversorgung sowie zu Verboten von Sport- und Kulturveranstaltungen kam, bemühte sich die NS-Führungsriege, den **Alltag der Zivilbevölkerung möglichst wenig zu beeinträchtigen**. Dies sollte der Aufrechterhaltung der Moral dienen. Dennoch hatte der „totale Krieg“ fatale Auswirkungen auf die Deutschen. Mit den Durchhalteparolen zog Goebbels den Krieg in die Länge und sorgte für eine **Intensivierung der alliierten Luftangriffe**, die den Verteidigungswillen der Deutschen brechen sollten. So warfen die Alliierten noch kurz vor dem Ende des Kriegs Brandbomben über deutschen Städten ab (Zerstörung Dresdens im Februar 1945), um die Bevölkerung zu zermürben und zur Aufgabe zu zwingen. Goebbels erreichte mit seinem Aufruf also nicht nur die **Vereinnahmung aller gesellschaftlichen Bereiche** für den Krieg, sondern sorgte darüber hinaus für eine **Intensivierung und Radikalisierung des Kriegs** auf Feindesseite.

3. *Beginnen Sie mit einer kurzen Einführung, um die Fragestellung zu erläutern. Für Ihre „Erörterung“ (vorwiegend AFB III) können Sie dann Leonhards Hinweise im Text verwenden, sollten aber in Ihrer Argumentation darüber hinausgehen, um beiden Positionen (Pro und Kontra) ausreichend gerecht zu werden. Abschließend sollten Sie ein Fazit ziehen.*

Jörn Leonhard schreibt, dass vom Ersten Weltkrieg der „Eindruck einer ungeklärten Niederlage“ (Z. 54) geblieben sei, die sich weite Teile der Bevölkerung zu akzeptieren weigerten. Mit Blick auf den **Zweiten Weltkrieg** ließe sich daraus die These ableiten, dass dieser **den verlorenen Ersten Weltkrieg nur fortgesetzt** hätte.

Für die These spricht, dass für die meisten Deutschen das Ende des Ersten Weltkriegs recht überraschend kam und die **Niederlage keinesfalls als zwingend empfunden** wurde. Wegen des **angeblich nur knapp verpassten Siegs** wollte man die Niederlage nicht akzeptieren (vgl. Z. 54 ff.). Man fühlte sich „im Felde unbesiegt“, sodass die von der rechtsgerichteten Propaganda verbreitete **Dolchstoßlegende** auf fruchtbaren Boden fiel. Diese schrieb die Niederlage nicht den Soldaten im Feld und der Obersten Heeresleitung (OHL) zu,

sondern den gesellschaftlichen Kräften, die eine Demokratisierung anstrebten. Im Glauben an den verhinderten Sieg blieben die **Aggression gegen den Feind** (vor allem gegen Frankreich) und der **Wille zur Revanche** bestehen. Beide spielten auf dem Weg in den Zweiten Weltkrieg eine nicht geringe Rolle. Entscheidend war dabei weiterhin die **Ablehnung des Versailler Vertrags** quer durch alle Bevölkerungsschichten. So strebten alle Parteien der Weimarer Republik eine **Revision des Versailler Vertrags** an, die auch eines der Kriegsziele Hitlers war. Hitler betonte stets, die Schmach der Niederlage aus dem Erten Weltkrieg auslöschen und Deutschlands damals verlorengegangene „Ehre" wiederherstellen zu wollen. Seine **militärische Revision des Vertrags** (Wiedereinführung der Wehrpflicht, Aufrüstung, „Anschluss" Österreichs, „Rückführung" des Sudetenlands, Annexion der „Rest-Tschechei") brachte Deutschland schon vor dem eigentlichen Kriegsausbruch an den Rand eines erneuten Kriegs. In dieser Hinsicht ließe sich der Zweite Weltkrieg möglicherweise als Fortsetzung des Ersten Weltkriegs verstehen.
Eine gewisse Fortführung war zudem personell zu erkennen: Teilweise waren es wieder **dieselben Führungskräfte** (alte Eliten) **und Soldaten**, die 1939 in den Krieg zogen. Darüber hinaus waren die Gegner im Großen und Ganzen gleich geblieben, sodass sich der Zweite Weltkrieg sicher für einige wie eine Fortsetzung des Ersten Weltkriegs anfühlte.
Auch wenn es einige Aspekte gibt, die den Zweiten Weltkrieg wie eine direkte Folge des Ersten Weltkriegs erscheinen lassen, so muss der aufgestellten These doch vehement widersprochen werden. Schließlich war der **Zweite Weltkrieg ein absichtlich begonnener Krieg mit ideologischer Rechtfertigung**, der sich nicht allein aus dem verlorenen Ersten Weltkrieg erklären lässt.
Hitler schwebte ein **ideologisch-weltanschaulich begründeter Kampf** gegen den Bolschewismus zur **Eroberung von „Lebensraum im Osten**" sowie ein **völkisch-rassistischer Vernichtungskrieg** gegen das jüdische Volk vor. Er knüpfte seinen Krieg allenfalls an eine Revision von Versailles an, um einen allgemein akzeptierten **Vorwand für seine weiterführenden Ziele** zu haben.

Zusammenfassend muss die Behauptung, der Zweite Weltkrieg sei eine Fortsetzung des Ersten Weltkriegs gewesen, also als **unzulässige Relativierung der Ursachen für den Ausbruch des Zweiten Weltkriegs** abgelehnt werden. Dieser war vorsätzlich von Hitler geplant und begonnen worden (**Überfall auf Polen**), um seine Weltmachtpläne, die weit über eine Revision des Versailler Vertrags hinausreichten, zu verwirklichen.

Teilaufgabe	AFB I	AFB II	AFB III	BE
1.1	30			30
1.2		15		15
2		25		25
3			30	30
Summe	30	40	30	100

Hessen – Geschichte – Grundkurs – 2013
Vorschlag A

Thema: Frauenbilder im Vormärz und in der Bundesrepublik

Aufgaben

1. Beschreiben Sie die im Artikel deutlich werdende Sicht von der Rolle der Frau (Material) und ordnen Sie den Verfasser einer der politischen Strömungen des Vormärz zu. (35 BE)
2. Setzen Sie Welckers Aussagen über die Rolle der Frau in Beziehung zu den Ideen der deutschen Frauenbewegung in der zweiten Hälfte des 19. Jahrhunderts. (35 BE)
3. Verfassen Sie als bundesdeutsche Feministin der 1960/70er-Jahre eine differenzierte Stellungnahme zu den Ansichten Welckers, die auch die historischen Erfolge der Frauenbewegung berücksichtigt. (30 BE)

Hinweis: Carl Theodor Welcker (1790–1869), Professor der Rechts- und Staatswissenschaft, Abgeordneter des Badischen Landtages und der Frankfurter Paulskirche

Die Rechtschreibung entspricht der Textvorlage. Sperrdruck wurde nicht berücksichtigt.

Material

Lexikonartikel von Carl Welcker über die „Geschlechterverhältnisse" (1847)

Während in der physischen Organisation des Mannes überhaupt die Richtung auf das individuelle Schaffen und auf kräftiges Wirken nach Außen vorwiegen, überwiegt in der weiblichen Organisation die Richtung auf die innerliche Bildung und Erhaltung [...].

Bei dem Manne überwiegt jene freiere ausgedehntere Wirksamkeit in der Außenwelt, bei der Frau die größere Beschränkung auf die Fortpflanzung, die Familie, das Haus. [...]

Kaum bedarf es nun wohl noch besonderer Beweisführungen, daß bei solchen Verschiedenheiten der Geschlechter, bei solcher Natur und Bestimmung ihrer Verbindung, eine völlige Gleichstellung der Frau mit dem Manne in den Familien [...] und in den öffentlichen Rechten und Pflichten, in der unmittelbaren Ausübung derselben, der menschlichen Bestimmung und Glückseligkeit widersprechen und ein würdiges Familienleben zerstören würde, daß dabei die Frauen ihrer hohen Bestimmung im häuslichen Kreise und für die Bildung der nachfolgenden Geschlechter, daß sie dem Schmucke und der Würde der Frauen, der wahren Weiblichkeit und ihrem schönsten Glücke entsagen und sich den größten Gefahren blosstellen müßten.

Klar ist es wohl fürs Erste, daß wirklich ein dauerndes würdiges, ein friedliches eheliches und Familienleben mit solchen unweiblichen Mannweibern unmöglich wäre, welche den Mann als das Haupt der Familie nicht anerkennen und neben ihm und gegen ihn unmittelbare Stimm- und Entscheidungsrechte über die gemeinschaftlichen gesellschaftlichen Angelegenheiten geltend machen und die gleiche kriegerische Wehrpflicht ausüben wollten. […]

In Beziehung auf die politischen Rechte aber folgt aus den obigen Grundsätzen nur die Begünstigung der Frauen, daß sie von allem Kriegs- und allem öffentlichen Dienst befreit bleiben, und dagegen die Beschränkung, daß sie an den entscheidenden Abstimmungen über die öffentlichen Angelegenheiten und den dazu führenden Streitverhandlungen keinen unmittelbaren thätigen Antheil nehmen und keine öffentlichen Aemter verwalten können. Nur dieses wird im Allgemeinen zur Erhaltung ehelicher und Familienverhältnisse und der wahren Weiblichkeit und weiblichen Lebensbestimmung ausgeschlossen. […] Es würde aber auch eine gänzliche Ausschließung der Frauen von aller Theilnahme an den öffentlichen Angelegenheiten höchst verderblich für die Familien und den Staat, für die Erziehung, für die Männer wie für die Frauen selbst wirken. Es soll die Frau als treue Lebensgefährtin des Mannes, als Bildnerin seiner Söhne, auch an allen seinen höheren Interessen Antheil nehmen. Und vor Allem auch in lebendigem patriotischen Gemeingeiste sollen Männer und Frauen sich innig verbinden. Die Frauen sollen für denselben in der Erziehung und Bildung ihrer Kinder wirken. Ihre Lebenskreise und die der Familien sollen nicht des Adels der höheren, der edelsten menschlichen Richtungen, und der Mann und das Vaterland sollen nimmermehr der wohltätigen Einwirkungen der Einsichten, der Erfahrungen, der Gefühle und der Antriebe edler tüchtiger Frauen entbehren. Unermeßlich wirksam und heilsam war bei allen gesitteten Völkern in ihren besseren Zeiten dieser Einfluß. Er möge es ferner sein. Hinweg also mit jeder gesetzlichen Beschränkung der Frauen im Schreiben und Lesen, Hören und Sehen in Beziehung auf öffentliche Dinge, im Zuhören in landständischen Versammlungen, öffentlichen Gerichten und Vorlesungen, in Ausübung des Petitions- wie der Preßfreiheitsrechte und in jeder rechtmäßigen Einwirkung auf die öffentliche Meinung, auf die öffentliche Sitte und Ehre, endlich im freien Rechte der Gründung von Frauenvereinen für erlaubte wohlthätige öffentliche Zwecke.

Carl von Rotteck/Carl Welcker (Hg.): Das Staats-Lexikon. Encyklopädie der sämmtlichen Staatswissenschaften für alle Stände, Bd 5, Altona 1847, S. 660 f., 665, 672 f.

Lösungsvorschläge

Inhaltliche Schwerpunkte:
Die Aufgabe hat ihren Schwerpunkt im Halbjahr Q 1 („Gesellschaftliche Veränderungsprozesse am Beginn der Moderne“) mit den zwei Themen „Politische Revolutionen in Europa und ihre Folgen“ und „Die Industrielle Revolution“ sowie den dazugehörenden Stichworten: „Restauration und Vormärz“ und „Die Frauenfrage im 19. Jahrhundert: die normative Kraft des bürgerlichen Frauenbildes“, „Die Lage der Arbeiterfrauen“ sowie „Die bürgerliche und proletarische Frauenbewegung und ihre ersten Erfolge“.

Der kursübergreifende Bezug ergibt sich durch das Stichwort „Die innere Entwicklung in der Bundesrepublik und der DDR bis 1990 (u. a. Rolle der Frau)" im Schwerpunktthema „Die deutsche Ebene: Teilung und Einheit" aus dem Halbjahr Q 3 („Konflikt und Kooperation in der Welt nach 1945").

1. *Die Aufgabenstellung umfasst zwei Operatoren: das „Beschreiben" und das „Zuordnen" (aus den Anforderungsbereichen I und II). Beschrieben werden soll, wie Carl Welcker die Rolle der Frau sieht; konzentrieren Sie sich also nur auf diesen Aspekt und schreiben Sie keine Zusammenfassung des gesamten Textes. Sprachlich ist die Quelle gelegentlich nicht leicht zu verstehen; einige Formulierungen sind heute nicht mehr gebräuchlich („physische Organisation", Z. 1; „entbehren", Z. 40) und die Sätze sind oft lang und unübersichtlich gebaut. Trotzdem dürfte Welckers Auffassung von der Rolle der Frau im Ganzen verständlich sein, und darauf kommt es an: Frauen und Männer seien von Natur aus verschieden, deshalb seien Männer für öffentlich-politische Aufgaben bestimmt und Frauen nur für häuslich-familiäre; Frauen dürften allerdings nicht völlig aus öffentlichen Angelegenheiten ausgeschlossen werden, sondern sollten an der Entwicklung der öffentlichen Meinung teilhaben.*
   Bei der Zuordnung Carl Welckers zu einer der politischen Strömungen des Vormärz sollten Sie zum einen von seinem Frauenbild ausgehen (traditionelle Rollenzuteilung, aber Recht auf Bildung), zum anderen von weiteren einschlägigen Aussagen in seinem Text (zum Beispiel: nationale Gesinnung, Presse- und Versammlungsfreiheit). Als Fazit ordnen Sie Welcker der am besten passenden politischen Strömung zu: dem Liberalismus (nationale Einheit, bürgerliche Freiheitsrechte).
   Zu Beginn stellen Sie die Quelle vor. Die Angaben dazu liefern Ihnen die Überschrift, die Fundstelle und die Hinweise unter dem Text. Denken Sie an die Verwendung der indirekten Rede (Konjunktiv usw.) zur Wiedergabe der Aussagen Welckers.

   Professor Carl Welcker beschreibt in dem von ihm und Carl von Rotteck herausgegebenen „**Staatslexikon**" von **1847** unter dem Stichwort „Geschlechterverhältnisse" seine Auffassung von der **Rolle der Frau in Familie und Gesellschaft**.
   Welcker geht davon aus, dass **Frauen und Männer** aufgrund ihrer körperlichen Unterschiede von Natur aus **für unterschiedliche Aufgaben geschaffen** seien: Die Frau habe die Kinder zu bekommen, zu erziehen und die Familie und die Hauswirtschaft zu versorgen; sie sei die „treue Lebensgefährtin des Mannes" (Z. 33 f.) und „Bildnerin seiner Söhne" (Z. 34). Der Mann dagegen wirke nach außen und übernehme öffentliche Aufgaben im Staat und in der Gesellschaft.
   Eine Gleichstellung von Frauen mit Männern widerspräche der „wahren Weiblichkeit" (Z. 15) einer Frau sowie ihrer Würde und „Glückseligkeit" (Z. 12) und zerstörte ein „würdiges Familienleben" (Z. 13). Frauen dürften nicht die Aufgaben der Männer übernehmen: Sie dürften nicht Oberhaupt der Familie werden oder in politischen Angelegenheiten mitstimmen und -entscheiden, ein öffentliches Amt bekleiden oder gar Wehrdienst leisten; sie würden sonst zu „unweiblichen Mannweibern" (Z. 18).

Allerdings sollten **Frauen nicht völlig vom öffentlichen Leben ausgeschlossen** werden. Zum einen könne die Gesellschaft („das Vaterland", Z. 39) nicht auf die „wohltätigen Einwirkungen der Einsichten, der Erfahrungen, der Gefühle und der Antriebe edler tüchtiger Frauen" (Z. 39 f.) verzichten. Zum anderen sollten die Frauen für die patriotische „Erziehung und Bildung ihrer Kinder" (Z. 36 f.) sorgen. Also müssten sie bei parlamentarischen Versammlungen, öffentlichen Gerichtsverhandlungen und Vorlesungen zuhören dürfen und auch selbst **an der Bildung der öffentlichen Meinung mitwirken:** durch das Petitionsrecht, durch Beiträge in Zeitungen und Zeitschriften („Preßfreiheitsrechte", Z. 45) und durch die Gründung von Frauenvereinen für „erlaubte wohlthätige öffentliche Zwecke" (Z. 47 f.).
Dass Welcker sogar für Frauen **freiheitliche Rechte** fordert, weist ihn eindeutig der politischen Strömung des **Liberalismus** im Vormärz zu: Frauen sollen bei öffentlichen parlamentarischen Versammlungen zuhören dürfen, ihnen stehe die Ausübung der „Petitions- wie der Preßfreiheitsrechte" (Z. 45) zu, sie dürften Frauenvereine gründen und sie hätten ein Recht auf Bildung: „Hinweg also mit jeder gesetzlichen Beschränkung der Frauen im Schreiben und Lesen, Hören und Sehen in Beziehung auf öffentliche Dinge" (Z. 42 ff.).
Außerdem lässt Welckers Lexikonartikel noch **weitere liberale Ansichten** erkennen: Er spricht von „Wehrpflicht" (Z. 22) und vertritt eine **nationale**, **patriotische Grundhaltung** (vgl. Z. 35). Genauso forderten Liberale des Vormärz die nationale Einheit Deutschlands und einen Verfassungsstaat mit garantierten Freiheitsrechten. Carl Welcker vertrat diese **Position der politischen Mitte** tatsächlich auch als Abgeordneter der Liberalen im Badischen Landtag und in der Frankfurter Nationalversammlung 1848/49.

2. *Um Welckers Frauenbild in Beziehung zur deutschen Frauenbewegung in der zweiten Hälfte des 19. Jahrhunderts setzen zu können, sollten Sie diese Frauenbewegung zunächst beschreiben. Als Strukturierungshilfe könnte Ihnen die Unterteilung in die beiden großen Strömungen der Frauenbewegung dienen (die bürgerliche und die proletarische Frauenbewegung). Bemühen Sie sich, auch solche Ideen und Forderungen zu nennen, die sich danach gut mit Welckers Auffassung in Beziehung setzen lassen (z. B. Freiheitsrechte auch für Frauen). Abschließend müssen Sie – ähnlich wie in Aufgabe 1 – eine inhaltliche Zuordnung Welckers vornehmen, diesmal zur Frauenbewegung (teilweise Vorwegnahme von Forderungen bürgerlicher Frauen). Dieses Herstellen von Zusammenhängen zwischen Ihrem Wissen (über die Frauenbewegung) und dem Material (Welckers Sichtweise) gehört zum AFB II.*

In der zweiten Hälfte des 19. Jahrhunderts entwickelte sich die Frauenbewegung in Deutschland zu einer **bedeutenden politischen und gesellschaftlichen Kraft**. Ihr organisatorischer Ausgangspunkt war der 1865 gebildete „**Allgemeine Deutsche Frauenverein**". Im Kaiserreich **spaltete** sich die Bewegung im Zuge der Ausdifferenzierung unterschiedlicher sozialer Schichten und politischer Parteien in eine **reformerisch gemäßigte** Frauenbewegung des **Bürgertums** und in eine **proletarisch revolutionäre** Frauenbewegung der **Sozialisten**.

Die **bürgerliche Frauenbewegung** umfasste ein breites Spektrum an Vorstellungen zur **Verbesserung der gesellschaftlichen und rechtlichen Stellung** der Frau. Grundlegend war ihre Forderung nach dem Recht von Frauen auf **Erwerbstätigkeit**. Es sollte Frauen allerdings nicht nur erlaubt sein, eigenes Geld zu verdienen, sondern auch, **qualifizierte Berufe** zu ergreifen (akademische Berufe, Beamtenlaufbahn im öffentlichen Dienst). Dazu mussten auch Mädchen Industrie- und Handelsschulen besuchen dürfen, Gymnasien und Universitäten. **Gleichberechtigte Bildungs- und Berufschancen** sollten Frauen helfen, ihre individuelle Persönlichkeit zu entwickeln und ihre Stellung in der Gesellschaft zu verbessern. Dazu gehörte auch die Forderung, dass Frauen einen gleichberechtigten Zugang zu Ämtern und Positionen im öffentlichen Leben bekommen sollten und nicht zuletzt das **Wahlrecht** zu den Parlamenten.
Das persönliche **Verhältnis der Frau zum Mann** in Ehe und Familie sollte **partnerschaftlich** sein, ohne dass die bürgerliche Frauenbewegung die Frau aus ihren traditionellen Tätigkeitsfeldern der Erziehung, Bildung und Wohltätigkeit lösen wollte.
Die **proletarische Frauenbewegung** war deutlich **radikaler**. Sie verstand sich nicht als Interessenvertreterin der Frauen als einer benachteiligten gesellschaftlichen Gruppe, sondern sie kämpfte als Teil der revolutionären sozialistischen Bewegung der Arbeiterklasse für die grundlegende **Umgestaltung der bürgerlich-kapitalistischen Gesellschaft**. Dabei strebte sie eine **völlige Gleichberechtigung** von Mann und Frau in allen Bereichen des privaten und öffentlichen Lebens innerhalb einer **klassenlosen sozialistischen Gesellschaft** an. Deshalb lehnte die proletarische Frauenbewegung Reformen für Frauen innerhalb der bürgerlichen Gesellschaft ab. Gleichwohl bemühte sie sich – gemeinsam mit den Gewerkschaften und der SPD – um eine **Verbesserung der Lage von Arbeiterinnen:** Sie forderte **gleichen Lohn für gleiche Arbeit**, bessere und besondere **Arbeitsschutzmaßnahmen** für Frauen, vor allem für Frauen, die noch eine Familie zu versorgen hatten.
Mit diesen radikalen Vorstellungen der proletarischen Frauenbewegung, die eine andere Gesellschaftsordnung anstrebte, stimmte der liberale Politiker Welcker offensichtlich nicht überein. Dagegen wurden seine Freiheits- und Partizipationsrechte für Frauen später auch von der bürgerlichen Frauenbewegung gefordert.

Aber es gibt einen grundlegenden **Unterschied** zwischen den Vorstellungen von Carl Welcker und denen der bürgerlichen Frauenbewegung: Für Welcker waren **Männer und Frauen ihrem natürlichen Wesen nach unterschiedlich**, woraus für sie eine **unterschiedliche Bestimmung im familiären und öffentlichen Leben** folge. Die **Frauenbewegung** dagegen lehnte eine solche Trennung von Mann und Frau in unterschiedliche Sphären ab. Sie empfand es als **Diskriminierung, die Frau auf eine bestimmte Wesensart und Bestimmung festzulegen**.
Daraus folgt ein weiterer wesentlicher Unterschied zwischen Welcker und der bürgerlichen Frauenbewegung: **Es ging Welcker nicht um die Frau an sich**. Er sah **keine grundlegende Benachteiligung der Frau in der Gesellschaft**, die man zum Wohle der Frauen ändern müsste. Welcker plädierte dafür, die gesellschaftliche Stellung der Frau zu verändern, um **die Frau** für sein liberal geprägtes, aber nach

wie vor von Männern dominiertes Staatswesen **nutzbar zu machen:** ihre „wahre Weiblichkeit" (vgl. Z. 15) sollte das öffentliche Leben bereichern und die Frau sollte die junge Generation im Sinne einer patriotischen Gesinnung erziehen und ausbilden helfen. Die **bürgerliche Frauenbewegung** dagegen wollte der Frau um **ihrer selbst willen** zu **mehr Gleichberechtigung** verhelfen und ihre **Emanzipation** in Staat und Gesellschaft voranbringen.
Insgesamt zeigen sich keine Zugänge Welckers zur proletarischen Frauenbewegung. Mit der bürgerlichen Frauenbewegung verbindet ihn zumindest im Ansatz die Forderung, Frauen nicht mehr völlig vom politischen Leben auszuschließen (Presse- und Versammlungsfreiheit). Doch sein grundlegendes Bild von der Frau ist auch mit den Vorstellungen der gemäßigt-bürgerlichen Frauenbewegung nicht vereinbar.

3. *Sie dürfen bei dieser „kreativen" Arbeitsanweisung Ihrer Fantasie zwar nicht völlig freien Lauf lassen; aber Sie haben einmal die Möglichkeit, in die Rolle einer geschichtlichen Person zu schlüpfen und eine „historische Quelle" zu verfassen. Machen Sie sich die Rahmenbedingungen der Aufgabenstellung genau klar. Sie sollen in einem selbst ausgedachten Text folgende drei Ebenen zusammenbringen: Welckers Ansichten von 1847 (aus Aufgabe 1), die Erfolge der Frauenbewegung (teilweise aus Aufgabe 2) und die Ansichten der bundesdeutschen Feministinnen in den 1960-/70er-Jahren. Dazu müssen Sie sich auf allen drei Ebenen gut auskennen!*
Ihre historische Perspektive, die Sie dazu einnehmen sollen, ist genau festgelegt: Sie sind eine Feministin der 1960-/70er-Jahre (gilt auch für Jungs). So müssen Sie sich also zum Beispiel fragen: Wie würde ich (als Feministin) über Welckers Frauenbild urteilen? Oder: Wie würde ich (als Feministin) über die Erfolge der Frauenbewegung im 19. Jahrhundert denken?
Das Besondere an einem gestaltenden Arbeitsauftrag ist, dass Sie Ihr Wissen nicht direkt anbringen, sondern verpackt in ein „Produkt". Welche Form Ihr „Produkt" annimmt, dürfen Sie sich selbst aussuchen. Es muss nur zum Thema und zu Ihrer Perspektive passen und Sie müssen sich zutrauen, es sprachlich einigermaßen authentisch zu gestalten. Zum Beispiel: eine Rede, ein Interview oder einen Artikel für eine Zeitschrift. Für die nachfolgende Lösung wurde als Produkt ein Artikel für die bekannte Frauenzeitschrift „Emma" gewählt, die 1977 erstmals erschien.
Notieren Sie sich vor dem Ausformulieren Ihrer Stellungnahme Stichpunkte zu den drei Ebenen: Welcker und sein konservatives Frauenbild, Forderungen und Erfolge der Frauenbewegung (Frauenvereine, neue Bildungschancen für Mädchen, Frauenwahlrecht ab 1919) und Vorstellungen der feministischen Frauenbewegung (autonome Frauenbewegung, §218 usw.). Eine passende Überschrift fällt Ihnen vielleicht erst während des Schreibens ein; lassen Sie für die Überschrift also erst einmal eine Zeile frei.
Das „Verfassen" ist – wie Sie sehen – eine recht komplexe, aber auch sehr interessante Arbeitsanweisung, die ein hohes Maß an Selbstständigkeit erfordert; sie gehört deshalb zum AFB III.

Seien wir unweibliche Mannweiber!

Im Unterschied zum Mann „überwiegt in der weiblichen Organisation [!!] die Richtung auf die innerliche Bildung und Erhaltung“. Mit dieser Vorstellung begründete vor 130 Jahren ein Mann, der Staatsrechtler Carl Welcker, dass **Frauen „auf die Fortpflanzung, die Familie, das Haus“ beschränkt** seien. **Ungeheuerlich!** Aber so dachte man(n) damals.

Viele Frauen dachten aber auch schon damals anders. Sie forderten – wie Herr Welcker entsetzt feststellen musste – eine „völlige Gleichstellung der Frau mit dem Manne“! Großartig! Doch für Herrn Welcker war das eine Horror-Vorstellung, das Ende „wahrer Weiblichkeit“, das Ende eines „friedlichen und würdevollen Familienlebens“: Dem Mann gleichgestellte Frauen wären für ihn keine Frauen mehr, sondern „**unweibliche Mannweiber**“!

Aber Herr Welcker war auch Politiker, liberaler Politiker. Freiheitlich gesinnt, wollte er auf das wohltätige Einwirken „edler tüchtiger Frauen“ in der Gesellschaft nicht verzichten. Sie sollten die **Kinder zu guten Patrioten erziehen**! Dafür sollten sie lesen und schreiben lernen und in den Parlamenten mit ansehen und hören dürfen, wie herrlich ihre Männer den Staat regieren. Und sie sollten sogar **Vereine gründen** dürfen, allerdings nur „**für erlaubte wohltätige Zwecke**“. Dem Staate und dem Manne zu Diensten.

Immerhin: Welcker wollte also keine „gänzliche Ausschließung der Frauen“ vom öffentlichen Leben. Auf solche Almosen von Männern waren die wirklich tüchtigen Frauen damals aber gar nicht angewiesen. In der **Revolution von 1848** haben sie keineswegs nur im Parlament auf der Galerie gesessen und den Männern applaudiert, sondern auf der Straße für ihre eigenen Rechte gekämpft. Und die Frauenvereine, die sie gründeten, besonders 1865 den **Allgemeinen Deutschen Frauenverband**, dienten keineswegs karitativen Zwecken. Denn die Frauen forderten die gleichen Bildungs- und Berufschancen, wie sie für Männer bestanden. Eine qualifizierte Berufstätigkeit war – damals wie heute – ein wichtiger Schritt zur wirtschaftlichen Unabhängigkeit und zur rechtlichen Gleichstellung von Frauen. Immer mehr Frauen engagierten sich dann in der Frauenbewegung, Frauen aus dem Bürgertum, Frauen aus der Arbeiterklasse. Und die Männerparlamente mussten sich mit einem neuen Problem beschäftigen: der „**Frauenfrage**“.

Aber die Frauen zerstritten sich auch über ihre Forderungen – so wie wir heute. Die **Bewegung spaltete sich** – so wie wir heute: Die bürgerliche Frauenbewegung glaubte, ihre Frauenrechte innerhalb der bestehenden kapitalistischen Gesellschaft durchsetzen zu können. Die proletarischen Frauen dagegen kämpften als Teil der Arbeiterklasse für den Sozialismus. Sie waren revolutionär: **Gleicher Lohn für gleiche Arbeit** und die **vollständige rechtliche Gleichstellung der Frau** – das waren ihre radikalen Forderungen, die **bis heute nicht erfüllt** sind. Für die müssen wir **weiterkämpfen**!

Aber beide Frauenbewegungen hatten vieles gemeinsam. Auf beiden Seiten gab es kluge und engagierte Frauen: Helene Lange, Hedwig Dohm, Clara Zetkin und viele andere. Und als **Frauenrechtlerinnen** waren sie gleichermaßen groben Anfeindungen durch Männer (und Frauen) ausgesetzt, von denen Welckers „unweibliche Mannweiber“ nicht die schlimmste war. Doch sie wehrten sich. Sie gründeten

GK 2013-7

Vereine und Zeitschriften, engagierten sich in politischen Parteien, gingen in die Öffentlichkeit, diskutierten und verschärften ihre Forderungen. In all dem müssen sie uns **Vorbilder** sein und bleiben.
Kämpferische Frauen gab es im 19. Jahrhundert aber nicht nur in Deutschland, sondern **auf der ganzen Welt**. Was sie verband, war ihre gemeinsame Forderung nach einem **Frauenwahlrecht**. In Deutschland erreichten die Frauen es 1919 mit der **Weimarer Verfassung**. Diese Verfassung brachte uns das **aktive und passive Wahlrecht**, ein wertvolles Gut! Und sie brachte uns – zumindest formal – die rechtliche Gleichstellung. Das war wichtig! So kamen **Frauen** aus dem Abseits der Gesellschaft **in die Politik** und **in die Parlamente**. Und sie sorgten dafür, dass unsere **rechtliche Stellung im Grundgesetz weiter verbessert** wurde. In Wirklichkeit ist unsere Gleichberechtigung und Emanzipation aber noch lange nicht erreicht. Dennoch schöpfen wir Kraft aus den Erfolgen unserer Vorkämpferinnen!
Was wir vor allem von den Frauenbewegungen gelernt haben, ist: dass wir uns nur **auf uns selbst verlassen** können! Nur wir selbst können unsere Befreiung erkämpfen! Die Frauen im 19. Jahrhundert brauchten keine Welckers mit liberalen Almosen – und wir brauchen heute keine selbstherrlichen Weltverbesserer, die unsere tagtägliche Diskriminierung doch einfach nur ignorieren. Wir brauchen keine Chauvinisten, die frauenfreundlich daherkommen. Wir brauchen nur uns!
Deshalb haben wir begonnen, **uns selbst** zu **organisieren**. Wir haben unsere eigenen Läden gegründet, unsere eigenen Zeitschriften; Frauenhäuser für misshandelte Mädchen und Frauen, Beratungsstellen und Kinderläden; wir schreiben unsere eigenen Bücher und veröffentlichen sie in unseren eigenen Verlagen. Wir sind autonom. Und unsere Bewegung ist laut und vernehmlich geworden: Unser **Kampf gegen § 218** erfasst die gesamte Gesellschaft, denn er betrifft alle Frauen (und alle Männer), und er ist noch lange nicht zu Ende!
Im Großen und im Kleinen, im Privaten und in der Öffentlichkeit gelten wir Frauen – fast wie zu Welckers Zeiten – noch als minderwertige Wesen. Die Männer haben nichts dazugelernt! Wir werden **weiter bevormundet**, an den Rand gedrängt, ausgeschlossen, ausgebeutet – zu Hause und im Arbeitsleben. Manchmal unverschämt offen, manchmal schamvoll versteckt. Mädchen hätten heute die gleichen Bildungs- und Berufschancen, heißt es – aber es machen viel mehr Jungen als Mädchen Abitur und in den Universitäten und Parlamenten, in den Gerichten und in den Chefetagen dominieren Paschas. **Das muss anders werden!** Das sind wir auch unseren tapferen Vorkämpferinnen aus dem letzten Jahrhundert schuldig. Seien wir also unweibliche Mannweiber!

Teilaufgabe	AFB I	AFB II	AFB III	BE
1	25	10		35
2	5	30		35
3		5	25	30
Summe	30	45	25	100

Hessen – Geschichte – Grundkurs – 2013
Vorschlag B

Thema: Nationalsozialistische „Machtergreifung" – eine Folge der politischen Einstellungen und Strukturen im Kaiserreich?

Aufgaben

1. Fassen Sie Luise Solmitz' Eindrücke aus den Tagen der „Machtergreifung" zusammen und charakterisieren Sie ihre Sichtweise. (Material) (35 BE)

2. Erläutern Sie den Prozess der Machtsicherung der NSDAP vom 30. 01. 1933 bis zum Sommer 1934. (35 BE)

3. Bewerten Sie die These, die nationalsozialistische „Machtergreifung" sei vorrangig durch politische Einstellungen und Strukturen ermöglicht worden, die aus der Zeit des Kaiserreiches seit 1871 stammen. (30 BE)

Hinweise: Luise Solmitz (1889–1973), Hamburger Lehrerin, verfasste ein umfangreiches Tagebuch. Ihr Ehemann war Jude.

Die Rechtschreibung entspricht der Textvorlage.

Material

Aus dem Tagebuch von Luise Solmitz (1933)

6. 2. 33

Fackelzug der Nationalsozialisten und Stahlhelmer[1]! Ein wunderbar erhebendes Erlebnis für uns alle. Göring sagt, der Tag der Ernennung Hitlers und des nationalen Kabinetts sei gewesen, wie 1914, und etwas, wie 1914 war auch dies […].

Es wurde 22 Uhr, ehe die ersten Fackeln kamen, und dann folgten sich, wie Wellen im Meer, an 20 000 Braunhemden, begeistert leuchteten die Gesichter im Fackelschein. „Unserm Führer, unserm Reichskanzler Adolf Hitler ein dreifaches Heil!" … Sie sangen „Die Republik ist Schiet" und von den Farben „Schwarz-rot-Senf" und „Der Rotmord hat ein blutiges Gesicht, und wir vergessen den Mord an der Sternschanz nicht[2]." – Dreckmann wurde da gemordet, und ich erhaschte seinen Namen zufällig auf einer der Fahnen, wohl der, zu deren Abteilung er gehört hat. Die Feldzeichen gleichen zu sehr den römischen.

Nun kamen die Stahlhelmer, eine graue Flut; ruhiger, durchgeistigter vielleicht. Sie brachten auf ihren schönen Fahnen unsere alten Farben schwarz-weiß-rot, oben mit dem Trauerflor. […] Wie schön und erhebend, daß der Bruderzwist[3], der uns so betrübte, beigelegt ist! So, wie heute abend, so müßte es sein und bleiben.

Zwischen den SA-Leuten und dem Stahlhelm aber marschierte eine Abordnung nationaler Studenten. Und sie haben Hamburg erobert. Die Gemüsefrauen und ihre Kundinnen, die gesamte Weiblichkeit ist sich einig: „Nein, diese Studenten! Entzückend. Sie waren doch am schönsten, nech?!"

Es war auch ein prachtvoller Anblick, die schneeweißen, die zinnoberroten, die moosgrünen und schwarzen Farben, die phantastischen Baretts, Stiefel und Stulpen[4] im zuckenden Licht der Fackeln, die Schläger, die Fahnen. Ihnen folgte dann mit klingendem Spiel, mit den alten preußischen Armeemärschen und dem blitzenden Schellenbaum der Stahlhelm.

Den Beschluß des Zuges bildeten die SS-Leute.

Wir waren wie berauscht vor Begeisterung, geblendet vom Licht der Fackeln gerade vor unsern Gesichtern und immer in ihrem Dunst, wie in einer süßen Wolke von Weihrauch. Und vor uns Männer, Männer, Männer, braun, bunt, grau, braun, eine Flut von einer Stunde und 20 Minuten. Im zuckenden Licht der Fackeln meinte man nur einige Typen zu sehen, die immer wiederkehrten, aber es waren an 22– 25 000 verschiedene Gesichter! […]

„Juda, verrecke", wurde auch mal gerufen und vom Judenblut gesungen, das vom Messer spritzen solle. [Späterer Zusatz[5]: Wer nahm das damals ernst?!]

1. 3. 33

I. rief an … sie hatte nie was für Hitler übrig. Ich fragte, was sie wählten zu Hause? Sie war beinah beleidigt. „Hitler natürlich! […] Man muß doch jetzt seine Sache mit allen Mitteln stützen!" Das hat für mich den Ausschlag gegeben … da ihn alle die wählen, für die er damals nicht in Frage kam, ihn, den einzigen, der mich politisch wirklich begeistern kann, weil er ohne Programm (!!) genau das will, was ich, und auch ohne Programm! Deutschland! […]

Die Reichsregierung sprach … Göring, der wie ein alter, ergrauter Beamter trocken, voll schwersten Ernstes sachlich Bericht erstattete über die fürchterlichen Mordpläne der Kommunisten, – die sich in die Hochburg Hamburg zurückgezogen haben. Es fing an mit der Überholung des Karl Liebknecht Hauses[6], wo man ein ganzes System unterirdischer Gänge, oberirdischer Galerien entdeckte … Es wurden Belege zentnerweise zutage gefördert. Geiseln aus Bürgerkreisen, Frauen und Kinder von Polizeibeamten als Kugelfang, Zerstörung aller Kulturgüter, wie in Rußland: Schlösser, Museen, Kirchen.[7] – Man fing an mit dem Reichstag. 28 Brandherde, Schutzhaft über die gesamten kommunistischen Parteiführer. […] Man wollte bewaffnete Rotten zu Mord und Brand auf die Dörfer schicken, inzw. sollte sich der Terror der von der Polizei entblößten Großstädte bemächtigen. Gift, kochendes Wasser, vom raffiniertesten bis zum ursprünglichsten Werkzeug sollte alles zur Waffe werden. Es klingt wie eine Räubergeschichte, – wenn nicht Rußland wäre, das asiatische Foltermethoden und -orgien erlebt hat, die ein germanisches Hirn selbst dann nicht ersinnen kann, wenn es krank, und nicht glauben, wenn es gesund ist.

Werner Jochmann: Nationalsozialismus und Revolution. Ursprung und Geschichte der NSDAP in Hamburg 1922–1933, Frankfurt/Main: Europäische Verlagsanstalt 1963, S. 422 f., 427 f.

1 Der Stahlhelm war ein paramilitärisch organisierter, antidemokratischer Wehrverband mit politischer Nähe zur Deutschnationalen Volkspartei (DNVP).

2 Bei einer gewaltsamen Auseinandersetzung zwischen Kommunisten und Nationalsozialisten im Hamburger Sternschanzviertel starb am 7. 9. 1930 der SA-Truppführer Heinrich Dreckmann.

3 Rivalität zwischen DNVP und NSDAP

4 Uniformteile

5 nach 1945 von Luise Solmitz hinzugefügt

6 Durchsuchung der Parteizentrale der KPD (Karl Liebknecht Haus)

7 scheinbare Belege für einen kommunistischen Umsturzversuch

Lösungsvorschläge

Inhaltliche Schwerpunkte:
Die Aufgabe bezieht sich hauptsächlich auf das Kurshalbjahr Q 2 mit seinem Thema „Deutschland zwischen Demokratie und Diktatur – Weimarer Republik und Nationalsozialismus" und dem Themenschwerpunkt „Weimarer Demokratie versus nationalsozialistischer Führerstaat".
Zur Bearbeitung benötigen Sie Kenntnisse über die Zerschlagung des demokratischen Rechtsstaates, den Prozess der Gleichschaltung, die Rolle von Propaganda und Terror.
Weiterhin sind Wissen über die NS-Ideologie und deren Umsetzung, beispielsweise bei der Ausgrenzung und Verfolgung von Minderheiten, von Bedeutung.
Der halbjahresübergreifende Bezug wird durch die dritte Aufgabe hergestellt. Dazu sind Kenntnisse aus Q 1 mit dem thematischen Schwerpunkt „Politische Revolutionen in Europa und ihre Folgen" wichtig. Insbesondere geht es um die Grundlinien der Innenpolitik Bismarcks sowie die innenpolitische Rückwirkung der imperialen Politik des Wilhelminischen Kaiserreiches.

1. *Einleitend sollten Sie einige Bemerkungen über die Autorin und die Art der Quelle machen. Bearbeiten Sie den Text, indem Sie nach einschlägigen Aussagen aus allen Teilen der Quelle suchen. Bei der Aufgabenstellung geht es darum, zielgerichtet die Hauptaussagen zusammenzufassen. Ihre Meinung, sprich: eine Kommentierung, ist nicht gefragt. Die Aufgabe untergliedert sich in zwei Teilaufgaben, denn weiterhin sollen Sie die Sichtweise der Autorin charakterisieren. Achten Sie auf eine sprachliche Distanz zu den Aussagen der Autorin (Benutzung des Konjunktivs). Die Arbeitsanweisung verlangt von Ihnen Leistungen aus den Anforderungsbereichen I und II.*

Die Hamburger Lehrerin Luise Solmitz verfasste ein umfangreiches **Tagebuch**, dem die beiden vorliegenden Auszüge entnommen sind. Der erste Auszug stammt vom 6. Februar 1933, wenige Tage nach der Übertragung der Kanzlerschaft auf Adolf Hitler, der zweite Auszug wurde am 1. März 1933 verfasst, **kurz nach dem Reichstagsbrand**. Beide Einträge sind privater Art und geben Aufschluss über die **persönliche Stimmung** und Einschätzung der Lage durch die Verfasserin in den ersten Wochen der NS-Herrschaft.
Im ersten Auszug **beschreibt** Solmitz einen **abendlichen Fackelzug** durch die Straßen Hamburgs. Dabei marschieren Nationalsozialisten, Mitglieder des Stahlhelms, SA-Leute, nationale Studenten und SS-Leute gemeinsam. Den gemeinsamen Aufmarsch begrüßt Solmitz, da insbesondere der **„Bruderzwist"** (Z. 14), die Rivalität zwischen NSDAP und DNVP, damit endlich **beigelegt** worden sei. Insgesamt schätzt die Autorin die Anzahl der Teilnehmer auf 22 000 bis 25 000 Personen. Eingangs ihres Tagebucheintrags zitiert Solmitz Hermann Göring, der den Tag der Ernennung Hitlers und des nationalen Kabinetts mit **1914** verglichen hatte. Mit dieser Anspielung ist die begeisterte Stimmung zu Beginn des Ersten Weltkriegs gemeint („**Augusterlebnis**"). Dieser **Begeisterung** folgt auch die Autorin

(„**Wir waren wie berauscht**", Z. 26). Während des Umzugs werden gegen die Republik und die Kommunisten gerichtete Parolen skandiert und nationale Symbole des Kaiserreiches gezeigt. Auch **antisemitische Rufe** („Juda, verrecke") werden laut. In einem nachträglich 1945 von der Autorin zugefügten Vermerk kommentiert sie dies mit den Worten: „Wer nahm das damals Ernst?" Damit folgt sie einer weit verbreiteten Entschuldigungsstrategie nach 1945, von den Greueln nichts gewusst oder geahnt zu haben.

Im zweiten Tagebucheintrag nimmt Solmitz auf die **anstehende Reichstagswahl** Bezug. So berichtet sie von einer Bekannten, die zuvor keine Sympathien für Hitler gehegt hatte, nunmehr aber zu einer überzeugten Anhängerin geworden war. Auch Solmitz gesteht, die Partei Hitlers zu wählen, da dieser sie politisch begeistern könne. Ein politisches Programm spielt für ihre Wahlentscheidung keine Rolle, **die nationale Begeisterung für Deutschland** sei das Programm. Die im Zusammenhang mit dem Reichstagsbrand **angeblich aufgedeckten Mord- und Verschwörungspläne der Kommunisten** klingen für Solmitz wie eine „Räubergeschichte". Dennoch hält sie die von Göring vorgetragenen Vorwürfe für glaubhaft, da sie Russland und damit auch den Kommunisten „**asiatische Foltermethoden und -orgien**" (Z. 53 f.) zutraut.

Die Autorin schildert aus der Sicht einer neugewonnenen Anhängerin Hitlers in **euphorischer Weise** die ersten Wochen der NS-Herrschaft. Mit zahlreichen positiven Attributen beschreibt sie den Fackelzug vom 6. Februar und die Begeisterung. Die Schilderungen vermitteln zugleich die Faszination **der Inszenierung der „Machtergreifung"**, der die Autorin erliegt („wie Wellen im Meer", Z. 4 f., „wie in einer süßen Wolke von Weihrauch", Z. 27 f.). **Antisemitische Äußerungen** nimmt sie nicht ernst, trotz ihres **jüdischen Ehemannes**. Sie ist erleichert über die Vereitelung einer angeblich drohenden kommunistischen Revolution. Der Reichsregierung ist es gelungen, bei ihr **antikommunistische und antibolschewistische Ressentiments** zu wecken. In ihrer **Begeisterung für die Tradition der Monarchie** übersieht sie, dass es den Nationalsozialisten nicht um die Wiederherstellung des Kaiserreiches, sondern um die Etablierung einer neuartigen, **totalitären Führerdiktatur** geht. Dies wurde letztlich auch möglich, da zahlreiche Menschen, wie Solmitz, nicht auf das Programm der NSDAP achteten.

2. *Die Aufgabenstellung erfordert von Ihnen Kenntnisse über die innenpolitische Entwicklung in einem festen Zeitraum (30. Januar 1933 bis Sommer 1934). Dabei ist es sinnvoll, einer weitgehend chronologischen Darlegung zu folgen. Die Arbeitsanweisung verlangt von Ihnen die Erklärung historischer Sachverhalte, die durch zusätzliche Informationen und Beispiele verdeutlicht werden (AFB I und II). Die nachfolgenden Aspekte müssen nicht alle thematisiert werden. Es können auch inhaltliche Schwerpunkte gesetzt werden.*

Am **30. Januar 1933** wurde Adolf Hitler von Reichspräsident Paul von Hindenburg zum Reichskanzler ernannt. Auf den ersten Blick erschien diese Berufung wie eine weitere in der Reihe der vorherigen Präsidialkabinette (Brüning, von

Papen, von Schleicher). Neben Hitler traten noch zwei weitere NSDAP-Mitglieder, Wilhelm Frick als Reichsinnenminister und Hermann Göring als Minister ohne Geschäftsbereich und Kommissarischer preußischer Innenminister, in das Kabinett ein. Die Vorstellung rechtskonservativer Kreise, man könne durch die Hereinnahme von acht nicht-nationalsozialistischen Ministern in die Regierung **Hitler zähmen**, erwies sich bald als folgenschwerer Irrtum.

In der zweiten Kabinettssitzung am 1. Februar wurden die **Reichstagsauflösung** und die Festsetzung von **Neuwahlen für den 5. März** beschlossen. Mit dem irreführenden Hinweis auf einen von den Kommunisten geplanten Generalstreik wurde am 4. Februar die **Verordnung des Reichspräsidenten „Zum Schutze des deutschen Volkes"** erlassen. Sie ermöglichte bereits Eingriffe in die Presse- und Versammlungsfreiheit und gab die Handhabe für die ersten Verfolgungen politischer Gegner. Insbesondere in Preußen ging Göring gnadenlos vor. Dort ordnete er am 22. Februar an, SA, SS und Stahlhelmleute als Hilfspolizisten einzusetzen.

Die nach dem Brand des Reichstages (27. Februar) verfügte „**Reichstagsbrandverordnung**" setzte dann die **wesentlichen Grundrechte außer Kraft:** Freiheit der Person, Meinungs-, Presse-, Vereins- und Versammlungsfreiheit, Post- und Fernsprechgeheimnis, Unverletzlichkeit von Eigentum und Wohnung.

Unter diesen Bedingungen geriet der Wahlkampf zur Farce. Fast alle kommunistischen Kandidaten wurden verhaftet, soweit sie nicht bereits geflohen oder in die Illegalität gegangen waren. Trotz des **NS-Terrors** im Wahlkampf und verfassungswidriger Behinderung besonders von KPD, SPD und Zentrum erreichte die NSDAP in der Reichstagswahl am 5. März nur 43,9 % der gültigen Stimmen.

Zur Eröffnung des neuen Reichstags am 21. März 1933 setzte der gerade ernannte Reichspropagandaminister Goebbels eine Veranstaltung in Szene, die ihre Wirkung in In- und Ausland nicht verfehlte. Die Inszenierung des „**Tags von Potsdam**" war in ihrer Symbolik auf die Verbindung von nationalkonservativem Traditionsbewusstsein und nationalsozialistischem Revolutionswillen, von „altem" und „neuem" Deutschland, von Preußentum und Nationalsozialismus abgestellt. Hitler und Hindenburg beschworen in der Eröffnungssitzung in der Potsdamer Garnisonskirche **preußische Tugenden** und **nationale Größe**. Durch den Ablauf des Tages fühlten sich die Repräsentanten des „alten" Deutschland in ihrer Illusion bestätigt, dass das Konzept der „Einrahmung" und „Zähmung" Hitlers nunmehr erfolgreich sei. Einen Tag zuvor hatte Heinrich Himmler die Errichtung eines ständigen **Konzentrationslagers in Dachau** bekannt gegeben. Nach der Errichtung des „Modelllagers" Dachau (22. März 1933) entstand in kürzester Zeit ein System von Konzentrationslagern in Deutschland. Der **SS-Führung** waren die **Geheime Staatspolizei (Gestapo)** und der **Sicherheitsdienst (SD)**, zu dessen Aufgaben die geheimdienstlichen Tätigkeiten gehörten, unterstellt.

Neben der systematischen Errichtung von Konzentrationslagern kam es in den ersten Wochen der Machtübernahme zu „wilden" Schutzhaftlagern, in denen Nationalsozialisten auf grausame und entwürdigende Weise ihrem Hass auf den politischen Gegner freien Lauf ließen. „**Schutzhaft**" ist die verschleiernde Beschreibung für eine illegale Freiheitsberaubung und zeitlich unbegrenzte Inhaftierung

ohne richterlichen Haftbefehl sowie ohne die Möglichkeit von Rechtsbehelfen für die Verhafteten, um sie angeblich vor der „gerechten Volkswut zu schützen".
Das am 23. März 1933 gegen die Stimmen der SPD verabschiedete **Ermächtigungsgesetz** bedeutete die **Ausschaltung des Parlaments und der Weimarer Verfassung**. Die Regierung konnte nun Gesetze verfassungsändernden Inhalts, soweit sie nicht die Einrichtung des Reichstags und Rechte des Reichspräsidenten berührten, erlassen. Damit ging die Legislative in die Hände der Regierung Hitlers über.
Die **Gleichschaltung** der noch nicht-nationalsozialistischen **Länder** verlief im März 1933 meist nach dem gleichen Muster: SA- und SS-Leute sorgten für Provokationen und Kundgebungen des sogenannten Volkszorns. Der Reichsinnenminister setzte unter Berufung auf Artikel 2 der „Reichstagsbrandverordnung" die Landesregierung ab und setzte einen Kommissar, in der Regel den zuständigen Gauleiter der NSDAP oder einen anderen führenden Nationalsozialisten, ein und ernannte auch kommissarische Polizeipräsidenten. Das „Gesetz über den Neuaufbau des Reiches" (30. Januar 1934) übertrug die **Hoheitsrechte der Länder auf das Reich**.
Ebenso wurden wichtige Organisationen sowie **Rundfunk und Presse** gleichgeschaltet. Sie wurden ihrer Eigenständigkeit beraubt und nach dem **Führerprinzip** ausgerichtet, indem überzeugte Nationalsozialisten die Führungspositionen auf allen Organisationsebenen übernahmen.
Das „**Gesetz zur Wiederherstellung des Berufsbeamtentums**" vom 7. April 1933 schloss politisch unliebsame Personen und Juden vom Beamtenstatus aus.
Der **1. Mai 1933** wurde erstmals als „Tag der nationalen Arbeit" zum gesetzlichen Feiertag erklärt. Damit machte sich das Regime eine lang bestehende Forderung der Arbeiterbewegung zu eigen und setzte diese um. Am Tag darauf besetzten nationalsozialistische Rollkommandos die Häuser der Gewerkschaft. Das bedeutete das Ende der **Gewerkschaften**. Es folgte die Zwangseingliederung in die am 10. Mai neu gegründete Deutsche Arbeitsfront (DAF).
Die ideologische Umgestaltung durch die nationalsozialistischen Machthaber richtete sich nicht nur auf den Bereich des öffentlichen Lebens. Der Zugriff erfolgte **auch in den privaten Bereich**. Alle gesellschaftlichen Gruppen und Vereinigungen im sogenannten vorpolitischen Raum, beispielsweise Sport- und Gesangsvereine, wurden entweder aufgelöst oder unter den Einfluss der Nationalsozialisten gebracht. Durch zahlreiche Neben- und Anschlussorganisationen sollte eine möglichst **lückenlose Erfassung** der Bevölkerung geschehen.
Am 22. Juni 1933 wurde die **SPD verboten**. Bis zum **5. Juli lösten sich** die übrigen Parteien **selbst auf**. Der Vorgang veränderte auch die Situation im Koalitionskabinett, denn mit der Ausschaltung des Reichstags verlor Hugenberg die Basis seines Einflusses. Als seine Partei, die DNVP, sich selbst auflöste, trat auch er als Minister zurück.
Das **Gesetz gegen die Neubildung von Parteien** vom 14. Juli 1933 verwandelte Deutschland in einen **Einparteienstaat**. Das fortan bestehende Monopol der NSDAP vollendete die Gleichschaltung auf parlamentarischer Ebene.

Unter dem Vorwand eines unmittelbar drohenden Putsches der **SA („Röhm-Putsch“)** wurden zwischen dem 30. Juni und dem 3. Juli 1934 höhere SA-Führer, darunter Röhm, von der Gestapo und der SS verhaftet und ohne Verfahren erschossen. Im Zuge dieser Mordaktion, der annähernd 190 Personen zum Opfer fielen, erklärte sich Hitler zum obersten Gerichtsherrn des deutschen Volkes. Mit der widerrechtlichen Inbesitznahme des höchsten Amtes der Judikative fielen auch die letzten Reste des Prinzips der Gewaltenteilung.
Nach dem **Tod Hindenburgs** am 2. August 1934 übernahm Hitler den Titel „Führer und Reichskanzler“; zugleich wurde er **Oberbefehlshaber der Reichswehr**. Das Militär versicherte übereilig seine Loyalität gegenüber Hitler. Noch am gleichen Tag wurde die Reichswehr auf die Person Hitlers vereidigt. Eine Volksabstimmung über die **Zusammenlegung der Ämter des Reichspräsidenten und des Reichskanzlers** brachte im gleichen Monat eine überwältigende Zustimmung.

3. *Bei der Bearbeitung dieses Aufgabenteils geht es darum, eine vorgegebene These auf ihre Stichhaltigkeit zu überprüfen. Die aspektgeleitete Untersuchung verlangt von Ihnen vor allem Leistungen im AFB III.*

Für die These können zunächst eine Reihe von Aspekten der politischen Kultur und Einstellung des Kaiserreiches angeführt werden. Es herrschte ein weit verbreitetes **obrigkeitsstaatliches Politikverständnis**. Insbesondere die gesellschaftlichen Eliten des Kaiserreiches waren **antiparlamentarisch** orientiert. Die Ausgrenzung der Sozialdemokraten und teilweise auch der Katholiken schuf eine **fragmentierte Gesellschaft**. Der Bezug zum Jahr 1914 („Augusterlebnis“) in der Quelle spiegelt das **Bedürfnis nach kollektiver Erfahrung**. In diesem Rahmen fielen auch nationale und **nationalistische Vorstellungen** auf fruchtbaren Boden. Der den Staat und die Gesellschaft durchdringende **Militarismus** im Kaiserreich ging einher mit **imperialistischen Vorstellungen**, die auch nach 1918 existent waren. Insbesondere in der Wilhelminischen Zeit kam es zu einer Verbreitung von **rassistischem Gedankengut** im Zeichen des Imperialismus. Die Entstehung rechtsradikaler Verbände wie des **Alldeutschen Verbandes** trug entscheidend dazu bei. Der **Antisemitismus** wandelte sich im Kaiserreich zu einer neuartigen, rassistischen Form der Judenfeindschaft („Moderner Antisemitismus“). Die in der Weimarer Republik herrschende „**Führererwartung**“ kann man in der Kontinuität der Verehrung für „große“ nationale Führungspersönlichkeiten im Kaiserreich (Bismarck, Hindenburg) sehen. Trotz der Revolution 1918/19 blieben große Teile der **alten Eliten** des Kaiserreichs, insbesondere in den Bereichen Verwaltung, Justiz und Bildung, **in der Verantwortung** und konnten so ihre republikfeindlichen Ansichten weiter verbreiten.
Doch gibt es in der Weimarer Republik eine Reihe von zusätzlichen Belastungsfaktoren, die sich **nicht allein als Folge** der Einstellungen und Strukturen des **Kaiserreiches** deuten lassen. So gelang der **Revolution 1918/19** nur teilweise bzw. zeitweise der Wechsel der politischen Führung. Die **Weimarer Verfassung** wies **strukturelle Schwächen** auf, die eine Entwicklung der NSDAP von einer

Splitterpartei zu einer Massenpartei forcierte. Dabei bediente sich die Partei einer skrupellosen **Propaganda**. Dazu gehörte auch die **Dolchstoßlegende**. Die außenpolitischen Belastungen durch den **Versailler Vertrag** wirkten sich auch auf die Innenpolitik aus. Eine **Mitschuld** des Deutschen Reiches **am Ausbruch des Ersten Weltkriegs**, wie sie im Versailler Vertrag festgeschrieben worden war, wurde von den Deutschen kollektiv zurückgewiesen. Die **wirtschaftlichen Krisen** (Inflation und Weltwirtschaftskrise) führten zu einem Vertrauensverlust in die Republik und entzogen den demokratischen Parteien den Boden. Die **Agitation von Links und Rechts** gegen die Weimarer Republik setzte zudem die Parteien der Weimarer Koalition zunehmend unter Druck. In den letzten Jahren der Weimarer Republik versagten die **demokratischen Kontrollmechanismen** (Regieren durch **Präsidialkabinette**). Die politischen **Entscheidungen** wurden nur noch von einem kleinen Kreis aus dem Umfeld von **Hindenburg** und von Papen getroffen.

Mögliches Fazit: Politische Strukturen und Einstellungen aus dem Kaiserreich begünstigten sicherlich die Destabilisierung der Demokratie. Jedoch spricht einiges dafür, dass erst die politischen und wirtschaftlichen Krisen zwischen 1918 und 1933 der nationalsozialistischen „Machtergreifung“ den Boden bereiteten.

Teilaufgabe	**AFB I**	**AFB II**	**AFB III**	**BE**
1	25	10		35
2	5	30		35
3		5	25	30
Summe	30	45	25	100

Hessen – Geschichte – Grundkurs – 2013
Vorschlag C

Thema: Wiedervereinigung Deutschlands und nationalsozialistische Außenpolitik

Aufgaben

1. Fassen Sie zusammen, wie die britische Zeitschrift „The Economist" eine etwaige Wiedervereinigung Deutschlands sieht (Material 1), und setzen Sie die Karikatur (Material 2) in Beziehung zu den Ausführungen aus „The Economist". (30 BE)
2. Erläutern Sie auch unter Berücksichtigung der Materialien die Entwicklung auf nationaler und internationaler Ebene, die 1989/90 zur Wiedervereinigung Deutschlands führte. (40 BE)
3. Der Autor des Leitartikels (Material 1) behauptet, die ungelöste „Deutsche Frage", d. h. die Frage, welche Ausdehnung Deutschland haben und welche Rolle es in Europa spielen solle, habe auch 1939 als „Sprengsatz" für den Frieden gewirkt. Überprüfen Sie, inwiefern diese Behauptung den Anteil Deutschlands am Ausbruch des Zweiten Weltkrieges angemessen beschreibt. (30 BE)

Hinweis: Der vorliegende Text ist die Übersetzung eines Auszugs aus einem Leitartikel mit dem Titel „Remixing Europe" aus der britischen Wochenzeitschrift „The Economist". Der Autor des Leitartikels wurde in der Textvorlage nicht genannt.

Material 1

Leitartikel aus „The Economist" (11. November 1989)

Europa war in den vergangenen 44 Jahren ein Hort der Stabilität, auch wenn die Europäer dies nicht immer zu schätzen wussten. […]

Die Osteuropäer hatten für diese Stabilität einen hohen Preis zu zahlen: ein verschwendetes Leben unter einer Regierung, die sie verabscheuten. Für die Westeuropäer dagegen war die Stabilität wundervoll. Sie konnten reich werden und in einer klar definierten Zone, die […] an der Elbe und am Böhmerwald endete, beginnen, ein neues, vereintes Europa zu bauen. Sie konnten davon ausgehen, dass man die „Deutsche Frage", die 1870, 1914 und 1939 der Sprengsatz gewesen war, gelöst hatte. Und sie konnten darauf zählen, dass im Falle eines Falles Amerika der Garant ihres Friedens war.

Das ist der Grund, warum die richtige Reaktion auf das, was im Augenblick östlich von Elbe und Böhmerwald passiert, eine Mischung aus Freude und plötzlich entstandener Vorsicht ist. Es ist erfreulich, dass in großen Teilen Osteuropas die Handlanger der Diktatur auf dem Rückzug sind. […] Die Vorsicht rührt daher, dass wir nicht wissen, was all dies für die Grundlagen Europas, wie es seit 1945 entstanden ist, bedeutet.

Die Art und Weise, wie sich die Dinge zur Zeit entwickeln, spricht dafür, dass [...] es in den frühen 1990er-Jahren ein vereintes Deutschland geben könnte. Es würde fast 80 Millionen Einwohner haben, ein Bruttoinlandsprodukt, das fast so groß wäre wie das von Großbritannien und Frankreich zusammen, und die stärkste Armee außer der russischen. Dies wird den meisten anderen Europäern sogar dann mehr als Kopfzerbrechen bereiten, wenn dieses größere Deutschland über keine Nuklearwaffen verfügt und in allen Institutionen des Westens verankert bleibt. Wenn Deutschland allerdings die NATO verlassen sollte, um die Wiedervereinigung zu erreichen – und dies könnte jetzt alles sein, was Herr Gorbatschow noch hoffen kann, aus dem Desaster Russlands in Osteuropa zu retten – dann wird es unmöglich sein, sich vorzumachen, dass sich nichts verändert hat. Ein neutralisiertes Deutschland würde kein entmilitarisiertes Land sein. Die Landkarte der Mächte würde auf eine dramatische Art und Weise neu gezogen worden sein.

Wenn die Mehrheit sowohl der Ost- als auch der Westdeutschen die Wiedervereinigung will, darf natürlich niemand anderes Einspruch dagegen einlegen. Es ist auch falsch, die wahrscheinlichen Konsequenzen zu übertreiben. Ein wiedervereinigtes Deutschland würde keinen neuen Bismarck produzieren, weil der europäische Nationalismus durch das, was Europa in den vergangenen 120 Jahren getan hat, gemäßigter geworden ist; noch weniger würde es einen neuen Hitler hervorbringen. Aber es würde eine Neuauflage des einst so destruktiven Systems der Konkurrenz der Großmächte mit sich bringen, und eine solche Entwicklung wird die anderen Europäer veranlassen, innezuhalten und nachzudenken. Gleiches gilt für das Problem der Größe eines zukünftig vereinten Deutschlands. Ein großes Deutschland wäre in der Lage, sich gegen Großbritannien, Frankreich und Italien durchzusetzen und diese Länder auszumanövrieren, wenn seine Interessen sich von den ihren unterscheiden würden.

„Remixing Europe", in: The Economist, 11. 11. 1989, S. 13 f.; Übersetzung durch die Verfasser.

Material 2

Karikatur in der britischen Zeitung „Daily Star" (20. Februar 1990)

Stiftung Haus der Geschichte der Bundesrepublik Deutschland (Hg.): Images of Germany. United Germany in Cartoons Abroad, Bielefeld 2003, S. 32.

Lösungsvorschläge

Inhaltliche Schwerpunkte:

Die Aufgabe bezieht sich im Kern auf das Stichwort „die Vereinigung der beiden deutschen Staaten (Ursachen, Verlauf und Folgen)" aus dem Halbjahresthema von Q 3, „Konflikt und Kooperation in der Welt nach 1945" mit dem Schwerpunkt „die deutsche Ebene: Teilung und Einheit".

Der kursübergreifende Bezug ergibt sich zum Halbjahr Q 2 („Deutschland zwischen Demokratie und Diktatur – Weimarer Republik und Nationalsozialismus") mit seinen Stichworten „Ideologische Grundlagen der nationalsozialistischen Außenpolitik", „deutsche Expansionspolitik im Vorfeld des Krieges" und „Hitler-Stalin-Pakt" aus dem Schwerpunktthema „Außenpolitik der Weimarer Republik versus nationalsozialistische Außenpolitik und Zweiter Weltkrieg".

1. *Die Aufgabe besteht aus zwei Teilen: Der erste ist die Textzusammenfassung des Zeitungsartikels. Zusammenfassen sollen Sie aber nicht den gesamten Text, sondern nur, wie der Leitartikel eine etwaige Wiedervereinigung Deutschlands sieht (AFB I). Im Mittelpunkt stehen also die Befürchtungen einer zu großen Machtfülle eines wiedervereinten Deutschlands und einer daraus folgenden Neuordnung Europas („Remixing Europe“).*
Im zweiten Aufgabenteil sollen Sie eine Karikatur (Material 2) in Beziehung zu diesem „Economist“-Artikel setzen (AFB II). Stellen Sie die Karikatur zunächst vor und erläutern Sie dann den naheliegenden Bezugspunkt zum „Economist“-Artikel: die Art der Bedenken gegenüber einer Wiedervereinigung Deutschlands.
Im Einleitungssatz sollten Sie jeweils neben den üblichen Angaben zur Art der Quellen auch auf deren Datierung hinweisen: Denn der Leitartikel erschien praktisch unmittelbar nach dem Mauerfall am 9. November 1989, als viele Menschen noch gar nicht an eine Wiedervereinigung dachten, während die Karikatur im Februar 1990 entstand, als bereits tatsächlich offizielle Verhandlungen über eine Wiedervereinigung begannen.

Die Quelle ist ein Auszug aus einem **Leitartikel der britischen Wochenzeitschrift** „The Economist“ vom **11. November 1989**. Der Artikel trägt die Überschrift „**Remixing Europe**“ (Neu-Mischung Europas) und liegt in einer Übersetzung vor; der Verfasser des Artikels wird nicht genannt.
Der Artikel setzt sich – zwei Tage nach dem Fall der Berliner Mauer 1989 – mit der Frage auseinander, welche **Bedeutung und welche Folgen eine etwaige Wiedervereinigung Deutschlands für Europa** haben könnte.
Europa, heißt es, reagiere auf den Fall der Mauer zum einen mit „**Freude**“ (Z. 12), zum anderen mit „**Vorsicht**“ (Z. 13). Mit Freude, weil die diktatorischen Regime in Osteuropa nun am Ende seien. Mit Vorsicht, weil die „**Deutsche Frage**“, die seit 1870 immer wieder zu Kriegen in Europa geführt habe, seit 1945 gelöst schien, nun aber **wieder offen** sei: Denn nun wäre eine **Wiedervereinigung Deutschlands möglich**. Und ein wiedervereinigtes Deutschland hätte fast 80 Millionen Einwohner, ein fast doppelt so hohes Bruttoinlandsprodukt wie Großbritannien und Frankreich zusammen und außer Russland die stärkste Armee in Europa. Eine solche **Machtfülle** der Deutschen würde den meisten Europäern zu denken geben, selbst wenn Deutschland im Westen, vor allem in der NATO, integriert bliebe.
Wenn das möglicherweise wiedervereinigte Deutschland aber sogar seine Westbindung aufgeben und neutralisiert werden würde, könnte sich die **Machtverteilung in Europa** entscheidend verändern. Eine zerstörerische „Konkurrenz der Großmächte“ (Z. 36 f.) könnte wieder aufleben. Zwar brächte Deutschland sicher keinen neuen „Bismarck“ (Z. 33) und schon gar keinen „neuen Hitler“ (Z. 35) hervor. Aber ein vereintes, neutrales Deutschland wäre so mächtig, dass es sich **gegen Großbritannien**, **Frankreich und Italien** durchsetzen könnte.

Noch schlimmere Befürchtungen bringt eine **Karikatur von Bill Caldwell** aus dem **britischen „Daily Star“** am **20. Februar 1990** zum Ausdruck. Die Schwarz-Weiß-Zeichnung ist in **sechs Bilder** unterteilt. Im ersten ist eine **Umrisskarte** der

noch nebeneinanderliegenden Bundesrepublik Deutschland und DDR zu sehen. Im zweiten Bild ist die Grenze zwischen ihnen verschwunden und die beiden Länder vereinigen sich zu einem gemeinsamen Gebiet. Die Fläche dieses neu formierten Landes nimmt dann bis zum fünften Bild in drei Schritten immer mehr die Gestalt eines Soldaten an, der im sechsten Bild dann vollständig zu erkennen ist. Es ist ein **Wehrmachtsoldat, der im Stechschritt vorwärts marschiert**, ein Gewehr mit Bajonett über der Schulter und auf dem Kopf einen Stahlhelm mit Eisernem Kreuz.
Die Bilderfolge karikiert die Vorstellung, dass **Deutschland** durch die Wiedervereinigung **wieder eine militaristisch-expansionistische Macht wie zu Hitlers Zeiten** werde. Solche drastischen Befürchtungen spricht der Autor des Artikels auch an. Aber er bezeichnet sie ausdrücklich als abwegig: Ein vereintes Deutschland brächte keinen „neuen Hitler" hervor (vgl. Z. 35).

2. *Der zu erläuternde Weg zur Wiedervereinigung verlangt von Ihnen Kenntnisse auf zwei Ebenen: auf der nationalen Ebene (Umbruch in der DDR, von der Reformbewegung zur Einheit) und auf der internationalen Ebene (Zerfall des Ostblocks, Bedenken bezüglich der Wiedervereinigung, 2plus4–Verhandlungen). Der Schwerpunkt dieser Aufgabe liegt damit im AFB II.*
Die Aufgabenstellung verlangt auch, dass Sie bei Ihren Erläuterungen die Materialien berücksichtigen. Übernehmen Sie also zum Beispiel aus dem Leitartikel die Unterscheidung in nationale und in internationale Aspekte der Wiedervereinigung und gehen Sie dann unbedingt auf Vorbehalte anderer Mächte gegen eine Wiedervereinigung ein. Am Schluss sollten Sie diesen Bedenken die tatsächliche Entwicklung nach der Wiedervereinigung gegenüberstellen.

Aus dem Fall der Berliner Mauer am 9. November 1989 entwickelte sich **in knapp einem Jahr, bis zum 3. Oktober 1990**, ein Prozess, der zur Wiedervereinigung Deutschlands führte. Dabei gab es **zwei Ebenen**, die auch im „Economist" unterschieden und in der Karikatur gezeigt werden: zum einen, auf der nationalen Ebene, die Entwicklung in Deutschland selbst, zum anderen, auf der internationalen Ebene, die Haltung der Großmächte dazu.
Mitte der 1980er-Jahre zeigten sich **im gesamten Ostblock Auflösungserscheinungen**. Die **DDR** unter Erich Honecker bekam ihre wirtschaftlichen Probleme nicht in den Griff (drohender Staatsbankrott), verweigerte aber Reformen, wie sie seit 1985 in der Sowjetunion unter Gorbatschow für einen gesellschaftlichen Umbruch sorgten. Im **Sommer 1989** stieg in der DDR die Zahl der **Ausreiseanträge**. Dann ermöglichten erste Grenzöffnungen (Ungarn) und die Besetzung von Botschaften (Prag) Tausenden DDR-Bürgern die **Flucht in den Westen**. In der DDR selbst aber wuchs die **Oppositionsbewegung** („Neues Forum", „Demokratie jetzt") und in den Großstädten kam es ab September 1989 zu **Massendemonstrationen** („Montagsdemonstrationen" in Leipzig u. a.).
Gemeinsames Ziel der unterschiedlichen Oppositionsgruppen schien es zu sein, den **Sozialismus** in der DDR im vierzigsten Jahr ihres Bestehens zu **reformieren**.

Vor allem forderten sie **mehr Demokratie**. Mitte Oktober 1989 trat die Staats- und Parteiführung unter Erich Honecker zurück, doch seinen Nachfolgern, Egon Krenz und später Hans Modrow, gelang es nicht, das Vertrauen der Oppositionsbewegung zu erlangen.

Nach der **Öffnung der Berliner Mauer** (9. 11. 1989) wandelte sich in der DDR der Wille zu Reformen schon bald in einen **Willen zur nationalen Einheit** (aus „Wir sind das Volk“ wurde „Wir sind ein Volk“). Zwar diskutierten Vertreter aller Parteien und Oppositionsgruppen ab Dezember 1989 an einem „**Runden Tisch**“ über die weitere Demokratisierung und Reform der DDR. Doch auf bundesdeutscher Seite **forcierte Bundeskanzler Helmut Kohl** (CDU) bereits im November 1989 – mehr oder weniger behutsam – die **Wiedervereinigung**. Mit seinem „**Zehn-Punkte-Plan zur Deutschen Einheit**“ machte er schon im November 1989 einen ersten Vorstoß in diese Richtung. Der Prozess der Wiedervereinigung verlief dann 1990 über die ersten freien **Volkskammerwahlen** in der DDR (18. März 1990), bei denen die CDU-nahe „Allianz für Deutschland“ unter Lothar de Maizière siegte, zur Errichtung einer **Währungs-, Wirtschafts- und Sozialunion** zwischen der Bundesrepublik und der DDR (Mai 1990), durch die die westdeutsche DM die gemeinsame Währung wurde. Im Juli 1990 begannen eindeutige deutsch-deutsche Verhandlungen über einen **Einigungsvertrag**, und im August 1990 erklärte die Volkskammer der DDR mit verfassungsändernder Mehrheit den **Beitritt zur Bundesrepublik Deutschland**. Die Modalitäten der Wiedervereinigung regelte dann der **Einigungsvertrag**, mit dem zum 3. Oktober 1990 die Wiedervereinigung vollzogen wurde.

Die Wiedervereinigung war allerdings kein rein deutsch-deutsches Phänomen, sondern stand im Zusammenhang mit **internationalen Strukturveränderungen**. Der weltweite **Kalte Krieg** ging seinem **Ende** entgegen. Nachdem die Sowjetunion durch das Wettrüsten in immer größere wirtschaftliche Schwierigkeiten geraten war (Einmarsch in Afghanistan 1979), hatte **Gorbatschow** ab 1985 versucht, das marode Wirtschaftssystem durch Reformen zu retten. **Glasnost und Perestroika** (Transparenz und Umgestaltung) waren die Schlagworte seines Reformprogramms. Aber statt wieder gestärkt zu werden, **zerfiel die Sowjetunion**. Ungarn öffnete als erstes Ostblockland im Sommer 1989 seine Grenzen; viele Menschen nutzten diese Gelegenheit, um in den Westen zu gelangen.

Nach dem Fall der Berliner Mauer am 9. November 1989 ergab sich die Möglichkeit einer Wiedervereinigung des geteilten Deutschlands. Diese Vorstellung löste im übrigen Europa die **Befürchtungen einer zu großen Machtfülle eines vereinten Deutschland** aus, wie sie in beiden Materialien zum Ausdruck kommen.

Der „Economist“ erörterte solche Bedenken gleich nach dem Mauerfall. Die Karikatur, die am 20. Februar 1990 erschien, kommentiert mit ihrer Schreckens-Vision eines neuen Nazi-Deutschland die wenige Tage zuvor zwischen den beiden deutschen Staaten und den vier alliierten Siegermächten getroffene Vereinbarung, über eine Wiedervereinigung Deutschlands verhandeln zu wollen.

Tatsächlich begannen dann im Mai 1990 zwischen den beiden deutschen Staaten und den vier alliierten Siegermächten „**Zwei-plus-Vier-Gespräche**“. Besonders

umstritten war bei den Verhandlungen, wie die **Bündniszugehörigkeit** eines vereinten Deutschlands zu regeln sei. Die USA bestanden darauf, dass das vereinte Deutschland zur NATO gehörte, während die UdSSR seine **Blockfreiheit** anstrebte. Großbritannien misstraute der UdSSR grundlegend und forderte sogar, NATO-Manöver in der DDR abhalten zu können. Auch Frankreich hatte Sicherheitsbedenken. Durch viel Diplomatie, aber auch durch persönliche Gespräche (von Kohl mit Mitterrand und Gorbatschow), gelang es schließlich, die **Zustimmung** sowohl **Frankreichs als auch der Sowjetunion** zur Wiedervereinigung zu erreichen. Frankreich bekam zugesagt, dass zur Begrenzung der neuen Machtfülle Deutschlands die europäische Integration intensiviert werde (gemeinsame europäische Währung), und die Sowjetunion akzeptierte die Westbindung des neuen Deutschland (NATO), nachdem sie umfassende **Finanz- und Aufbauhilfen zugesichert** bekam und ihre Truppen erst bis 1994 aus der DDR zurückziehen musste. Durch die Unterzeichnung des 2plus4-Vertrages am 12. September 1990 war dann auf internationaler Ebene der Weg frei für die Wiedervereinigung.
Insgesamt zeigt sich, dass die massiven **Bedenken** gegen eine Wiedervereinigung Deutschlands **unbegründet** waren. Denn es gelang, das vereinte Deutschland militärisch, politisch und ökonomisch einzubinden (NATO, EG) und so einen Machtkampf mit den anderen Großmächten in Europa zu verhindern.

3. *Diese Aufgabenstellung müssen Sie besonders sorgfältig lesen, um zu erkennen, was von Ihnen verlangt wird. Sie sollen nämlich zweierlei „überprüfen": zum einen, inwieweit von Deutschland aus die ungelöste „Deutsche Frage" (damaliges Stichwort: „Revision von Versailles") zum Ausbruch des Krieges führte; zum anderen, welchen Anteil Deutschland – im Vergleich zu anderen Mächten – am Ausbruch des Krieges hatte. Dabei sollten Sie sich jeweils nicht – wie es die Aufgabenstellung wohl auch erlaubte – nur auf den unmittelbaren Ausbruch des Krieges 1939 beschränken, sondern die vorbereitende Entwicklung (seit 1933) einbeziehen; ansonsten wäre Ihr Argumentationsspielraum auch zu klein. Die Aufgabe verlangt von Ihnen neben der Anwendung Ihres Fachwissens (AFB II) auch Leistungen aus dem AFB III.*
Beginnen Sie Ihre Überprüfung mit einer kurzen Einleitung, in der Sie die zu beurteilende These des „Economist" aufgreifen und die Fragestellung zusammen mit Ihrem methodischen Vorgehen erläutern. Am Ende sollte ein Fazit Ihrer Überprüfung stehen, das die deutschen Anteile („Deutsche Frage" usw.) und die anderer europäischer Mächte (Appeasement-Politik usw.) am Ausbruch des Krieges gewichtet.

Die Behauptung des „Economist" geht dahin, dass die bis dahin ungelöste „Deutsche Frage" 1939 als „Sprengsatz" diente (Z. 8), also als Auslöser des Zweiten Weltkrieges. Die Frage ist nun, ob damit der **Anteil der Deutschen am Ausbruch des Zweiten Weltkrieges** angemessen beschrieben ist oder ob nicht auch noch andere Aspekte zum Krieg führten.

Unbestritten begann Hitler gleich nach seiner Machtübernahme **1933** mit **Vorbereitungen für einen Krieg**. Die in der Weimarer Republik begonnene „**Revision von Versailles**" propagierte Hitler zwar weiter, er ging jedoch mit dem **Austritt aus dem Völkerbund** (1933), dem **Nichtangriffsvertrag mit Polen** (1934), der **Einführung der Wehrpflicht** (1935) und der **Wiederaufrüstung** weit darüber hinaus. Ab 1936 folgten dann immer aggressivere Schritte zur vermeintlichen Lösung der „Deutschen Frage": im März 1936 der **Einmarsch ins entmilitarisierte Rheinland**, im März 1938 der gewaltsame „**Anschluss**" **Österreichs** und im September 1938 die **Münchner Konferenz**. Auf ihr kamen die europäischen Großmächte Großbritannien, Frankreich und Italien zusammen, um mit Deutschland über die „Sudetenfrage" zu verhandeln. Man einigte sich darauf, das nach dem Ersten Weltkrieg abgetrennte **Sudetenland** Deutschland wieder zuzuschlagen. Die europäischen Mächte hofften damit, Hitler zufriedenzustellen und einen Krieg in Europa zu verhindern (**Appeasement-Politik**). Aber Hitler – und da spätestens beginnt sein Vertrags- und Vertrauensbruch gegenüber den europäischen Großmächten, der ihr späteres Misstrauen begründet (vgl. besonders Material 2) – **besetzte** im Frühjahr 1939 auch noch den **Rest der Tschechei** und entfachte nach dem **Hitler-Stalin-Pakt** (August 1939) im September mit dem **Überfall auf Polen** den Zweiten Weltkrieg.
Diese Entwicklung zeigt, dass es Hitler allenfalls vordergründig um eine Lösung der „Deutschen Frage" ging. Seine Außenpolitik war – trotz aller Friedensbeteuerungen zu Beginn – von Anfang an geleitet von einem **ideologisch und rassistisch begründeten Expansionsstreben**, das einem „Volk ohne Raum" in einem germanischen Riesenreich auf Kosten fremder Völker „**Lebensraum im Osten**" erkämpfen wollte. Die „Revision von Versailles" ist dazu allenfalls das populäre, scheinbar legitime und von den europäischen Mächten auch weitgehend mitgetragene Vorspiel zum **Völkermord**. Hitlers wahre Motive zeigen sich ab 1941 in seinem skrupellosen **Vernichtungskrieg** gegen die Sowjetunion.
Für den Ausbruch des Krieges spielte die Lösung der „Deutschen Frage" also keine entscheidende Rolle mehr.
Auch der **Anteil der anderen europäischen Staaten am Kriegsausbruch ist nicht ausschlaggebend**. Die vielleicht naive oder ungeschickte Politik Großbritanniens und Frankreichs durch ihre Appeasement-Politik und die durchaus auch **expansionistischen Bestrebungen der UdSSR** durch den Hitler-Stalin-Pakt können die Verantwortung Deutschlands für den Ausbruch des Zweiten Weltkrieges nicht mindern.

Teilaufgabe	AFB I	AFB II	AFB III	BE
1	20	10		30
2	10	25	5	40
3		10	20	30
Summe	30	45	25	100

Hessen – Geschichte – Leistungskurs – 2013
Vorschlag A

Thema: *Innen- und Wirtschaftspolitik im Kaiserreich und in der Bundesrepublik*

Aufgaben

1. Beschreiben Sie Bismarcks im November 1871 getroffene Einschätzung der sozialistischen Bewegung und seine Vorschläge zum Umgang mit ihr. (Material) (25 BE)

2. Charakterisieren Sie in Anknüpfung an die Quelle Bismarcks Innen- und Sozialpolitik seit 1871. (40 BE)

3. Im Unterschied zu Kaiserreich und Weimarer Republik erreichte die Bundesrepublik Deutschland relativ rasch ein erstaunliches Maß an innerer Stabilität. Setzen Sie sich mit der These auseinander, das „Wirtschaftswunder" habe die Bundesrepublik stärker stabilisiert als ihre demokratische Ordnung und die außenpolitischen Erfolge in der Ära Adenauer. (35 BE)

Hinweis: Heinrich Friedrich von Itzenplitz (1799–1883), preußischer Minister für Handel, Gewerbe und öffentliche Arbeiten (1862–1873)

Die Rechtschreibung entspricht der Textvorlage. Unterstreichungen wurden nicht berücksichtigt.

Material

Bismarck über die sozialistische Bewegung in einem Schreiben an den preußischen Minister von Itzenplitz (1871)

Berlin, den 17. November 1871

[…] Die neuere Socialistische Doctrin[1], insoweit sie namentlich mit der sogenannten Internationale[2] in Verbindung steht, rechnet überhaupt mit den jetzigen Staaten weder in ihrer nationalen, noch in ihrer principiellen Bedeutung. Sie weist deshalb auch jede Unterstützung und Kooperation der bestehenden Regierungen principiell auf das Entschiedenste zurück und stellt an die Spitze ihres Programms die Forderung der Umformung der bestehenden Staaten in den Socialistischen Volksstaat. […]

Soweit mir das Tatsächliche der Bewegung bekannt geworden ist, wird bis dahin die socialistische Bewegung von der Internationalen durchaus noch nicht in der von dieser erstrebten Weise beherrscht, vielmehr ist namentlich in Preußen dieselbe der Internationalen eher feindlich, wie dies in dem Gegensatze der Lassalleanischen Partei[3] gegen die mit der Internationalen in Verbindung stehende Bebel-Liebknechtsche[4] deutlich hervortritt. Hier ist nicht allein eine sachliche Verständigung noch möglich, sondern es wird beim rechten Eingreifen des Staates zur Zeit auch noch gelingen, die Mehrzahl der Arbeiter mit der bestehenden Staatsordnung auszusöhnen und die Interessen von Arbeitern und Arbeitgebern wiederum in Harmonie zu bringen. Im Übrigen sind aber die socialistischen Theorien und Postulate bereits so tief und breit in die Massen eingedrungen, daß es als ein vergebliches Bemühen erscheint, dieselben ignoriren oder die Gefahren derselben durch Stillschweigen beschwören zu wollen. Im Gegentheil erscheint es mir als dringend geboten, dieselben so laut und so öffentlich als möglich zu erörtern, damit die irregeleiteten Massen nicht immer lediglich die Stimme der Agitatoren vernehmen, sondern aus dem Für und Wider lernen, was an ihren Forderungen berechtigt und unberechtigt, möglich und unmöglich ist.

Daß hierbei die brennendsten Fragen von Arbeitszeit und Arbeitslohn, Wohnungsnot und d[er]gl[eichen] nicht ausgeschlossen werden dürfen, betrachte ich als selbstverständlich, um so mehr, als Ew. Excellenz in den Schieds- und Einigungsämtern selbst Institute vorschlagen, welche recht eigentlich auf die Regulirung der beiden ersten Fragen berechnet sind, und es als ein vergebliches Bestreben erscheint, die Agitationen[5] zu beschwören, wenn man den Agitatoren ihre besten Agitationsmittel beläßt.

Wenn Ew. Excellenz dabei den Wunsch aussprechen, die ins Auge zu fassenden Ziele und die zu stellenden Aufgaben schon jetzt näher bezeichnet zu sehen, so erlaube ich mir ganz ergebenst darauf hinzuweisen, daß es sich [...] zunächst nur um eine vorbereitende Maßregel handelt und daß es mir eben darauf ankommt, von Ew. Excellenz dasjenige Material und diejenigen Vorschläge unterbreitet zu erhalten, welche Hochdenselben nach Ihrer Auffassung der Sachlage und nach dem, was bis dahin in Preußen bereits geschehen ist, als angezeigt erscheinen, um demnächst bei der in Aussicht genommenen commissarischen[6] Beratung seitens der preußischen und deutschen Reichsregierung vertreten zu werden. [...]

Bei dem lebhaften Interesse, welches S[eine] M[ajestät] der Kaiser von Oesterreich und Ungarn persönlich dieser Angelegenheit zuwendet, ist es für das ausw. [Auswärtige] Amt unthunlich, sich der beabsichtigten gemeinschaftlichen Erörterung zu entziehen, und wenn dieselbe auch nicht so fruchtbar werden sollte, wie man auf der anderen Seite zu erwarten scheint, so wird die Vorarbeit dazu, deren ich bedarf und für welche ich die geneigte Hilfe Ew. Excellenz erbitte, abgesehen von dem Werthe, den sie in sich trägt, ein Bedürfniß unserer auswärtigen Politik befriedigen helfen.

Sehr gern werde ich übrigens demnächst Ew. Excellenz die gewünschten näheren Mittheilungen über die Zwecke, die Organisation und die Verbreitung der sogenannten Internationale zugehen lassen, in soweit ich mir dieselben selbst zugänglich machen kann.

Otto von Bismarck: Gesammelte Werke. Schriften 1871–1873, bearb. von Andrea Hopp, Paderborn/München/Wien/Zürich 2004, S. 230f. (= Neue Friedrichsruher Ausgabe, Abt. III: 1871–1898, Schriften Bd. 1: 1871–1873).

1 Doktrin: Lehre

2 Internationale: internationaler Zusammenschluss von Arbeiterparteien unter starkem Einfluss des Marxismus

3 Gemeint ist der Allgemeine Deutsche Arbeiterverein (ADAV).

4 Gemeint ist die Sozialdemokratische Arbeiterpartei (SDAP).

5 Agitation, hier: politische Hetze

6 kommissarischen, hier: vorläufigen

Lösungsvorschläge

Inhaltliche Schwerpunkte:
Die Aufgabenstellung, angelegt als historische Problemerörterung auf der Basis einer Textquelle, bezieht sich auf den thematischen Schwerpunkt „Die großen Revolutionen und ihre Folgen“, hier besonders auf den Aspekt „Die Gründung des Deutschen Reiches“, „Grundlinien und regulative Prinzipien der Innenpolitik Bismarcks“ (Q 1). Was den kursübergreifenden Bezug angeht, zielt er auf den thematischen Schwerpunkt „Die deutsche Ebene: Teilung und Einheit“ ab, konkret auf die Aspekte „Gründung der beiden deutschen Staaten“ und „Die innere Entwicklung in der Bundesrepublik und der DDR bis 1990“ (Q 3).

1. *Zunächst ist die zeitgenössische Quelle formal einzuordnen: Autor, Adressat, Datierung, Quellenart, Thematik und Art der Darstellung sollten der inhaltlichen Beschreibung der dargelegten Äußerungen Bismarcks vorangestellt werden. Fassen Sie im inhaltlichen Teil die wesentlichen Gedankengänge Bismarcks zur Einschätzung der sozialistischen Bewegung zusammen (AFB I). Da es sich in der Quelle erkennbar um eine altertümliche Sprache handelt, ist darauf zu achten, Bismarcks Sichtweise in eigenen Worten wiederzugeben. Dabei sollten Sie indirekte Rede verwenden; besonders bezeichnende Begriffe können wörtlich zitiert und mit Zeilenangabe belegt werden.*

Bei dem Schreiben des Reichskanzlers Otto von Bismarck an den preußischen Minister von Itzenplitz aus dem Gründungsjahr des Deutschen Reiches (1871) handelt es sich um eine **interne Korrespondenz**, deren Inhalt dadurch besondere **Glaubwürdigkeit** besitzt. Bismarck erläutert darin seine **Einschätzung zur Arbeiterbewegung**, die den weiteren Umgang mit den als feindlich betrachteten Sozialisten bestimmt.
Zunächst spricht Bismarck von der **internationalen Orientierung der Sozialisten**, die nicht in staatlichen Kategorien dächten, sondern einen „Socialistischen Volksstaat“ (Z. 7) zum Ziel hätten. Allerdings gibt Bismarck zu bedenken, dass die deutschen Sozialisten **gespalten** seien: So stehe die Gruppe um Lassalle anders als Bebel und Liebknecht der Internationale kritisch gegenüber.

Zu diesem Zeitpunkt sieht Bismarck allerdings noch eine Chance auf die **Bindung der Arbeiterschaft an den Staat** und einen **Interessenausgleich zwischen Arbeitgebern und Arbeitnehmern**. Darum müsse der Staat aber kämpfen, denn die sozialistischen Ideen seien bereits dermaßen in den Köpfen der Arbeiter verankert, dass ein bloßes Ignorieren der Bewegung gefährlich sei. Vielmehr müsse man die „irregeleiteten Massen“ (Z. 21) durch **öffentliche Aufklärung** und Maßnahmen, die **die Lage der Arbeiter entschärfen**, besänftigen. Konkret verweist er auf Regelungen zur Arbeitszeit, zum Arbeitslohn und zur Wohnungsnot als den drängendsten Fragen in diesem Bereich (vgl. Z. 24 f.).
Von dem Adressaten des Briefes erwartet Bismarck Handlungsempfehlungen zum weiteren Vorgehen gegen die Sozialisten. Zu diesem Zweck kündigt er an,

nähere Informationen über die Organisation und die Zielsetzung der Internationale einzuholen und weiterzuleiten. Insgesamt, so Bismarck, seien **gemeinsame Beratungen** zwischen der Reichsregierung, der preußischen und der österreichischen Regierung unumgänglich, um innen- und außenpolitisch angemessen auf die Herausforderung reagieren zu können.

2. *Die Antwort sollte direkt an die in der ersten Aufgabe dargelegte Einschätzung Bismarcks anschließen, denn aus seiner Situationsanalyse ergeben sich Handlungskonsequenzen. Hinsichtlich des Umgangs mit der sozialistischen Bewegung deutet er in der Quelle bereits Maßnahmen an, aber Sie müssen auch auf darüber hinausgehende innenpolitische Aktionsfelder eingehen. Am Ende Ihrer Darstellung sollte eine Art Fazit stehen, das Bismarcks Doppelstrategie von Repression und Entgegenkommen beinhaltet. Die Aufgabe erfordert Leistungen im AFB II, was durch den Operator „charakterisieren" angezeigt wird.*

Um Bismarcks Innen- und Sozialpolitik zu verstehen, muss sein **Staatsverständnis** genauer betrachtet werden. Nachdem er auf dem Wege von „Eisen und Blut" mithilfe der sogenannten Einigungskriege den Weg zur Reichsgründung geebnet hatte, versuchte der Reichskanzler, den **deutschen Nationalstaat unter preußischer Führung** gegen äußere wie innere Feinde zu sichern. Im Fokus seines Misstrauens standen von Anfang an zwei Gruppen: die Arbeiterbewegung, die sich als **Sozialdemokratie** formierte, und der **politisch organisierte Katholizismus** in Gestalt der **Zentrumspartei**. Die Sozialisten gefährdeten die nationalen Interessen aus der Sicht Bismarcks, da sie durch die Internationale (fremd)bestimmt waren, und auch die deutschen Katholiken blickten zum Vatikan nach Rom und nicht allein nach Berlin. Wie reagierte Bismarck nun auf diese beiden innenpolitischen Herausforderungen?
Die Arbeiterbewegung sollte durch eine **Doppelstrategie** bekämpft werden: zum einen direkt, durch repressive Maßnahmen wie das **Sozialistengesetz**, zum anderen indirekt, durch eine neuartige **Sozialgesetzgebung** und die Einführung einer staatlich organisierten sozialen Grundsicherung, mit der er der politischen Arbeiterbewegung förmlich den Wind aus den Segeln nehmen konnte.
Die Regierung beobachtete mit Argwohn die zunehmenden **Wahlerfolge der Sozialdemokraten**, die noch dazu beim Zuschnitt der Wahlkreise benachteiligt wurden, und die wachsende Bedeutung der sich formierenden **Gewerkschaften**. Um eine rote Revolution zu verhindern, setzte man ein gesetzliches **Verbot von sozialistischen Organisationen und Parteiarbeit** durch (Sozialistengesetz 1878), das von repressiven Maßnahmen gegen Protagonisten der Arbeiterbewegung flankiert wurde. An den Wahlen durfte die Arbeiterpartei aber weiterhin teilnehmen. Das Ergebnis dieser Unterdrückungsmaßnahmen war für Bismarck ernüchternd: Die **Wahlerfolge** der Parteien, aus denen 1890 trotz eingeschränkter Parteiarbeit die SPD entstand, zeigte, dass die Arbeiter sich nicht ohne Weiteres von der Arbeiterbewegung separieren ließen, sie sich im Gegenteil enger

an die Partei banden. Folgerichtig wurde das Sozialistengesetz 1890 nicht verlängert.
Mehr Erfolg hatte Bismarck mit den Sozialgesetzen (ab 1883), die im Fall von **Krankheit, Unfall, Invalidität** oder **Alter** eine **Absicherung der Arbeiter** vorsahen. Vorher waren sie gegen die negativen Begleiterscheinungen der Industriearbeit nicht sozial abgesichert gewesen. Indem der Kanzler ihre soziale Not linderte, band er die Arbeiter auf gewisse Weise an den fürsorgenden Staat und versöhnte sie mit den Unternehmern – die Gefahr eines sozialistischen Klassenkampfes wurde dadurch minimiert. Zwar war das soziale Netz nicht so engmaschig wie heute, aber die Ansätze dazu hatten **Vorbildcharakter auch für andere Länder**. Bismarck konnte weitere Wahlerfolge der Sozialdemokraten nicht verhindern, doch die Gefahr einer zunehmenden Radikalisierung der Arbeiterschaft war zunächst gebannt.
Auch das **Zentrum** galt als Unsicherheitsfaktor, war die **ultramontane Orientierung** des deutschen Katholizismus doch schwer in Einklang zu bringen mit dem **Nationalismus des Kaiserreichs**, der Fremdeinflüsse wie jene des Papstes aus Rom auszuschalten versuchte. Daher suchte Bismarck nach Möglichkeiten, das Zentrum als **politischen Arm des Katholizismus** durch gesetzliche Maßnahmen zu schwächen. Hier sind die Einführung der Zivilehe und die staatliche Schulaufsicht genauso zu nennen wie der Kanzelparagraf, der es Geistlichen verbot, politische Botschaften in ihren Predigten von der Kanzel zu verkünden. Das Brotkorbgesetz strich widerspenstigen katholischen Einrichtungen staatliche Zuschüsse, die Ausbildung katholischer Geistlicher durfte nur noch an staatlichen Universitäten erfolgen. Wie auch im Zuge der Repressalien gegen die Sozialdemokratie blieb Bismarck der Erfolg versagt: Das Zentrum konnte seine politische Macht verteidigen, der sogenannte **Kulturkampf** der (preußisch-protestantisch geprägten) Reichsregierung gegen das Zentrum führte eher zu einer **Konsolidierung des politischen Katholizismus** im Kaiserreich.

Insgesamt erscheint Bismarcks Innenpolitik zwar aus Sicht des Jahres 1871 nachvollziehbar, er unterschätzte allerdings die Folgen seiner Angriffe gegen Sozialisten und Katholiken hinsichtlich des Solidarisierungseffekts in beiden Gruppen. So konnte er weder die Sozialdemokratie noch das Zentrum als politische Kraft entscheidend schwächen. In anderer Hinsicht war er erfolgreicher: Seine sozialpolitischen Maßnahmen trugen dazu bei, die **Lage der Arbeiterschaft** zu **verbessern**, dadurch weite Teile der **Industriearbeiter** in das Kaiserreich zu **integrieren** und die Gefahr einer **sozialistischen Revolution** zu **bannen**. Bismarcks Politik aus „Zuckerbrot und Peitsche" schuf allerdings gesellschaftliche Frontstellungen, die das Kaiserreich weiterhin prägten.

3. *Die Auseinandersetzung mit der infrage stehenden These erfordert eine eingehende Erörterung (AFB III). Erläutern Sie zunächst den Begriff „Wirtschaftswunder", bevor Sie die stabilsierenden Faktoren der frühen Bundesrepublik gewichten. Dabei sind unterschiedliche Ergebnisse möglich, die von Ihrer Argumentation abhängen. Ihr eigener begründeter Standpunkt muss deutlich wer-*

den. Eine multikausale Erklärung drängt sich aber in jedem Fall auf – wie bei allen komplexen historischen Entwicklungen, bei denen verschiedene Einflüsse zusammenlaufen.
Sie müssen nicht alle der folgenden Aspekte ausführen, sollten aber alle drei Bereiche der Aufgabenstellung (Wirtschaftswunder, politisches System, Außenpolitik) gebührend berücksichtigen.

Nachdem Überlegungen, Deutschland zu einem Agrarstaat zu machen (Morgenthau-Plan), verworfen worden waren und bei den West-Alliierten die Einbindung der Bundesrepublik in das westliche politische und wirtschaftliche Modell Konsens war, setzte ein rascher Aufschwung ein, der ohne Frage **wesentlich** zur Stabilität der deutschen Nachkriegsgesellschaft beitrug. Dabei wirkte gerade die Form der **sozialen Marktwirtschaft** besonders stabilisierend, betonte sie doch die Möglichkeit des sozialen Ausgleichs. Für den **Wiederaufbau** und das einsetzende Wirtschaftswunder waren ein hohes **Wirtschaftswachstum** ebenso kennzeichnend wie **Exportüberschüsse**, die bis heute die Wirtschaftskraft Deutschlands ausmachen, eine **niedrige Arbeitslosenquote**, **Währungsstabilität** und spürbare **Lohnzuwachsraten** mit der Folge eines zunehmenden **Massenkonsums**. Nicht zu unterschätzen ist auch die große Integrationsleistung im Zuge der **Eingliederung von ca. 14 Mio. Vertriebenen** in die Gesellschaft der Bundesrepublik. Innerhalb von nur zehn Jahren waren die Westdeutschen somit trotz auseinanderdriftender Einkommens- und Vermögensverhältnisse sowie der erst erforderlichen Etablierung des Zusammenspiels von Arbeitgebern und Gewerkschaften auf dem Weg zum allgemeinen Wohlstand ein großes Stück vorangekommen.
Daneben wirkten andere Faktoren stabilisierend auf die junge Bundesrepublik ein. Man hatte aus den Fehlern der Weimarer Verfassung und auch der unmittelbaren Vergangenheit gelernt: Ein nicht veränderbarer **Grundrechtekatalog** bildete das Fundament des Grundgesetzes, das die Prinzipien des Staates klar definiert: **Demokratie**, **Rechtsstaat**, **Sozialstaat** und **Föderalismus** sind die unumstößlichen Eckpfeiler der Bundesrepublik. Die verhängnisvollen Mängel der Weimarer Verfassung mit den Artikeln 25 und 48 – Auflösung des Reichstags und Notverordnungsrecht des Reichspräsidenten – wurden mit der nur mehr weitgehend **repräsentativen Rolle des Bundespräsidenten** bei **starker Stellung des Bundeskanzlers** und dem Instrument des **konstruktiven Misstrauensvotums** beseitigt. Zugleich errichtete man mit der **Fünf-Prozent-Hürde** eine Barriere für Splitterparteien, um die Mehrheitsbildung im Parlament zu fördern. Darüber hinaus erschwerte man – was heute mitunter kritisch gesehen wird – Formen der direkten Demokratie, um Demagogen und Populisten kein Instrument an die Hand zu geben. Verfassungsfeindliche Parteien können verboten werden – das umstrittene Verbotsverfahren gegen die NPD zeigt auch hier die Problematik des Umgangs mit den Feinden der Demokratie in einer liberalen Gesellschaft –, und über allem wacht als oberstes juristisches Organ das **Verfassungsgericht**.

Wichtig für die stabile Entwicklung der Bundesrepublik in der Ära Adenauer war sicher auch die erfolgreiche Außenpolitik mit der konsequenten **Westbindung**: Deutschlands Beitritt zur Montanunion (1951) und der Deutschlandvertrag mit den drei westlichen Besatzungsmächten (1952) waren erste Schritte, denen der Beitritt zur NATO (1955) und die Wiederbewaffnung folgten; die **Aussöhnung mit** dem „Erbfeind" **Frankreich** und nicht zuletzt die **Rückführung der Kriegsgefangenen** aus der Sowjetunion ließen die Deutschen in der Bundesrepublik in eine hoffnungsvolle Zukunft blicken. Dabei ist zu berücksichtigen, dass die konsequente Westbindung in der damaligen politischen Diskussion nicht unumstritten war, auch weil sie die Hoffnung auf ein vereintes Deutschland auf Jahrzehnte hinaus zunichte machte.

Es war sicher die Summe aller drei genannten Faktoren, die der Bundesrepublik in den 1950er-Jahren jenen Schub an **Selbstvertrauen** gab, der nötig war, um nach den beiden verheerenden Weltkriegen und dem Intermezzo der Weimarer Republik eine stabile demokratische Gesellschaft zu etablieren. Dass dabei die rasche wirtschaftliche Erholung, ja ein wahres „Wirtschaftswunder" besonders hilfreich war, steht außer Frage. Dass die Demokratie auch in wirtschaftlich heiklen Phasen stabil bleibt und dann die Sicherungen des Grundgesetzes und die Einbindung der Bundesrepublik in die westliche Gemeinschaft greifen – diese Bewährungsprobe hat die Bundesrepublik bislang bestanden.

Teilaufgabe	**AFB I**	**AFB II**	**AFB III**	**BE**
1	25			25
2	5	35		40
3		5	30	35
Summe	30	40	30	100

Hessen – Geschichte – Leistungskurs – 2013
Vorschlag B

Thema: *Staatliche Unterdrückung im Vergleich (1815–1848, 1933–1934)*

Aufgaben

1.1 Beschreiben Sie auf der Grundlage der vorliegenden Materialien 1 und 2 die Ereignisse um den „Dortmunder General-Anzeiger“ am 20. und 21. 4. 1933. (25 BE)

1.2 Ordnen Sie die Ereignisse um den „Dortmunder General-Anzeiger“ am 20. und 21. 4. 1933 (Material 1 und 2) in den historischen Kontext (1933/34) ein. (20 BE)

2. Vergleichen Sie die nationalsozialistische Repressionspolitik (1933/34) mit derjenigen des Deutschen Bundes zwischen 1815 und 1848. (30 BE)

3. Am 1. 10. 2008 wurde vor dem ehemaligen Wohnhaus Emil Stumpps in Worms ein sogenannter „Stolperstein“ für ihn verlegt. Stolpersteine sind in den Bürgersteig eingelassene Gedenksteine, die als künstlerisches Projekt an Verfolgte bzw. Opfer des nationalsozialistischen Unrechtsregimes erinnern sollen.
Verfassen Sie einen Zeitungskommentar für die Wormser Lokalzeitung, in dem Sie begründen, weshalb es angemessen ist, Emil Stumpp einen solchen „Stolperstein“ zu setzen. (25 BE)

Hinweise zu den Materialien:
Emil Stumpp (1886–1941), während der Weimarer Republik einer der bekanntesten deutschen Pressezeichner, Demokrat und Republikaner, 1933 Berufsverbot, 1940 wegen antifaschistischer Äußerungen denunziert und verhaftet, zu einem Jahr Gefängnis verurteilt, an den Folgen der Haftbedingungen am 5. 4. 1941 gestorben; heute fast in Vergessenheit geraten

„Dortmunder General-Anzeiger“ (vollständiger Name: „General-Anzeiger für Dortmund und das gesamte rheinisch-westfälische Industriegebiet“), demokratische Tageszeitung mit der größten Auflage außerhalb Berlins (Auflage 1929: 250 000), die sich unter Leitung des Chefredakteurs Jakob Stöcker (seit 1929) u. a. im Kampf gegen den Aufstieg des Nationalsozialismus profilierte

Die Rechtschreibung der Materialien entspricht den Textvorlagen.

Material 1

Titelseite des „Dortmunder General-Anzeigers“ vom 20. 4. 1933

Nach dem Leben gezeichnet von E. Stumpp
[= Original-Bildunterschrift]

Der Schöpfer des Hitlerbildes, *Emil Stumpp*, der Spezialzeichner des Dortmunder General-Anzeigers, dem fast alle prominenten Staatsmänner „gesessen“ oder „gestanden“ haben, schreibt uns: Den Auftrag, den Reichskanzler Adolf Hitler und „seine Leute“ vor meinen Zeichenstift zu kriegen, habe ich zum Teil schon erledigt. Hohe Protektion[1] verschaffte mir die Gelegenheit, den Reichskanzler beim SA-Appell am Samstag, 8. April, zu zeichnen. Das Bild fand die Anerkennung seiner Umgebung.

In diesem Falle lege ich Wert darauf, das zu betonen, weil er auf meinem Bilde etwas anders aussieht als auf den überall in den Schaufenstern befindlichen Photos. Er hat sich seit einem Jahr, als ich ihn zum erstenmal in politischen Versammlungen skizzierte, wirklich erheblich verändert. Entscheidend ist aber, daß Hitler beim Reden immer anders aussieht, als im gewöhnlichen Leben. Ich habe noch kaum einen Menschen getroffen, bei dem dieser Unterschied so kraß hervorträte. –

Reichspropagandaminister Dr. *Joseph Goebbels* hat mir seine Unterschrift zum Goebbelskopf meiner Auffassung gegeben, ebenso der Vorsitzende des Kampfbundes für deutsche Kultur, *Hinkel*, und der Generalintendant des Deutschlandsenders, *Stoffregen*, usw.

Dortmunder General-Anzeiger, 45. Jg., Nr. 107, 20. 4. 1933, S. 1.

1 Protektion, hier: Vermittlung durch einflussreiche Persönlichkeiten

Material 2

Titelseite des „Dortmunder General-Anzeigers“ vom 21. 4. 1933

Der „General-Anzeiger“ im Dienst der nationalsozialistischen Revolution

Die Folgen einer schamlosen Verächtlichmachung des Führers/Polizeipräsident Schepmann[1] *greift ein*

Polizeiaktion erzwingt Säuberung/Die „Rote Erde“[2] *übernimmt im Interesse der Arbeiter und Angestellten und im Interesse der journalistischen Sauberkeit die Führung*

Der Dortmunder Polizeipräsident hat auf Grund der §§ 14, 41 und 53 des Polizeiverwaltungsgesetzes in Verbindung mit § 7 der Notverordnung des Herrn Reichspräsidenten zum Schutze des deutschen Volkes die Ausgabe Nr. 107 vom 20. 4. 1933 des „Dortmunder General-Anzeigers“ beschlagnahmt. Noch Nachmittags wurde in der Druckerei ein Reservebestand von etwa 20 000 Exemplaren sichergestellt.

Der Redakteur *Westhoff* wurde in Schutzhaft genommen.

SA. hält das Druckereigebäude besetzt. Veranlassung zu der Aktion gab eine sich auf dem Titelblatt der Zeitung befindliche Zeichnung des Reichskanzlers – ausgeführt von dem Zeichner Stumpp – die dem Gesichtsausdruck Adolf Hitlers in böswilliger Absicht einen entstellenden und ins Gemeine zielenden Ausdruck verleiht. [...]

Um zu verhindern, daß die beim „General-Anzeiger“ beschäftigten Arbeiter und Angestellten brotlos werden, hat der Dortmunder Polizeipräsident den Chefredakteur der „Roten Erde“ beauftragt, die Leitung des Betriebes zu übernehmen.

*

Die Polizeiaktion, die sich im übrigen in disziplinierter Ordnung und vollkommener Ruhe vollzog, war notwendig geworden, weil die bis jetzt verantwortliche Redaktionsleitung des „General-Anzeigers“ in Verkennung und Mißachtung der nationalen Gefühle des deutschen Volkes das Bild des Zeichners Emil Stumpp veröffentlicht hat.

Diese Zeichnung zeigt den Führer mit niedriger Stirn, fliehendem Kinn und mit einem Gesichtsausdruck, der auf niedrige Instinkte hinweist, was hinsichtlich des edlen Charakters Adolf Hitlers als eine ungewöhnliche Verhöhnung anzusprechen ist. Die große Liebe und Verehrung, deren sich der Führer der nationalsozialistischen Freiheitsbewegung in wachsendem Maße bei den großen Massen des Volkes erfreut, und die gerade an seinem Ehrentage[3] durch die mannigfachigen Kundgebungen und sonstigen Beweise sinnfällig zum Ausdruck gekommen sind, konnten auf keinen Fall eine so offensichtliche Verhöhnung des Volkskanzlers ertragen. Eine Ueberlegung, ob Zeichnungen jemals absolut ähnlich sein können, konnte hier nicht am Platze sein.

Es kommt auf die Wirkung an!

Und hier ist zu sagen, daß die Wirkung geradezu verheerend ausgefallen ist. [...]

Was die Beschlagnahme der 20 000 Exemplare der Nr. 107 des G[eneral-]A[nzeigers] angeht, so muß aus dem Vorhandensein dieses ungewöhnlich großen Reservebestandes in vorgerückter Tagesstunde die Schlußfolgerung gezogen werden, daß diese Exemplare für defaitistische[4] Zwecke im Ausland bestimmt waren. [...]

Abschließend ist zu der ganzen Aktion zu bemerken, daß der „Dortmunder General-Anzeiger“ unter der neuen Führung wieder zu einem sauberen Machtfaktor der deutschen Presse ausgebaut werden wird.

Der Führer, wie ihn jeder kennt und wie ihn alle lieben....
[= Original-Bildunterschrift]

Dortmunder General-Anzeiger, 45. Jg., Nr. 108, 21. 4. 1933, S. 1.

Hinweis zu Material 2:
Das Foto findet sich auf der Titelseite, aber nicht direkt unter dem hier abgedruckten Artikel.

1 Im Februar 1933 wurde Wilhelm Schepmann (1894–1970) zum Polizeipräsidenten von Dortmund ernannt.
2 Die „Westfälische Landeszeitung – Rote Erde“ war das amtliche Organ der NSDAP im „Gau Westfalen Süd“ mit Sitz in Bochum.
3 Am 20. 4. 1933 wurde Adolf Hitler 44 Jahre alt.
4 defaitistische, hier: zersetzende, die Interessen des Reiches erheblich störende

Lösungsvorschläge

Inhaltliche Schwerpunkte:
Die Aufgabe hat den Schwerpunkt „Weimarer Demokratie versus nationalsozialistischer Führerstaat", besonders die Stichworte „Der völkische Staat: Ideologie und Wirklichkeit, Zerschlagung des demokratischen Rechtsstaats; Terror und Propaganda; der Prozess der Gleichschaltung; die Situation ausgegrenzter und verfolgter Minderheiten" (Q 2). Der kursübergreifende Bezug wird über den thematischen Schwerpunkt „Die großen Revolutionen und ihre Folgen", insbesondere das Stichwort „Restauration und Vormärz" hergestellt (Q 1).

1.1 *Die Geschehnisse des 20. und des 21. April 1933 im Zusammenhang mit der Veröffentlichung des Hitler-Porträts von Emil Stumpp sollen anhand beider Texte, aber auch beider Bildmaterialien, knapp rekonstruiert werden. Dabei können Textzitate einfließen, diese sollten aber gekennzeichnet werden. Die Strukturierung ergibt sich aus der Chronologie der Ereignisse (AFB I).*

Am 20. April 1933 erscheint aus Anlass des 44. Geburtstags von Reichskanzler Adolf Hitler auf der Titelseite des „Dortmunder General-Anzeigers" – bis dahin eine der größten **demokratischen Tageszeitungen** Deutschlands – ein „nach dem Leben" gezeichnetes, sehr realistisches **Hitler-Porträt** von **Emil Stumpp**, (siehe Material 1) einem der bekanntesten Pressezeichner der Weimarer Republik.
Stumpp versieht seine Zeichnung **mit eigenen Erläuterungen**. Er betont, dass Hitler auf diesem Porträt „etwas anders aussieht" (Z. 7 f.) als auf den üblichen Schaufenster-Fotos (vgl. Z. 8). Er erklärt diesen Umstand mit der Entstehung der Zeichnung bei einem kurz zuvor stattgefundenen SA-Appell. **Hitlers Äußeres** habe sich in letzter Zeit stark **verändert**; außerdem sehe er beim Reden immer anders aus „als im gewöhnlichen Leben" (Z. 11).
Im Übrigen hätten auch andere hohe NS-Funktionäre, darunter Josef Goebbels, sich von ihm, Stumpp, porträtieren lassen und seien mit dem Ergebnis sehr zufrieden gewesen.

Am folgenden Tag, dem 21. 4. 1933, erscheint der „Dortmunder General-Anzeiger" mit dem in Material 2 wiedergegebenen, idealisierenden Hitlerfoto auf der Titelseite und der Titelzeile: „Der General-Anzeiger im Dienst der nationalsozialistischen Revolution" (Z. 1).
Der seit dem Februar 1933 amtierende neue Dortmunder Polizeipräsident, so wird berichtet, hatte aufgrund des Polizeiverwaltungsgesetzes und einer Notverordnung des Reichspräsidenten, also rechtlich abgesichert, die **Ausgabe des General-Anzeigers** vom Vortage **beschlagnahmen** und den Chefredakteur in „Schutzhaft" nehmen lassen. Die Redaktionsleitung des General-Anzeigers sei von der Chefredaktion der „Roten Erde", dem amtlichen Organ der NSDAP in Westfalen, übernommen worden. Das **Druckereigebäude** habe die SA **besetzt**.
Diese **Polizeiaktion** sei notwendig geworden, weil durch die Veröffentlichung von Stumpps Hitler-Porträt die „Gefühle des deutschen Volkes verletzt"

(Z. 22 f.) und der **Führer** in schamloser Weise **verächtlich gemacht** worden seien.
Der Führer werde dort mit niedriger Stirn und fliehendem Kinn dargestellt, sein Gesichtsausdruck weise auf **niedrige Instinkte** hin; angesichts von Hitlers bekanntermaßen edlem Charakter müsse dies als „ungewöhnliche Verhöhnung" (Z. 26) angesehen werden.
In der Druckerei seien 20 000 Reserveexemplare sichergestellt worden. Man gehe davon aus, dass dieser ungewöhnlich hohe Bestand für „defaitistische" (Z. 38) **Auslandspropaganda** bestimmt gewesen sei.

1.2 *Hier soll das Geschehen um den „Dortmunder General-Anzeiger" in den Gesamtzusammenhang der nationalsozialistischen Gleichschaltung der Jahre 1933 und 1934 eingeordnet werden. Es sollte dabei darauf geachtet werden, dass keine reine Aufzählung von Ereignissen entsteht, sondern deren innerer Zusammenhang deutlich gemacht wird (AFB II).*

Die Dortmunder Polizeiaktion vom 21. April 1933 war ein Glied in einer langen Kette von **scheinlegalen und gewaltsamen Maßnahmen**, durch die die Nationalsozialisten nach der Übertragung des Kanzleramtes auf Adolf Hitler am 30. Januar 1933 **innerhalb von etwa eineinhalb Jahren** ihre Macht auf alle Politikbereiche ausdehnten und **eine pluralistisch demokratische Republik in einen totalitären Führerstaat verwandelten**.
Die Illusionen der konservativen Regierungsmitglieder, man könne Hitler durch eine Überzahl nicht nationalsozialistischer Minister „einmauern", „zähmen" oder gar „an die Wand drücken", zerstoben im Frühjahr 1933 ebenso rasch wie die Hoffnung der Kommunisten, Hitler nach wenigen Monaten erwiesener Unfähigkeit im Amt zu beerben.
Stattdessen verschaffte der Reichstagsbrand vom 28. Februar 1933 Hitler/Hindenburg die Gelegenheit, unter dem Vorwand eines drohenden kommunistischen Aufstandes mit der **Reichstagsbrandverordnung** die **Grundrechte außer Kraft** zu setzen und zum **Generalangriff auf die Opposition** zu blasen. Kommunisten, Sozialdemokraten und Gewerkschafter sowie Regimegegner jeglicher Couleur erfuhren von da an den **Terror** der nunmehr mit Polizeigewalt ausgestatteten SA-Schergen.
Nachdem die teilweise unter offener Gewalt durchgeführten **Neuwahlen vom 5. März** dennoch nicht die erhoffte absolute Mehrheit für die Nationalsozialisten erbrachten, befreite das unter Drohungen Hitlers mit 2/3-Mehrheit verabschiedete **Ermächtigungsgesetz** vom 23. März Hitler endgültig von der Kontrolle des Reichstags und jedweder Einschränkung durch die Bestimmungen der **Weimarer Verfassung**, die damit **faktisch außer Kraft gesetzt** war.
So konnte bereits im April die **Gleichschaltung der Länder**, also die Aufhebung ihrer Eigenständigkeit, beginnen und damit die Liquidation der föderalen Traditionen des Deutschen Reiches.

Unter der verschleiernden Parole einer „**Wiederherstellung des Berufsbeamtentums**“ begann noch im gleichen Monat die Säuberung des öffentlichen Dienstes, also die Entfernung von Nicht-Ariern und politisch „unzuverlässigen Elementen“ aus dem Staatsdienst.
Am 2. Mai folgte der Sturm der SA auf die Gewerkschaftshäuser und damit die **Zerschlagung der Gewerkschaften**, deren Vermögen der NS-geführten Deutschen Arbeitsfront (DAF) überschrieben wurde.
Die Verwirklichung des großen Gleichschaltungsplans erreichte im Juni 1933 einen neuen Höhepunkt mit dem unter dem lächerlichen Vorwand landesverräterischer Beziehungen erfolgten **Verbot der SPD**; diesem Verbot folgte schon im Juli unter dem Druck des Regimes die „freiwillige“ **Selbstauflösung aller anderen Parteien**. So wurde am Ende des Jahres 1933 die NSDAP zur alleinigen Staatspartei. Ein Gesetz verkündete die „**Einheit von Partei und Staat**“.
Im Sept./Okt. 1933 wurden mit dem „Schriftleitergesetz“ und der Gründung einer staatlichen „**Reichskulturkammer**“ Presse, Kunst und Kultur offiziell gleichgeschaltet.
Material 2 zeigt allerdings sehr deutlich, dass die Unterwerfung der Medien unter die Gewalt des Regimes faktisch meist schon viel früher erfolgt war.
Anfang Juni 1934 wurde deutlich, dass aus der Sicht Hitlers inzwischen auch eine Partei-Organisation, die für den Aufstieg der NSDAP unentbehrlich gewesen war, nun aber ihren Anteil an der Macht einforderte, diszipliniert und gleichgeschaltet werden sollte: die SA. Hitler ließ den Führer der SA Ernst Röhm, seinen einstigen Duzfreund, kaltblütig von der SS liquidieren, schaltete so einen lästig gewordenen Rivalen aus, benutzte den „**Röhm-Putsch**“ außerdem zur mörderischen Abrechnung mit einer Reihe weiterer politischer Gegner und erklärte sich anschließend selbst in einer Rundfunkrede zu „Deutschlands oberstem Richter“.
Einen vorläufigen Abschluss fanden der Prozess der Gleichschaltung und die Transformation der demokratischen Republik zum **totalen Führerstaat** nach dem Tod des Reichspräsidenten Hindenburg im August 1934. Hitler **vereinigte die Befugnisse der Ämter des Reichskanzlers und des Reichspräsidenten** in seiner Person und ließ die **Reichswehr auf sich persönlich vereidigen**. Damit hatte er auch die bewaffnete Macht des Reiches unter sein Kommando gezwungen.

2. *Die Gegenüberstellung der nationalsozialistischen Repressionspolitik mit der des Deutschen Bundes kann nur sinnvoll erfolgen, wenn zuvor die Gesichtspunkte entwickelt, genannt und begründet werden, unter denen die Untersuchung erfolgen soll. Sodann können Unterschiede, Ähnlichkeiten und gegebenenfalls Gemeinsamkeiten zwischen beiden Epochen aufgezeigt werden.*
Die Einzigartigkeit der nationalsozialistischen Repression im Sinne eines Zivilisationsbruchs, einer Abkehr vom humanistischen Grundkonsens der Menschheit, sollte bei diesem Vergleich deutlich werden (AFB II).

Ein Vergleich der Repressionspolitik der Nationalsozialisten in den Jahren 1933/34 mit der Repressionspolitik des Deutschen Bundes zwischen 1815 und 1848 wird neben einigen eher formalen Ähnlichkeiten vor allem **Unterschiede und Gegensätze** zutage fördern. Die entscheidenden Differenzen resultieren aus der krassen Gegensätzlichkeit der ideologischen Grundlagen beider Systeme.

Ideologische Grundlagen

Beim Nationalsozialismus haben wir es mit einer zutiefst **antihumanistischen Ideologie** zu tun, die auf der Grundlage von Rassismus und Antisemitismus in Deutschland einen militärisch hochgerüsteten **totalitären Führerstaat** errichtet. Die durch Propaganda und Terror gleichgeschalteten und mobilisierten deutschen Volksmassen sollen das Substrat liefern für die Verwirklichung des Ziels der **Weltherrschaft der Arier** über alle anderen, entsprechend der NS-Ideologie rassisch minderwertigen Völker. Eines der Hauptziele dieser Ideologie ist von Anfang an die **Vertreibung und Vernichtung der Juden** als der angeblich größten Bedrohung dieses arischen Herrschaftsanspruchs.

Die ideologische Grundlage der Restaurationspolitik des Deutschen Bundes lässt sich demgegenüber mit den Begriffen „Legitimität" und „Autorität" bestimmen. Die auf dem Wiener Kongress 1815 nach dem Sieg über das revolutionäre Frankreich versammelten Staatsmänner gehen im Geiste eines restaurativ verstandenen Christentums davon aus, dass nur die überkommenen europäischen Fürstenhäuser sich auf das Gottesgnadentum berufen und damit legitime Autorität beanspruchen können. Anders, also etwa revolutionär oder demokratisch, lasse Herrschaft sich nicht begründen. Eine derart usurpierte gottlose Herrschaft führe vielmehr unweigerlich in Chaos und Verderben.
Auf dieser Grundlage beschließt der Wiener Kongress die **Wiederherstellung** und Verteidigung der **absolutistischen Fürstenherrschaft** in Europa gegen die Kräfte des Liberalismus und Nationalismus. Eine **europäische Pentarchie** wird errichtet, die das machtpolitische Gleichgewicht und damit den Frieden in Europa erhalten soll.

Staatliche Rahmenbedingungen

Eine weitere spezifische Differenz zwischen den repressiven Maßnahmen des Deutschen Bundes und der Repressionspolitik der Nationalsozialisten ergibt sich aus den sehr unterschiedlichen staatlichen Rahmenbedingungen.
Mit dem Deutschen Bund ist bekanntlich, sehr zum Verdruss der deutschen Nationalbewegung, **kein deutscher Nationalstaat** entstanden, sondern nur ein recht lockerer Staatenbund mit nur wenigen gemeinsamen Institutionen wie etwa der „Bundesversammlung" in Frankfurt, die allerdings als ein Treffen von Gesandten mit fürstlichen Instruktionen nicht mit einem Parlament verwechselt werden darf. Beschlüsse können zudem nur mit Zwei-Drittel-Mehrheit gefasst werden.
Die Regierungsgewalt wird in den sehr auf ihre Selbstständigkeit bedachten Einzelstaaten des Bundes deshalb auch auf sehr unterschiedliche Art wahrgenommen. Während etwa Preußen und Österreich das vom Wiener Kongress gegebene Verfassungsversprechen ignorieren, gewähren die meisten süddeut-

schen Fürsten ihren Untertanen sog. **landständische Verfassungen** und beteiligen so zumindest das Bürgertum an der Gesetzgebung.
Auch die Repressionspolitik, die den **Karlsbader Beschlüssen** folgt, wird in den liberaleren süddeutschen Staaten weniger rigide ins Werk gesetzt als etwa in Preußen. Einzelne in Preußen oder Österreich verfolgte „Demagogen" können sogar in den süddeutschen Staaten unterschlüpfen.
Im Jahre 1933 dagegen, als die Nationalsozialisten ihre Politik der Zerschlagung der Opposition zum Zwecke der Gewinnung totaler Macht beginnen, ist aus dem zersplitterten Deutschland durch Bismarcks Reichseinigung und die nach der Novemberrevolution von 1918 zustande gekommene Weimarer Verfassung bereits ein weitgehend **zentral regierter Nationalstaat** geworden und Hitler kann seine Repressionspolitik in allen Reichsteilen einheitlich umsetzen. Die Reste der föderalen Eigenständigkeit der Länder werden mithilfe der Reichstagsbrandverordnung und dem Gesetz über die Gleichschaltung der Länder ohne wirklichen Widerstand der entmachteten Reichsländer beseitigt.

Mittel, Maßnahmen und Wirkungen der Repressionspolitik

Die bereits in 1.2 beschriebenen legislativen und administrativen Maßnahmen der Nationalsozialisten mit dem expliziten Ziel der **Gleichschaltung** der Deutschen werden in den Jahren 1933 und 1934 stetig begleitet, ergänzt und verstärkt durch den **offenen Terror**, den das Regime gegen seine Gegner und Kritiker, also Kommunisten, Sozialdemokraten, Gewerkschafter, aber auch christliche und konservative Regimekritiker ausübt. Dieser Terror umfasst unzählige Mordtaten, schwerste körperliche Misshandlungen in den nationalsozialistischen Folterkellern, willkürliche Freiheitsberaubung und wochenlanges Wegsperren in einer Vielzahl wilder Konzentrationslager, ständige Hetze und schwerste Diskriminierungen durch die von Goebbels gleichgeschalteten Medien des Regimes und – wo immer es nötig und zweckmäßig erscheint: die Drohung mit und die Anwendung von grenzenloser physischer Gewalt.
Das Resultat der nationalsozialistischen Repressionspolitik der Jahre 33/34 ist die **Überwältigung der Opposition** und die **Errichtung eines Einparteienstaates**. Nicht wenige Regimegegner werden durch Ermordung oder schwerste Misshandlung zum Verstummen gebracht, viele **fliehen ins Ausland**, um sich der Verfolgung zu entziehen, manche gehen in die sog. „**innere Emigration**" und versuchen so zu überleben, nicht wenige lassen sich einschüchtern oder passen sich an und geben den Kampf angesichts der Aussichtslosigkeit auf; die Verführungskraft der NS-Propaganda und scheinbare Erfolge des Regimes scheinen Hitler Recht zu geben.
Im August 1934 jedenfalls sitzt Hitler fest im Sattel. Der totalitäre Führerstaat ist etabliert, die Verfassung der Weimarer Republik ist de facto außer Kraft. Der organisierte Widerstand ist zerschlagen, individuelle Regimegegner, die es vereinzelt noch gibt, werden der Gestapo überstellt.
Verglichen damit repräsentiert die Unterdrückungspolitik des Deutschen Bundes in ihrer wenig zentralisierten, manchmal zögerlichen und zumeist doch

gesetzesförmigen Vorgehensweise ein autoritäres, aber noch nicht totalitäres Stadium der Politik.
Ihre Grundlage ist die **Furcht der Herrschenden** vor einer Wiederholung der Französischen Revolution und ihrer Gewaltexzesse auf deutschem Boden; veranlasst wird sie durch friedliche Kundgebungen wie etwa das **Wartburgfest** der Burschenschaften im Jahre 1817 oder das **Hambacher Fest** der deutschen national-liberalen Bewegung im Jahre 1832, aber auch durch vereinzelte Gewaltaktionen wie etwa das Attentat eines mit den Burschenschaften sympathisierenden Studenten auf den konservativen Schriftsteller **August Kotzebue** im März 1819 oder den **Frankfurter Wachensturm** aus dem Jahre 1833, mit dem Marburger und Heidelberger Studenten ein revolutionäres Fanal für nationale Einheit und Freiheit setzen wollen.
Die Reaktion der Obrigkeit wird mit den **Karlsbader Beschlüssen** vom August 1819 von dem österreichischen Staatskanzler Metternich, der den Vorsitz im Deutschen Bunde führt, initiiert. Diese zunächst auf einem Ministertreffen im böhmischen Karlsbad gefassten und später von der Frankfurter Bundesversammlung bestätigten Beschlüsse ermächtigten die Obrigkeit zu folgenden **repressiven Maßnahmen**:

- Verbot der 1817 auf der Wartburg gegründeten Deutschen Burschenschaften,
- Überwachung der deutschen Universitäten durch „Sonderbeauftragte“,
- Relegation von liberal oder national denkenden Professoren von ihren Universitäten,
- Exmatrikulation von verdächtigen Studenten und Studienverbot im gesamten Bundesgebiet,
- Verschärfung der Pressezensur,
- Androhung und Verhängung von Haftstrafen für Publizisten, Schriftsteller und Drucker bei Veröffentlichung national-liberaler Schriften (Demagogenverfolgungen).

Die im Zuge der Karlsbader Beschlüsse von den Mitgliedsstaaten des Bundes, wenn auch mit unterschiedlicher Härte und Konsequenz, eingeleiteten repressiven Maßnahmen sind durchaus wirkungsvoll. Die liberale und nationale Bewegung wird vorübergehend gelähmt; viele Aktivisten treten den **Rückzug ins private „Biedermeier“** an und verzichten vorerst auf öffentliche Artikulation von Kritik an den herrschenden Zuständen. Andere **emigrieren** ins Ausland, vor allem in die USA, um sich der Verfolgung zu entziehen: aber auch England und Frankreich bieten deutschen Flüchtlingen Asyl. Wieder andere versuchen der Zensur durch **Verschlüsselung oder Verkleidung ihrer Kritik** ein Schnippchen zu schlagen.
Insgesamt aber gelingt es der Unterdrückungspolitik der Fürsten weder im Deutschen Bund noch in anderen Teilen Europas, die liberalen und nationalen Bewegungen dauerhaft und nachhaltig zu zerschlagen. Ereignisse wie das **Hambacher Fest** von 1832, eine als Volksfest getarnte Großdemonstration der liberalen Bewegung in der Pfalz, oder das Aufbegehren der **Göttinger Sieben** von

1837 gegen den Verfassungsbruch ihres Fürsten, beweisen vielmehr, dass die liberale Bewegung Bestand hat und dass es nur eines Anstoßes wie der **Pariser Februarrevolution** von **1848** bedarf, um sie wieder machtvoll auf den Plan zu rufen.

3. *Hier sollen Sie eigene bewertende Gedanken zur Methode der Aufarbeitung von Geschichte vermittels Stolpersteinen entwickeln. Der Bewertung sollten eine kurze Zusammenfassung des Geschehens und eine kurze Charakterisierung der Person, an die erinnert wird, vorausgehen (AFB III).*

Gestern, am 1. Oktober 2008, wurde im Auftrag des Wormser Geschichtsvereins vor dem ehemaligen Wohnhaus von Emil Stumpp in der Pfauenpforte 9 ein Stolperstein verlegt. Damit soll an einen leider fast vergessenen, dennoch aber sehr bedeutenden ehemaligen Bewohner unserer Stadt erinnert werden.
Emil Stumpp (1886–1941) war einer der bekanntesten Pressezeichner der Weimarer Republik.
Am 20. April 1933 veröffentlichte er im Dortmunder General-Anzeiger ein sehr realistisches Porträt des Reichskanzlers Adolf Hitler, das diesem und den NS-Propagandisten missfiel. Daraufhin wurde die Druckerei der Zeitung von der SA besetzt, die Restauflage des Blattes beschlagnahmt, der Chefredakteur des General-Anzeigers verhaftet und durch einen Nationalsozialisten ersetzt. Der Zeichner Emil Stumpp erhielt Berufsverbot.
Einige Jahre später wurde Stumpp wegen regimekritischer Äußerungen denunziert und von einem Königsberger Gericht zu einer Gefängnisstrafe verurteilt; er starb 1941 in der Strafanstalt an den Folgen der Haft.
Der Stolperstein erinnert nach über 60 Jahren an einen mutigen und unbeugsamen Kämpfer gegen das mörderische nationalsozialistische Unrechtsregime.
In vielen deutschen Städten werden seit einigen Jahren solche Stolpersteine zur Erinnerung an die unzähligen, aber immer einzigartigen Opfer nationalsozialistischen Unrechts verlegt. Diese Erinnerungsarbeit erscheint mehr als angebracht und bitter nötig angesichts des Erstarkens des Rechtsextremismus in manchen Teilen unseres Landes und der unsäglichen Stammtischparolen, die fordern, dass endlich ein Schlussstrich unter das Kapitel Nationalsozialismus gezogen werde.

Teilaufgabe	AFB I	AFB II	AFB III	BE
1.1	20	5		25
1.2	5	15		20
2	5	15	10	30
3		5	20	25
Summe	30	40	30	100

Hessen – Geschichte – Leistungskurs – 2013
Vorschlag C

Thema: *Frauenbilder in der Bundesrepublik und in der Weimarer Republik*

Aufgaben

1. Beschreiben Sie den Standpunkt Gabriele Streckers. (Material 1) (25 BE)

2.1 Ordnen Sie Streckers Frauenbild (Material 1) der politischen wie gesellschaftlichen Stellung der Frau in der Adenauer-Zeit zu. (20 BE)

2.2 Setzen Sie die Stellung der Frau in der Adenauer-Zeit in Beziehung zu der in der Weimarer Republik sich abzeichnenden Tendenz, traditionelle Geschlechterrollen aufzubrechen. (20 BE)

3. Überprüfen Sie, inwiefern das vermittelte Frauen-/Männerbild der Werbeannonce (Material 2) eher den Vorstellungen Streckers oder denen der feministischen Bewegung der 1960er- und 1970er-Jahre entspricht bzw. diese vorwegnimmt. (35 BE)

Hinweis: Gabriele Strecker (1904–1983), Leiterin des Frankfurter Frauenfunks, Mitglied der CDU

Die Rechtschreibung entspricht der Textvorlage.

Material 1

Gabriele Strecker – Die Hausfrau (1949)

[…] Und nun liest und hört man von Bestrebungen, die Hausfrauenarbeit der außerhäuslichen Berufsarbeit der Frau gleichzusetzen, ihr gewissermaßen gesetzliche Anerkennung zu verleihen. Damit möchte man so etwas wie einen Stand der Hausfrauen schaffen und als folgerichtige Entwicklung aus diesen Überlegungen will man sogar ein Hausfrauenexamen den bisher von Examen unbehelligten Hausfrauen aufhalsen. Es ist in diesem Zusammenhang verständlich, daß die Hausfrauenverbände wieder aufleben, und kaum erstaunlich, daß sie regen Zuspruch finden und ein nachhaltigeres Echo erwecken als etwa die Frauenorganisationen, die die Frauen zu Staatsbürgerinnen machen wollen.

… Wie stehen die Hausfrauen heute innerlich zur Hausfrauenarbeit? Wenn man mit vielen Hausfrauen gesprochen hat, muß man zu dem Ergebnis kommen, daß im tiefsten Grunde die Frauen heute die Hausfrauenarbeit nicht mehr so bedingungslos verrichten wollen wie unsere Mütter und Großmütter. Man will zwar Hausfrau, Ehefrau, Mutter sein, aber man möchte nicht immer den Boden putzen, einkaufen und die mühevolle Kleinarbeit verrichten, die unscheinbaren Dienste ableisten im eintönigen und doch so gespannten Tagesablauf, in dem das Leben der Hausfrau – im günstigsten Fall – sang- und klanglos verrinnt. […] Auch alles Reden und Planen von Hausfrauenexamen und zukünftigem Vereinfachen sagt nur aus, daß man ein Haar in der

Suppe gefunden hat und daß man kaum mehr mit der gläubigen Unschuld des bürgerlichen Zeitalters „als züchtige Hausfrau und Mutter der Kinder"[1] wird walten können, wenn rings herum der Druck einer andern Schicht von Frauen, der berufstätigen Frauen, psychologisch auf den Hausfrauen lastet. …

Über den Wert und die lebensnotwendige Bedeutung der Hausarbeit besteht kein Zweifel. Wenn Zweifel am Platz ist, dann an gewissen Auswüchsen, an überlebten Formen, die sich speziell in Deutschland entwickelt haben. Hier liegt eine große Aufgabe vor den deutschen Hausfrauen: mehr sein, mehr Persönlichkeit sein, die beschlagen und unterrichtet ist, die sich selbst das Leben aussucht und nicht mehr lediglich durch Mann und Kinder hereintragen läßt, also weniger tun an Kram, mehr Zeit haben für den Mann, mehr für sich selbst, mehr Liebe zu sich selbst, und was kann das anderes sein als rechte Entspanntheit. Weg vom Kult der Dinge, hin zur Hingabe an die Menschen, innerliche Aufgeräumtheit vor aufgeräumte Schubladen setzen. Man gebe dem Haushalt, was des Haushalts ist[2], und das ist heute weniger als vor vierzig Jahren. Man gebe dem Leben, was des Lebens ist, und das heißt am Geschehen der Zeit lebendig teilnehmen und persönliche Verantwortlichkeit fühlen für alles, was geschieht. Die Hausfrauen sollten die Fähigkeiten zu entwickeln suchen, die erfahrungsgemäß bei der reinen Hausfrauentätigkeit abzusterben drohen: die Lust, etwas anderes zu sehen und zu hören, Teilnahme am öffentlichen Leben, der Drang, Zusammenhänge zu erkennen, sich mit wirtschaftlichen Fragen vertraut zu machen, mit einem Wort, sie müßten reifen an den Zuständen und Menschen außerhalb ihres Kreises. Weil die Hausfrauen das in den letzten Jahrzehnten versäumt haben, kann man manche erschütternde Tragödie gerade älterer Hausfrauen erleben, die nun auf sich selbst gestellt, ohne Berufsausbildung, ohne Berufstraining hilflos auch vor leichter Tätigkeit in abhängigen Stellungen stehen. […] Wer könnte wagen zu sagen, die Hausfrau sei mehr oder weniger wert als die berufstätige Frau? In der Ordnung der Welt haben beide ihren Platz. Zum Wesen des Lebens gehört aber die Veränderung. Und eine unerbittliche Entwicklung hat die Frau in das Erwerbsleben getrieben – zu ihrem Schaden, zu ihrem Nutzen? Aber von Zeit zu Zeit ergibt sich die Notwendigkeit, überalterte Vorstellungen zu prüfen und eine Atmosphäre der Unklarheit zu bereinigen, auch auf die Gefahr hin, sich den Zorn der „Betroffenen" zuzuziehen.

Die Welt der Frau 9/1949, S. 28 f. zit. nach: Doris Schubert/Annette Kuhn (Hg.): Frauen in der deutschen Nachkriegszeit, Bd. 1: Frauenarbeit 1945–1949. Quellen und Materialien, Düsseldorf 1984, S. 228 ff.

1 angelehnt an das Gedicht Schillers „Das Lied von der Glocke": „[…] Und drinnen waltet / Die züchtige Hausfrau, / Die Mutter der Kinder […]."

2 angelehnt an die Frage der Pharisäer an Jesus, ob es erlaubt sei, dem Kaiser Steuern zu zahlen, antwortet Jesus „So gebt dem Kaiser, was des Kaisers ist, und Gott, was Gottes ist!" (Mt 22,21)

Material 2

Werbeannonce aus der „Frankfurter Illustrierten“ (1955)

Frankfurter Illustrierte, 43. Jg., Nr. 7, 12. 2. 1955, S. 35.

Gleiche Rechte … Gleiche Pflichten

PERLON macht aus Pflichten ein Vergnügen.
Meine Damen … waschen Sie Ihr PERLON oft –
Meine Herren … waschen Sie Ihr PERLON selbst
… Ihre Hemden, Ihre Wäsche, Ihre Strümpfe …
Sie können es und sind unabhängig!

Abends beim Händewaschen geht PERLON mit Durchs Wasser. Ein bißchen Feinwaschmittel tut es schon*) – auf den Bügel hängen – morgens „bügelglatt“ ohne Bügeleisen.

Frische Wäsche … frisches Kleid,
der Morgengruß der PERLON-Zeit!

Ein PERLON-Etikett bürgt stets dafür, daß Sie wirklich PERLON gekauft haben. Das Bildzeichen und auch das Wort „PERLON“ sind eingetragene Warenzeichen.
AUGEN AUF … OB PERLON DRAUF!
PERLON Warenzeichenverband e. V., Frankfurt am Main

Hinweis: Perlon ist eine Kunststofffaser, speziell entwickelt für pflegeleichte Oberbekleidung.

Lösungsvorschläge

Inhaltliche Schwerpunkte:
Die Aufgabe hat den thematischen Schwerpunkt: „Die deutsche Ebene: Teilung und Einheit", insbesondere das Stichwort „Die innere Entwicklung in der Bundesrepublik und der DDR bis 1990 (u. a. Rolle der Frau)" (Q 3). Der inhaltliche kursübergreifende Bezug wird hergestellt durch den thematischen Schwerpunkt „Bürgerliche Identität und Industriegesellschaft", insbesondere durch das Stichwort „Die Auflösung traditioneller Geschlechterrollen" (Q 2).

1. *Nach der Identifizierung der Quelle sollen Sie die wichtigsten Aussagen Streckers in eigenen Worten oder durch die Nutzung kurzer, gekennzeichneter Zitate strukturiert darstellen. Am Schluss sollten Sie den Standpunkt Frau Streckers zur Stellung der Hausfrauen noch einmal prägnant zusammenfassen (überwiegend Anforderungen im AFB I, teilweise auch Leistungen aus AFB II).*

Gabriele Strecker, Mitglied der CDU und Leiterin des Frauenfunks von Radio Frankfurt, entwickelt in ihrem im September 1949 in der Zeitschrift „Die Welt der Frau" erschienenen Aufsatz „Die Hausfrau" ihren spezifischen **Standpunkt zur Rolle der Hausfrau** in der modernen Zeit. Sie argumentiert **überlegt und differenziert** und beruft sich wiederholt auf eigene Erfahrungen.
Frau Strecker geht von damals vorhandenen Tendenzen, „die Hausfrauenarbeit der außerhäuslichen Berufstätigkeit der Frau gleichzusetzen" (Z. 1 f.), aus. Damit solle eine Art „**Stand der Hausfrauen**" (Z. 3) geschaffen werden. Hausfrauenverbände würden gegründet und erhielten stärkeren Zulauf als z. B. Frauenorganisationen, „die Frauen zu Staatsbürgerinnen machen" (Z. 8 f.) wollten.
Diese Tendenzen werden von Frau Strecker abgelehnt. Demgegenüber ist sie aufgrund vieler Gespräche mit Geschlechtsgenossinnen und eigenen Recherchen der Auffassung, dass die meisten Frauen „die Hausfrauenarbeit nicht mehr so bedingungslos verrichten wollen wie unsere Mütter und Großmütter" (Z. 12 f.). Auch die Pläne für ein „Hausfrauenexamen" (Z. 5) könnten nicht darüber hinwegtäuschen, dass die **mühevolle, eintönige und unscheinbare Kleinarbeit der Hausfrauen** viele Frauen angesichts der wachsenden Gruppe selbstbewusster berufstätiger Frauen nicht mehr befriedige.
Deshalb rät Frau Strecker den Frauen, sich von der häuslichen Kärrnerarbeit nicht völlig absorbieren zu lassen und den Perfektionismus der Haushaltsführung nicht zu übertreiben („Man gebe dem Haushalt, was des Haushalts ist", Z. 31 f.).
Die Frauen sollten sich vielmehr auch für die Dinge außerhalb von Haushalt und Küche interessieren und **am öffentlichen Leben teilnehmen**, sie sollten Interesse am Zeitgeschehen zeigen und versuchen, wirtschaftliche Zusammenhänge zu durchschauen.

Da man dies **in den letzten Jahren versäumt** hätte, stünden manche ältere Hausfrauen jetzt hilflos da und seien nicht einmal zur Ausübung einfacher beruflicher Tätigkeiten in der Lage.
Strecker will zwar die Hausfrau nicht geringer schätzen als die berufstätige Frau; in der Welt hätten vielmehr „beide ihren Platz" (Z. 45) Sie weist aber doch darauf hin, dass die Entwicklung hin zu **weiblicher Erwerbstätigkeit** unumkehrbar sei, und empfiehlt den Frauen, sich von überholten Vorstellungen zu lösen und sich an die neue Zeit anzupassen.
Insgesamt kann man den Artikel von Frau Strecker als den Versuch ansehen, die Frauen vorsichtig zu einer **Abkehr von der Rolle der Nur-Hausfrau** zu bewegen, insbesondere plädiert sie für ein **stärkeres Engagement der Frauen im öffentlichen Leben** und eine **Öffnung der Frauen für die Erwerbsarbeit**.

2.1 *Frau Streckers im Jahre 1949 formulierter Aufsatz soll hier in den Kontext der frühen Adenauer-Jahre und ihrer restaurativen Tendenzen gestellt werden. Hier müssen Sie Ihr historisches Vorwissen über die politischen und gesellschaftlichen Bedingungen der 1950er-Jahre gezielt einbringen (AFB I und II zu etwa gleichen Teilen).*

Obgleich in dem im Mai des Jahres 1949 gerade verabschiedeten **Grundgesetz** in **Artikel 3** die Gleichberechtigung von Mann und Frau nicht zuletzt auf Betreiben einiger „Mütter des Grundgesetzes" festgeschrieben wurde, entsprach die politische und gesellschaftliche Realität der 1950er- und 1960er-Jahre diesem Gleichberechtigungsgebot in keiner Weise.
Die **Parteien** hatten nur **wenige weibliche Mitglieder**, in den Parlamenten saßen kaum weibliche Abgeordnete und in den Regierungen von Bund und Ländern gab es **nur vereinzelt weibliche Minister** – meist für Familie und Gesundheit, also „typische Frauenfragen".
Entsprechend **fanden weibliche Interessen** und Perspektiven in der Gesetzgebung **wenig Berücksichtigung**. Im Familienrecht blieb die **dominierende Stellung des Mannes** bis in die Siebzigerjahre hinein unangetastet. Der Ehemann entschied letztlich über den Familienwohnsitz, über die Verwendung des Haushaltseinkommens, über die wichtigen Fragen der Erziehung und die Schulbildung der Kinder, ja sogar über eine evtl. Berufstätigkeit der Ehefrau.
Diese selbst blieb in der damaligen Praxis auf wenige Berufsfelder im pädagogischen, im kaufmännischen, im Dienstleistungsbereich und in der fabrikmäßigen Fließbandarbeit beschränkt, war in aller Regel entsprechend **schlecht bezahlt** und hatte gesellschaftlich nur **geringes Ansehen**. Nur „Rabenmütter" scheuten nicht davor zurück, ihrem Nachwuchs den Status von „Schlüsselkindern" zuzumuten.
Höher qualifizierte Tätigkeiten, die besser bezahlt waren und die Gründung einer Familie erst erlaubten, waren weitgehend **den Männern vorbehalten**. Das Einkommen der Ehefrau galt allenfalls als eine Art Zubrot, war aber für das

Familieneinkommen nicht konstitutiv. Männer, die ihre Familie nicht allein ernähren konnten, litten unter dem damit einhergehenden Ansehensverlust.
Diese Verhältnisse waren für viele **Frauen**, die **während des Krieges** und der Kriegsgefangenschaft der Männer nicht nur wichtige Aufgaben in der Produktion sondern nach dem Zusammenbruch in den Städten auch die Trümmerbeseitigung übernommen und in den Hungerjahren der Nachkriegszeit das Überleben der Familien organisiert hatten, ein deutlicher **Rückschritt**. Die meisten nahmen sie aber damals klaglos hin angesichts der drängenden Aufgaben, die zunächst der Wiederaufbau stellte, und der ungeahnten Möglichkeiten, die wenig später das **Wirtschaftswunder** fast allen eröffnete. Erst in den 1960er- und verstärkt in den 1970er-Jahren klagten feministische Gruppen die verfassungsmäßig garantierte Gleichberechtigung der Frau immer wirksamer ein.

2.2 *Hier sollen Sie die Stellung der Frau in der Weimarer Republik mit deren Status in der frühen Bundesrepublik vergleichen und dabei Ähnlichkeiten und Unterschiede aufzeigen. Verlangt sind überwiegend Leistungen aus dem AFB II, zu einem geringeren Teil auch solche aus dem AFB III.*

Die Stellung der Frau in der Adenauer-Ära entspricht zwar verfassungsrechtlich nach dem schon erwähnten Artikel 3 des GG in etwa der der Weimarer Republik, nach deren Verfassung die Frauen ebenfalls „gleiche staatsbürgerliche Rechte" genießen sollten. Faktisch jedoch ähnelt die Stellung der Frau in der frühen Bundesrepublik in mancher Hinsicht eher der untergeordneten Position, welche die Frau als Hüterin des Hauses und Mutter möglichst vieler Kinder im Dritten Reich entsprechend der extrem chauvinistischen Nazi-Ideologie einzunehmen hatte.
In der **Weimarer Republik** hatte es dagegen mit der erstmaligen Verankerung des **Frauenwahlrechts** in der Verfassung, der Wahl von **weiblichen Abgeordneten in die Parlamente**, mit der Gründung von sozialistischen, kommunistischen und christlichen **Frauenverbänden** und mit der anwachsenden Zahl **berufstätiger Frauen** im modernen städtischen Dienstleistungsgewerbe und deren Vertretung in den Berufsverbänden durchaus **emanzipatorische Tendenzen** und **Aufbruchstimmung** gegeben.
Auch in der Kunst und der Literatur der goldenen Zwanzigerjahre, in den Kinofilmen der UFA und in der Mode der Zeit („Bubikopf") war das gewachsene **weibliche Selbstbewusstsein** sehr deutlich spürbar.
Allerdings kann von einer Durchsetzung des Gleichberechtigungsgedankens auch in der Weimarer Republik nicht die Rede sein. Nach dem bürgerlichen Gesetzbuch war **ihre Stellung der des Mannes untergeordnet** und der Frauenanteil in den Führungspositionen von Politik, Wirtschaft und Gesellschaft blieb verschwindend gering. Bei Ausbruch der Weltwirtschaftskrise wurden gerade auch Frauen Opfer **der großen Freisetzungswellen** und rutschten in die Arbeitslosigkeit ab. Das **NS-Regime reduzierte** ab 1933 gezielt und planmäßig die **weibliche Beufstätigkeit**.

3. *Hier sollen Sie nach der Identifizierung der Quelle die Werbegrafik möglichst genau beschreiben und anschließend das in Material 2 zum Ausdruck gekommene Frauenbild mit der Position von Frau Strecker (Material 1) einerseits und den Thesen des Feminismus der 1960er- und 1970er-Jahre andererseits kritisch auf Ähnlichkeiten, Gemeinsamkeiten und Unterschiede befragen und ein begründetes Urteil fällen. Dazu müssen Sie Ihre Kenntnisse über die feministische Bewegung einbringen. Der Operator „überprüfen" erfordert hauptsächlich Leistungen aus dem AFB III, zu kleineren Teilen sind auch Leistungen aus dem AFB II gefragt.*

Am 7. 12. 1955 erschien in der „Frankfurter Illustrierten", einer damals viel gelesenen bebilderten Wochenschrift, eine **Annonce**, mit der für Kleidung aus der neuen von der Frankfurter Höchst AG 1950 auf den Markt gebrachten **Kunstfaser PERLON** geworben wurde.
Unter der Titelzeile „Freude an PERLON" sind auf einer Zeichnung zwei hochgewachsene, einander zugewandte Personen in einem Badezimmer jeweils vor dem Waschbecken stehend dargestellt. Links, dem Betrachter den Rücken zugewandt, erkennt man einen schlanken, in einen Pyjama gekleideten Mann. Über den Pyjama hat er einen dunklen Bademantel geworfen. Rechts, das Gesicht dem Betrachter zugewandt, steht eine junge Dame mit modischer Kurzhaarfrisur, sie ist in ein elegantes geblümtes Hauskleid gehüllt, das ihr bis zu den Füßen reicht. Die Einrichtung des Badezimmers mit glänzenden Kacheln, großen Spiegeln und doppeltem Waschbecken sowie die elegante Kleidung der Abgebildeten signalisieren **Wohlstand**; das Wirtschaftswunder ist 1955 bereits angelaufen. Es handelt sich hier offenbar nicht mehr um einen Arme-Leute-Haushalt, wie er noch 1949, als Material 1 entstand, typisch gewesen wäre.
Das **junge Paar** ist mit dem Aufhängen von Kleidungsstücken auf eine Wäscheleine beschäftigt, die quer durch das Badezimmer gespannt ist. Augenscheinlich handelt es sich dabei um Wäsche aus der neuen Kunstfaser.
Untertitelt ist diese Zeichnung mit dem Slogan „Gleiche Rechte ... Gleiche Pflichten". Den Männern wird also nahegelegt, ihre Perlon-Kleidung selbst zu waschen; das sei einfach, koste nur wenig Zeit und mache unabhängig.
Kleidung aus der neuen Kunstfaser soll also gekauft werden, weil sie die Einbindung der Männer in die Hausarbeit ermöglicht und auf diese Weise die Gleichberechtigung der Geschlechter vorankommt.
Diese Botschaft, die ja den **Hausfrauenstatus** als solches **nicht infrage stellte**, passt recht gut zu dem in Material 1 von Gabriele Strecker formulierten Frauenbild. Frau Strecker hielt ja ebenso an der **Unverzichtbarkeit der Hausfrauenarbeit** fest, empfahl jedoch den Frauen, sich damit nicht zufriedenzugeben und sich auch öffentlich zu profilieren und politisch zu engagieren.
Eine Entlastung der Hausfrauen durch die Beteiligung der Männer an der Hausarbeit wäre diesem Ziel offensichtlich sehr entgegen gekommen, obgleich Gabriele Strecker die Frage der **partnerschaftlichen Verteilung der Hausarbeit** gar nicht ansprach. In diesem Punkt ging die Annonce in ihrer Zielsetzung also über die Ausführungen Frau Streckers hinaus und nahm zumindest

partiell eine Forderung vorweg, die **erst von der feministischen Bewegung der 1960er- und 1970er-Jahre wieder aufgegriffen** wurde.

Denn die **Feministinnen** der 1960er- und 1970er-Jahre formulierten sehr viel weiterreichende Ziele, sie lehnten den Hausfrauenstatus, der ja die Haus- und Erziehungsarbeit vornehmlich den Frauen zuwies, grundsätzlich ab und plädierten für eine **gleichberechtigte Bewältigung der Haus- und Erziehungsarbeit** durch beide Geschlechter.

Auch im Bereich der beruflichen Tätigkeit wurde von der feministischen Bewegung die Diskriminierung der Frauen konsequent bekämpft und gleichberechtigter Zugang zu allen beruflichen Positionen in Politik und Wirtschaft gefordert. Dort, wo ein annähernd ausgeglichenes Verhältnis von Männern und Frauen anders nicht hergestellt werden konnte – also in Bezug auf politische und wirtschaftliche Führungspositionen – wurde sogar die **Einführung von Frauenquoten**, also eine gewisse Privilegierung der weiblichen gegenüber den männlichen Bewerbern, verlangt.

Ein wichtiges, noch immer nicht erreichtes Ziel der feministischen Bewegung ist die **gleiche Entlohnung von Männern und Frauen** bei gleicher Leistung. Diese Forderung wird weder von Gabriele Strecker in Material 1 noch in der Annonce für PERLON thematisiert.

Im Gegensatz zu den in den Materialien 1 und 2 bezogenen Positionen wurden von den Feministinnen der 1970er-Jahre die traditionellen Geschlechterrollen grundsätzlich infrage gestellt und deren vollständige Auflösung gefordert. Die Gleichheit von Mann und Frau sollte in allen Lebensbereichen konsequent hergestellt werden. Diese Forderung bezog sich damals ausdrücklich auch auf den äußeren Habitus der Geschlechter: an die Stelle des eleganten langen Morgenmantels, der die Weiblichkeit betonte, trat die lila Latzhose.

Teilaufgabe	AFB I	AFB II	AFB III	BE
1	20	5		25
2.1	10	10		20
2.2		15	5	20
3		10	25	35
Summe	30	40	30	100

Hessen – Geschichte – Grundkurs – 2014
Vorschlag A

Thema: *Selbst- und Fremdbild von Frauen im 19. und 20. Jahrhundert*

Aufgaben

1.1. Geben Sie die Forderungen der beiden Frauen wieder. (Material 1 und 2) (20 BE)

1.2. Vergleichen Sie das den schriftlichen Quellen zu entnehmende Selbstbild der Frauen (Material 1 und 2) mit dem aus der Karikatur hervorgehenden Fremdbild (Material 3). (20 BE)

2. Setzen Sie die drei Materialien in Beziehung zu den allgemeinen Bestrebungen nach politischer Mitbestimmung und den Schwierigkeiten ihrer Durchsetzung in der Zeit von 1815 bis 1848/49. (35 BE)

3. „So wie es weibliche Souveräne gab und gibt, so gehören auch wir zum souveränen Volk". (Material 2)
Diskutieren Sie, inwiefern sich die Frauen in der Ära Adenauer auch als Teil des „souveränen Volk[es]" betrachten konnten. (25 BE)

Hinweis: Die Rechtschreibung und Kursivsetzungen entsprechen den Textvorlagen.

Material 1

Aus einem offenen Brief einer Stuttgarter Dame an den Präsidenten der württembergischen Abgeordneten-Kammer (November 1848)

Folgenden an den Präsidenten der Abgeordneten-Kammer gerichteten Brief einer „Stuttgarter Dame", welcher uns heute zugesendet wird, glauben wir der Oeffentlichkeit, für welche er bestimmt ist, nicht hinterhalten[1] zu dürfen:

Herr Präsident!

Ihre Erhebung auf den Präsidentenstuhl der Kammer der Abgeordneten, nach meiner Meinung der höchste Ehrenplatz in einem konstitutionellen Staate, weckte in mir ähnliche Gefühle, wie früher die Berufung Ihrer politischen Freunde ins Ministerium. Mein Herz jauchzte auf in stolzer Freude, als den Männern seiner stillen Verehrung endlich die wohlverdiente Anerkennung zu Theil wurde, als sie die Fahne der Freiheit, welche sie in Noth und Drangsal[2] nicht hatten sinken lassen, auf den Zinnen[3] des Staats aufsteckten und ihre Gegner besiegt zu ihren Füßen lagen und Worte des Vertrauens stammeln mußten.

Wie freute ich mich, Sie selbst, Herr Präsident, auf Ihrem Ehrenplatze thronen zu sehen, und wie schmerzlich mußte die Täuschung dieser schönen Hoffnung seyn, um so schmerzlicher, als gerade Sie es sind, der sie getäuscht hat! Glauben Sie meiner Versicherung, nicht ohne langen, schweren Kampf habe ich mich entschlossen, an Sie zu schreiben; aber die heilige Pflicht, die gekränkten, leider durch Sie gekränkten Rechte meines armen Geschlechts zu vertheidigen, drückte mir die Feder in die widerstrebende Hand, und das Bewußtseyn dieser Pflichterfüllung wird einer schwachen Frau auch die Kraft geben, sie zu führen.

Sie haben verfügt, daß auch fernerhin den Damen und Kindern der Zutritt zu der Gallerie der Abgeordnetenkammer[4] verschlossen bleibt; Sie haben damit dem Grundsatz der Oeffentlichkeit der Kammerverhandlungen, welche eine unbedingte, für alle gleiche sein sollte die Spitze abgebrochen und sich an dem Geist der neuen Zeit versündigt, [...] wie konnten Sie gegen uns so illiberal seyn! [...]

Sie erwähnen gleichsam zu Ihrer Entschuldigung, daß der Brauch, den Damen keine Plätze einzuräumen, seit dem Bestehen der Verfassungsurkunde [1819][5] eingehalten werde. O schnöder Conservatismus! Scheint Ihnen der Sturm, der die Verfassung selbst in ihren Grundvesten erschüttert hat, nicht gewaltig genug, diesen häßlichen Brauch zu stürzen, und hat Ihnen nicht die Kammer, liberaler als Sie, freie Hand dazu gegeben? Also hinweg mit der Berufung auf diesen Brauch oder vielmehr diesen Mißbrauch. [...] Wir haben das Recht und die Pflicht uns weiblich an den Sorgen unsrer Männer zu betheiligen, auch an ihren politischen Sorgen, und Sie versperren uns den Weg zu ihrem Verständniß?! Doch was rede ich? unser Recht ist anerkannt in ganz Deutschland, überall, in allen Ständekammern werden Damen zugelassen. Sie sitzen auch in der Paulskirche in Frankfurt, wo leider ihre Anwesenheit nicht jede unschickliche Scene zu verbannen vermochte; sie folgen aufmerksam dem Gange der Verhandlungen, wenn nicht ihre Aufmerksamkeit durch Besuche der Abgeordneten gestört wird [...]. Nur uns, nur die Frauen Württembergs trifft die Schmach, in einer Zeit, welche so manches alte Vorurtheil beseitigt hat, noch wie unmündige Kinder behandelt zu werden [...]. Hören Sie meine Bitte, Herr Präsident! Gewähren Sie uns Platz in der Ständekammer oben oder unten. Mit ein paar Stühlen, welche Sie aufstellen, stellen Sie unsre gekränkte Ehre wieder her. [...]

Ihre unbekannte Freundin N. N.[6]

Aus: Der Beobachter. Ein Volksblatt aus Württemberg (Stuttgart), Nr. 222, 2. 11. 1848, S. 888, zit. nach: Hartwig Brandt/Ewald Grothe (Hg.): Quellen zur Alltagsgeschichte der Deutschen 1815–1870, Darmstadt 2005, S. 189–192.

1 hinterhalten: vorenthalten

2 Drangsal: bedrängte Lage, große Not

3 Zinne: einer Zacke ähnliches Stück Mauer, das mit anderen zusammen den Abschluss eines Bauwerks bildet

4 Gallerie der Abgeordnetenkammer, eigentlich Galerie: Empore; hier: oberer Rang für Zuschauer

5 Gemeint ist hier die Verfassung des Königreichs Württemberg vom 25. September 1819.

6 N. N., hier: Abkürzung für eine absichtlich nicht genannte Person

Material 2

Brief einer Wiener Dame an den demokratischen Klub (Juni 1848)

Meine Herren!

Zweifeln Sie nicht, daß der göttliche Funke der Freiheit auch in weiblichen Herzen geschlagen. Hüten Sie sich, zu glauben, daß wir nicht von lebhaftestem Interesse für die Emanzipation der Menschheit durchdrungen sind. Es gibt keine Frau von Geist, die nicht ein bißchen George Sand[1] wäre [...]

Daß wir zur Fahne der Opposition halten, daß Opposition unser Lebensberuf ist, davon mögen Ihnen unsere Gatten erzählen. Widerspruch heißt der Pulsschlag des weiblichen Herzens [...]

Wir beanspruchen ferner Gleichheit der politischen Rechte. Weshalb sollten nicht Frauen in den Reichstag gewählt werden? [...] Allein, was die Hauptsache ist, wir wissen mit Bestimmtheit, daß Frauen im hohen Rate der Reaktion[2] entscheidende Stimmen führen. Weshalb sollte man uns Frauen des Fortschritts nicht dasselbe Recht im Namen der guten Sache zugestehen? So wie es weibliche Souveräne gab und gibt, so gehören auch wir zum souveränen Volk [...]

Eine im Namen Unzähliger

Aus: Der Freimüthige, Wien, Nr. 75, 30. 6. 1848, S. 306, zit. nach: Gerlinde Hummel-Haasis (Hg.): Schwestern, zerreißt eure Ketten. Zeugnisse zur Geschichte der Frauen in der Revolution 1848/49, München 1982, S. 150.

1 George Sand (1804–1876): Pseudonym der französischen Schriftstellerin Amadine Aurore Lucile Dupin de Francueil, welche die Emanzipation der Frauen in ihrem Werk und durch ihre Lebensweise einforderte. Sie trug oft Männerkleidung und rauchte Zigarren.
2 Reaktion: fortschrittsfeindliche Kräfte

Material 3

Demokratischer Frauenverein.
„Ludewig, gib acht auf das Kind; ich gehe in meinen Club."
Aus Glasbrenners Freien Blättern 1848.

Eugen Kalkschmidt: Deutsche Freiheit und deutscher Witz. Ein Kapitel Revolutions-Satire aus der Zeit von 1830–1850, Hamburg/Berlin/Leipzig 1928, S. 77.

Hinweise: Der Text der Karikatur lautet: Demokratischer Frauenverein. „Ludewig, gib acht auf das Kind; ich gehe in meinen Club." Aus Glasbrenners Freien Blättern 1848.

Adolf Glasbrenner (1810–1876) war Herausgeber der politisch-humoristischen „Freien Blätter" (1848).

Lösungsvorschläge

Inhaltliche Schwerpunkte:
Die Aufgabe beschäftigt sich im Wesentlichen mit dem Schwerpunktthema „Politische Revolutionen in Europa und ihre Folgen“ aus dem Halbjahr Q 1 („Gesellschaftliche Veränderungsprozesse am Beginn der Moderne“), insbesondere mit den Stichworten: „Restauration und Vormärz“ sowie „Demokratiebewegung und Revolution 1848“. Die dritte Teilaufgabe stellt den kursübergreifenden Bezug zu Q 3 („Konflikt und Kooperation in der Welt nach 1945“) her. Dabei werden von Ihnen Kenntnisse zur „innere[n] Entwicklung in der Bundesrepublik und der DDR bis 1990 (u. a. Rolle der Frau)“ aus dem Unterrichtsinhalt „Die deutsche Ebene: Teilung und Einheit“ erwartet.

1.1 *Die Bearbeitung der beiden Materialien sollte jeweils mit einer Einleitung beginnen, die alle formalen Angaben zur Quelle zusammenstellt, das Material kurz charakterisiert und sein Thema nennt. Der Operator „wiedergeben“ verlangt von Ihnen nicht, alle wichtigen Aspekte aus der gesamten Quelle herauszustellen (Zusammenfassung). Vielmehr sollen Sie nur die inhaltlichen Informationen zu dem in der Aufgabenstellung genannten Gegenstand darlegen; hier: die Forderungen der Frauen. Gebrauchen Sie dabei durchgehend die indirekte Rede (Konjunktiv I). Bei der Lösung dieser Teilaufgabe werden von Ihnen Leistungen aus dem AFB I erwartet.*

Eine anonym bleibende Frau, die als „Stuttgarter Dame“ bezeichnet wird, wandte sich im **Herbst 1848** in einem **offenen Brief** (Material 1) an den neu gewählten Präsidenten der württembergischen Abgeordnetenkammer. Sie verlangt, dass auch Frauen bei den Sitzungen der Kammer zuhören dürfen. Das Schreiben wurde am 2. November 1848 im „Beobachter“, einer Stuttgarter Zeitung, abgedruckt.
Die Schreiberin beklagt, dass der **Kammerpräsident** auch weiterhin Kindern und Frauen den Zugang zur Galerie des Abgeordnetenhauses verwehre. Das sei „illiberal“ (Z. 25) und kränke die Rechte aller Frauen (vgl. Z. 17 f.). Frauen hätten das Recht und die Pflicht, Anteil zu nehmen an dem, was ihre Männer tun, Verständnis für sie aufzubringen und ihre Sorgen – auch ihre politischen – zu teilen (vgl. Z. 32–34). In allen Ständekammern Deutschlands und sogar in der **Frankfurter Nationalversammlung** dürften **Frauen** die **öffentlichen Sitzungen** besuchen, nur nicht in Stuttgart (vgl. Z. 34–41). Das müsse der Stuttgarter Kammerpräsident ändern, um die „gekränkte Ehre“ (Z. 43) der Frauen wiederherzustellen.

Auch die Autorin der zweiten Quelle (Material 2) ist nicht bekannt. Sie wird als „Wiener Dame“ bezeichnet. Die Verfasserin richtet sich in einem Brief an die Herren des „demokratischen Klub[s]“. Abgedruckt wurde der **anonyme Brief** am **30. Juni 1848** in der Wiener Zeitung „Der Freimüthige“. Die „Wiener Dame“ fordert – im „Namen Unzähliger“ (Z. 15) – **für Frauen die gleichen politischen Rechte**, wie sie die Männer haben (vgl. Z. 9). Insbesondere sollten Frauen in den Reichstag gewählt werden dürfen (vgl. Z. 9 f.). Denn auch sie seien von der Idee der Emanzipation des Menschen ergriffen (vgl. Z. 3 f.). Zudem seien Frauen wie geschaffen für die Opposition, denn jeder Frau sei ein gewisser Widerspruchsgeist eigen, was alle Ehemänner bestätigen könnten (vgl. Z. 6 f.). Da es weibliche Herrscher und Fürsten gebe, müssten auch Frauen als gleichberechtigter Teil des „souveränen Volk[es]" (Z. 14) anerkannt werden.

1.2 *Um die Karikatur mit den schriftlichen Quellen vergleichen zu können, müssen Sie die Zeichnung zunächst vorstellen. Beginnen Sie mit den formalen Angaben, die Sie an unterschiedlichen Stellen des Materials und der Aufgabenstellung finden. Beachten Sie dabei besonders den Hinweis, dass die „Freien Blätter", in denen die Skizze erschienen ist, eine politisch-humoristische Zeitschrift waren. Eine Karikatur kritisiert in der Regel auf überspitzte Weise und durchaus auch spöttisch einen Umstand oder eine Person. Schauen Sie sich die Zeichnung also genau an, beschreiben Sie die Personen – achten Sie insbesondere darauf, was diese tun und was diese ausdrücken. Ihre Beschreibung sollte in einem Fazit zur Gesamtaussage der Karikatur münden.*
Der Operator „vergleichen" verlangt von Ihnen, Gemeinsamkeiten und Unterschiede begründet darzulegen – im vorliegenden Fall zwischen dem Frauenbild in der Zeichnung und dem in den schriftlichen Quellen. Es werden von Ihnen vorwiegend Leistungen aus dem AFB II, teilweise aber auch aus dem AFB I und III erwartet.

Die Schwarz-Weiß-Karikatur „**Demokratischer Frauenverein**" (Material 3) aus den satirischen „Freien Blättern" von 1848 – der Zeichner ist nicht genannt – zeigt ein **Elternpaar in seiner Wohnstube**. Der Mann sitzt im Hausgewand mit Nachtmütze (Zipfelmütze) am Tisch, füttert das Kleinkind auf seinem Schoß und schaut verdrossen zu seiner Frau, die in der Mitte des Zimmers steht und sich gerade einen Mantel überzieht; sie ist im Begriff aus dem Haus zu gehen. Dabei weist sie – laut Textzeile unter der Karikatur – ihren Mann an, auf das Kind achtzugeben, da sie jetzt in ihren Club gehe. An der geöffneten Tür im Hintergrund wartet allerdings ein eleganter Herr mit Zylinder auf die Frau und schaut verstohlen in das Zimmer. Offensichtlich hat die Frau also gar nicht vor, eine politische Versammlung zu besuchen, sondern will mit dem Herrn ausgehen. Der „Demokratische Frauenverein" gilt ihr, so die Aussage der Karikatur, nur als **Alibi für ein heimliches Rendezvous**. Zugleich stellt die Zeichnung die **Umkehrung der Geschlechterrollen** dar und macht sich darüber lustig: Der Ehemann ist unterwürfig und kümmert sich um das Kind; die Frau wird als selbstbewusste, entschlossene und dynamische Persönlichkeit dargestellt, die ihrem Mann überlegen ist. In der Zeichnung werden demokratisch engagierte **Frauen spöttisch verunglimpft**, indem ihre Teilnahme an politischen Versammlungen als Vorwand für ein Rendezvous abgetan wird.
Diese Sichtweise steht im krassen Gegensatz zum Selbstbild der Frauen in den schriftlichen Quellen. Im Unterschied zu der karikierten Frau ist es den **Briefeschreiberinnen** tatsächlich **Ernst mit ihren politischen Anliegen**. Im Zuge der

bürgerlichen Revolution von 1848 forderten sie demokratische Partizipationsrechte, politische Repräsentation und Gleichheit (Besuch von Parlamentsdebatten, passives Wahlrecht).

2. *Bei dieser Aufgabe ist vor allem Ihr Wissen über den Vormärz und die Revolution von 1848 gefragt. Es geht dabei aber nicht allgemein um die revolutionären Forderungen. Der Fokus liegt vielmehr auf der Forderung nach „politischer Mitbestimmung" und auf den Schwierigkeiten, sie damals durchzusetzen. Da Sie die drei Materialien zu den „allgemeinen Bestrebungen nach politischer Mitbestimmung" „in Beziehung setzen" sollen (überwiegend AFB II), gehen Sie am besten von den Quellen und der in ihnen zum Ausdruck kommenden unterschiedlichen Positionen aus: den gemäßigt-liberalen und radikal-demokratischen Forderungen sowie der ablehnenden Reaktion darauf.*

Die „Stuttgarter Dame" wünscht, die öffentlichen Versammlungen der Abgeordnetenkammer besuchen zu dürfen, um am politischen Leben teilhaben zu können. Damit vertritt sie gemäßigte Forderungen nach Partizipationsrechten, wie sie das liberale Bürgertum formulierte (vgl. Material 1, Z. 30). Diese **national-liberale Oppositionsbewegung** entstand in Deutschland in der Folge der Befreiungskriege und der Konstituierung des **Deutschen Bundes** 1815. Sie forderte bürgerliche **Grund- und Freiheitsrechte** (insbesondere Presse- und Vereinsfreiheit), **nationale Einheit** und die Errichtung eines **liberalen Verfassungsstaats** sowie die Aufhebung ständischer Privilegien und Beschränkungen. Organisiert war diese Bewegung der gebildeten Schichten in studentischen Burschenschaften und in politischen Vereinen. Öffentlich bemerkbar machte sie sich durch Flugschriften, Zeitungen und Zeitschriften sowie durch überregionale politische Feste wie dem **Wartburgfest** 1817 und dem **Hambacher Fest** 1832. Auch bürgerliche Frauen begannen, sich politisch zu engagieren, und diskutierten ihre Anliegen in **Frauenvereinen** und **-zeitschriften**. Sie forderten mehr **Gleichberechtigung** für Mädchen und Frauen – vor allem bessere Ausbildungs- und Berufsmöglichkeiten. Vereinzelt traten sie auch für mehr politische Partizipation ein.
In einigen süddeutschen Staaten fanden die Forderungen der Liberalen teilweise Eingang in die **Verfassungen**. So erhielt Württemberg 1819 eine neue Verfassung, die den gewählten **Volksvertretern** ein Mitspracherecht bei der Gesetzgebung einräumte. Erfolge feierte der bürgerliche Liberalismus und Nationalismus auch durch die Ernennung von gemäßigt-liberalen „**Märzministern**" sowie durch die Einberufung der **ersten deutschen Nationalversammlung** in der Frankfurter Paulskirche im Mai 1848. Dieses Parlament arbeitete 1849 eine demokratische **Verfassung** aus, die auch Grund- und Menschenrechte beinhaltete.
Neben diesen gemäßigt-liberalen Forderungen entwickelten sich im Vormärz aber auch **radikalere Forderungen**, wie sie in dem Brief der „Wiener Dame" zum Ausdruck kommen: Vor allem die „Gleichheit der politischen Rechte" (Material 2, Z. 9) für Frauen, also zum Beispiel das aktive und passive Wahlrecht, waren hierbei politische Ziele. Solche radikal-demokratischen Vorstellungen gipfelten in

Forderungen nach einer Republik und nach der im **allgemeinen Wahlrecht** zum Ausdruck kommenden **Souveränität des Volkes**. Die radikalen Kräfte rekrutierten sich aus dem Kleinbürgertum und gehörten im Frühjahr 1848 zu den Trägern der Revolution. In den Parlamenten, wie zum Beispiel in der Frankfurter Nationalversammlung, waren sie aber nur schwach vertreten.
So wie die demokratisch engagierte Frau in der Karikatur diffamiert wird, so wurde die politische Oppositionsbewegung insgesamt von Anfang an heftig durch die **Restauration** bekämpft. Die Politik des **Deutschen Bundes** trug dazu bei, dass die nationale Zersplitterung in **absolutistische Kleinstaaten** fortbestand und die Gründung eines einheitlichen Nationalstaats unterblieb. Die gesetzliche Grundlage des restaurativen „**System Metternichs**“ zur Bekämpfung der nationalen und liberalen Opposition stellten die **Karlsbader Beschlüsse** von 1819 dar. Sie ermöglichten Unterdrückungsmaßnahmen wie die Pressezensur, die Beschränkung der Meinungsfreiheit, Berufsverbote, die Überwachung der Universitäten und die sogenannte **Demagogenverfolgung** (Göttinger Sieben, 1837). 1848/49 schlug die **Reaktion** die revolutionären Unruhen in den Zentren Berlin, Wien und Frankfurt gewaltsam nieder und löste schließlich die Nationalversammlung auf.

3. *Diese Aufgabe mit dem Operator „diskutieren“ verlangt eine argumentative Auseinandersetzung mit einer begründeten Bewertung; sie gehört zum AFB III, der den höchsten Grad an Selbstständigkeit erfordert. Am besten stellen Sie die Pro-Argumente, die die verfassungsrechtliche Gleichstellung der Frau beschreiben, voran, um anschließend in den Kontra-Argumenten den Widerspruch zur gesellschaftlich-politischen Wirklichkeit aufzuzeigen. Achten Sie darauf, sich immer wieder auf die Aufgabenstellung, also auf die politische Gleichberechtigung der Frau als Teil des „souveränen Volkes“, zu beziehen.*

Im **Bonner Grundgesetz** von 1949 wurde eindeutig festgeschrieben: „Männer und Frauen sind gleichberechtigt“ (Art. 3, Abs. 2). Damit war die **volle Gleichberechtigung** der Frau im sozialen und politischen Leben verfassungsrechtlich garantiert. Und in der Tat verfügten Frauen genauso wie Männern über das aktive und passive Wahlrecht. Frauen konnten als gleichberechtigter Teil des souveränen Volkes in Parteien und Parlamenten an der politischen Willensbildung und der Gesetzgebung mitwirken.
In der gesellschaftlichen Wirklichkeit der 1950er-Jahre war jedoch von einer Emanzipation der Frau wenig zu spüren. Die grundgesetzliche Gleichstellung der Frau wurde in der Praxis nur zögerlich umgesetzt. So wurde Ende der 1950er-Jahre zwar das „**Alleinbestimmungsrecht**“ **des Mannes** in Ehe- und Familienfragen abgeschafft, aber berufstätig durfte eine verheiratete Frau auch weiterhin nur dann sein, wenn ihre Arbeit mit der Erfüllung ihrer **Pflichten als Ehefrau und Mutter** vereinbar war.
Das Frauenbild blieb in der **Adenauerzeit** noch lange von **konservativen Wertvorstellungen** geprägt. Die Frau hatte Ehefrau und Mutter zu sein, der Mann ging arbeiten. Kirche und Staat pflegten und förderten diese klare Verteilung der Rol-

len zwischen beiden Geschlechtern und hielten am Modell einer grundsätzlich **patriarchalisch strukturierten Gesellschaft** fest. Sozial- und steuerpolitische Maßnahmen benachteiligten eine weibliche Erwerbstätigkeit und begünstigten die „**Hausfrauenehe**". Durch das Wirtschaftswunder und den materiellen Wohlstand ergab sich für viele Frauen zudem nicht die Notwendigkeit, berufstätig sein zu müssen. In der Regel waren Frauen schlechter ausgebildet als Männer und erhielten einen deutlich niedrigeren Lohn. So blieb der Anteil von Frauen in der Arbeitswelt, in der Politik und in allen anderen Bereichen des öffentlichen Lebens gering – erst recht in Führungspositionen.
Verfassungsrechtlich gesehen waren Frauen in der Adenauerzeit Teil des souveränen Volkes. In der gesellschaftlich-politischen Wirklichkeit aber dominierten patriarchalische Strukturen und konservative Leitbilder. Die Frauen blieben auf ihre **vermeintlich geschlechtsspezifische Rolle** als häusliche Ehefrau und Mutter festgelegt. Im Arbeitsleben und in der Politik waren Frauen deutlich unterrepräsentiert. Sie verfügten über **keine nennenswerten Einfluss- und Gestaltungsmöglichkeiten**.

Teilaufgabe	**AFB I**	**AFB II**	**AFB III**	**BE**
1.1	20			20
1.2	5	10	5	20
2	5	30		35
3		5	20	25
Summe	30	45	25	100

Hessen – Geschichte – Grundkurs – 2014
Vorschlag B

Thema: *19. und 20. Jahrhundert – Bismarck und Hitler*

Aufgaben

1. Geben Sie die zentralen Aussagen der Quelle wieder. (Material) (20 BE)

2.1 Erläutern Sie, ausgehend vom Text, den Machtausbau der Nationalsozialisten in den Jahren 1933/34. (25 BE)

2.2. Arbeiten Sie heraus, inwiefern die Ausführungen des Autors (Material) der nationalsozialistischen Ideologie zugeordnet werden können. (25 BE)

3. Überprüfen Sie die These, die Repressionsmaßnahmen des Dritten Reiches gegenüber politischen Gegnern hätten Bismarcks Umgang mit oppositionellen Kräften im Deutschen Kaiserreich stark geähnelt. (30 BE)

Hinweis:
Graf Eberhard von Schwerin (1894–1959) war Leiter des NSDAP-Gaupresseamtes in Essen und Herausgeber der „National Zeitung, Organ der Nationalsozialistischen Deutschen Arbeiterpartei".

Die Rechtschreibung entspricht der Textvorlage. Hervorhebungen werden kursiv wiedergegeben.

Material

Graf Eberhard von Schwerin in einem Artikel aus der „National Zeitung" vom 1. 4. 1933

Ein Volk, ein Reich, ein Führer!

Zum Geburtstag des Reichsgründers Fürsten Bismarck
[…] Es ist ausnahmslos das gesamte national empfindende Deutschland, das heute an seinem Geburtstag das Gedenken des größten Staatsmannes, den unser Volk bisher gehabt hat, des ersten Reichskanzlers, Fürsten *Bismarck*, feiert. Zwar haben einzelne jedes Jahr die Erinnerung an den großen Deutschen des 19. Jahrhunderts wachzurufen versucht. Aber die Krippeninhaber der November-Republik[1] haben keinen Anlaß gesehen, dem Schöpfer des Deutschen Reiches Dank zu wissen dafür, daß er auch ihnen ihre allerdings mehr wie fragwürdige Existenz in Amt und Würden erst er-

möglicht hat. […] 14 Jahre sind so vergangen, 14 Jahre, in denen man auch nach Kräften sich bemüht hat, die deutsche Jugend auf Schulen und Hochschulen vergessen zu machen, daß ein Bismarck einst gelebt und daß er im Kampfe gegen innere und äußere Feinde ein Deutsches Reich geschaffen hat, aufgebaut auf dem Nationalbewußtsein seines Volkes.

Und heute? Das Dröhnen der dahinschreitenden nationalen Revolution überdeckt heute vielleicht, gerade an dem Tage, an dem der nationale Boykott gegen die internationalen Verderber und Verleumder der Nation offiziell wird,[2] die Erinnerung. Aber doch wird jeder Nationalsozialist auch heute gern einen kurzen Augenblick in Gedanken verweilen bei dem Manne, dessen Lebenswerk gerade diese nationale Revolution erst wieder groß und stark gemacht hat. Zwei Monate nach der Uebernahme des Reichskanzleramtes durch Adolf Hitler sind ja auch der *Vergleichspunkte* zwischen dem Wirken und Schaffen jenes größten des 19. Jahrhunderts und dem des Mannes, von dem wir glauben, daß er der größte Deutsche des 20. Jahrhunderts sein wird, besonders leicht gegeben. Die nationalsozialistische Bewegung und ihr Führer dürfen es sich als ausschließliches Verdienst anrechnen, daß das Bismarckreich heute noch steht. Die November-Revolte[3] hatte das organisch geschaffene Werk Bismarcks zunächst noch nicht niederreißen können, da in den von der Front zurückkehrenden Deutschen der Wille und die Kraft zur Erhaltung dieses Werkes doch zu mächtig war. Aber 14 Jahre systematische und eindeutige Verhetzung und Verfälschung der deutschen Geschichts- und Nationalauffassung hatten ein unheimliches Stück Vorarbeit geleistet, um aus den Massen unseres Volkes den Begriff des deutschen Nationalstaates herauszureißen. Und so sicher, wie ohne Adolf Hitler und seine erprobten Kämpfer der Bolschewismus über Deutschland gekommen wäre, ebenso sicher wäre auch in wenigen Jahren, wenn nicht gar Monaten Bismarcks Reich der Deutschen nur noch eine Erinnerung gewesen.

Aber Adolf Hitler und der Nationalsozialismus sind nicht nur Erretter und Erhalter des Bismarckreiches, sondern sie sind auch *Mehrer des Reiches im Sinne des Altreichskanzlers* geworden. Der letzte Gedanke und die große Hoffnung des Fürsten, dessen Geburtstag wir uns heute erneut erinnern, ist immer gewesen, wie aus dem Bundesstaat ein einiges Deutsches Reich mit fester Leitung nach innen und außen werden könnte. […]

In zwei Monaten seiner Regierung, gerade mit dem heutigen Tage, an dem das Gleichschaltungs-Gesetz[4] verkündigt wurde, hat *Adolf Hitler die Hoffnung des großen eisernen Kanzlers zur Tat und zur Erfüllung werden lassen.* Das deutsche Volk, nun wahrhaft „geeint in seinen Stämmen“[5], ist entschlossen, nach innen und außen erneut zu einer Nation zu werden, die vor sich selbst und vor anderen bestehen kann. Ohne Rücksicht auf etwaige Landesgrenzen innerhalb seines Gebietes, ohne Rücksicht auf internationale pazifistische und volksverderbende Parteiströmungen in seinem Innern ist dieses Volk gewillt, sich als *geschlossenes Ganzes* zu bekennen, als ein Ganzes, das anzutasten niemand weder im Innern noch von außen versuchen darf. Nun endlich ist in Wahrheit die Zeit der deutschen Kleinstaaterei vorüber! Unbeschadet der Kultur, die in den einzelnen Stämmen organisch gewachsen ist und sich auch weiter ausbreiten soll, will dieses Volk von jedem als *einheitliche* Nation betrachtet, geachtet und gefürchtet werden. Und hieß es einst: „Ein Reich, ein Volk, ein

Kaiser", Begriffe, die verschwunden waren oder zu verschwinden drohten, so heißt es jetzt, und soll für Kind und Kindeskinder und von Geschlecht zu Geschlecht heißen: *Ein Volk, ein Reich, ein Führer!*

Graf Eberhard von Schwerin: Ein Volk, ein Reich, ein Führer!, in: National Zeitung, Organ der Nationalsozialistischen Deutschen Arbeiterpartei, 1. April 1933, S. 1 f.

1 Bezug zu Futterkrippen, hier gemeint: Besitzer von gewinnbringenden Plätzen/Positionen; November-Republik: Weimarer Republik
2 Gemeint ist der Boykott jüdischer Geschäfte (1. 4. 1933).
3 November-Revolte, hier gemeint: die im November 1918 beginnende Revolution in Deutschland
4 Gleichschaltungs-Gesetz, hier gemeint: Gesetz zur Gleichschaltung der Länder mit dem Reich
5 Bezug zur Präambel der Weimarer Reichsverfassung

Lösungsvorschläge

Inhaltliche Schwerpunkte:
Der thematische Schwerpunkt der Aufgabe lautet: „Weimarer Demokratie versus nationalsozialistischer Führerstaat" aus dem Kurshalbjahr Q 2 („Deutschland zwischen Demokratie und Diktatur – Weimarer Republik und Nationalsozialismus"). Besonders relevant sind dabei die Stichworte „Der völkische Staat: Ideologie und Wirklichkeit; Zerschlagung des demokratischen Rechtsstaates"; „Terror und Propaganda"; „der Prozess der Gleichschaltung" sowie „die Situation ausgegrenzter und verfolgter Minderheiten". Aufgabe 3 stellt einen Bezug zu dem Schwerpunktthema „Politische Revolutionen in Europa und ihre Folgen" aus dem Halbjahr Q 1 („Gesellschaftliche Veränderungsprozesse am Beginn der Moderne") her. Von Bedeutung sind hierbei vor allem die Stichworte „die Gründung des Deutschen Reiches" sowie „Grundlinien und regulative Prinzipien der Innenpolitik Bismarcks".

1. *Beginnen Sie die Lösung der Teilaufgabe mit einer kurzen Einleitung. Darin müssen wesentliche formale Angaben zu dem Material enthalten sein: der Name des Autors und seine Funktion, die Art, Herkunft und Datierung der Quelle sowie ihr Thema und ihr Entstehungsgrund. Der Operator „wiedergeben" verlangt von Ihnen, die gewünschten Informationen aus dem vorliegenden Material in eigenen Worten auszudrücken. Um eine sprachliche Distanz zur Quelle und zu ihrem ideologischen Hintergrund herzustellen, müssen Sie grundsätzlich die indirekte Rede (Konjunktiv I) verwenden. Es werden von Ihnen Leistungen aus dem AFB I verlangt.*

   Aus Anlass von Bismarcks Geburtstag (vgl. Z. 2) und der Verkündung des „Gleichschaltungs-Gesetzes" (Z. 43) veröffentlichte die „National Zeitung" am 1. April 1933 den Artikel „Ein Volk, ein Reich, ein Führer!". Darin behauptet der NSDAP-Funktionär und Herausgeber der Zeitung, Graf Eberhard von Schwerin, mit viel Pathos, dass **Hitler** nunmehr die von Bismarck begonnene **nationale Einheit Deutschlands vollende**.

Alle national gesinnten Deutschen würden an diesem Tag **Otto von Bismarck** als den Begründer des Deutschen Reichs ehren. Dieser habe das Nationalbewusstsein des deutschen Volks geweckt und das Deutsche Reich gegen innere wie äußere Feinde errichtet (vgl. Z. 10–14). Damit sei Bismarck der bedeutendste deutsche Staatsmann des 19. Jahrhunderts gewesen (vgl. Z. 4, 22). Doch hätten die Herrschenden in der Weimarer Republik versucht, Bismarck und sein Werk vergessen zu machen (vgl. Z. 10–14).
Der größte Staatsmann des 20. Jahrhunderts werde **Adolf Hitler** sein (vgl. Z. 20–24). Er und die Nationalsozialisten hätten nicht nur die Weimarer Republik überwunden, sondern das Deutsche Reich auch vor dem „Bolschewismus" und dem Untergang bewahrt (vgl. Z. 24–35). Die Nationalsozialisten seien „Erretter", „Erhalter" und „Mehrer" (Z. 36 f.) von Bismarcks Erbe. Aus dem bismarckschen Bundesstaat von damals sei durch die Herrschaft Hitlers in den vergangenen zwei Monaten (vgl. Z. 42–44) und durch das **„Gleichschaltungs-Gesetz"** (Z. 43), das an diesem Tag verkündet wurde, ein **geeintes Deutsches Reich** geworden. Erst jetzt sei die nationale Zersplitterung der deutschen Kleinstaaten überwunden (vgl. Z. 51) und die deutsche Nation sei nach innen und außen geeint (vgl. Z. 44–50). Der Wahlspruch des nationalsozialistischen Staats laute daher: „Ein Volk, ein Reich, ein Führer!" (Z. 1, 57). Die nationale Stärke zeige sich an diesem Tag auch in dem landesweiten **Boykott** „gegen die internationalen Verderber und Verleumder der Nation" (Z. 16 f.).

2.1 *Der zeitliche Rahmen dieser Aufgabe umfasst die eineinhalb Jahre von der Ernennung Hitlers zum Reichskanzler am 30. Januar 1933 bis zu Hitlers Übernahme des Reichspräsidentenamts im August 1934. Der Operator „erläutern" fordert, dass Sie den Prozess des nationalsozialistischen Machtausbaus anhand wesentlicher Ereignisse verdeutlichen. Inhaltlich gehören dazu vor allem die Reichstagsbrandverordnung, das Ermächtigungsgesetz und der „Röhm-Putsch". Die Aufgabe verlangt aber auch, den Zeitungsartikel vom 1. April 1933 (Material) einzubeziehen. Somit müssen Sie besonders auf die dort erwähnte Verkündung des „Gleichschaltungsgesetzes" und den Boykott jüdischer Geschäfte eingehen. Die Aufgabe erfordert überwiegend Leistungen aus dem AFB II.*

Nach der **Ernennung Hitlers zum Reichskanzler** durch Reichspräsident Paul von Hindenburg am 30. Januar 1933 wandelten die Nationalsozialisten die Weimarer Republik schrittweise in eine totalitäre Diktatur um. Die **Reichstagsbrandverordnung** vom 28. Februar 1933 diente als rechtliche Grundlage zur Verfolgung von politischen Gegnern. Mit der Begründung, gegen einen kommunistischen Putschversuch vorzugehen, ließen die Nationalsozialisten insbesondere Mitglieder der KPD verhaften und setzten Grundrechte wie Meinungs-, Presse- und Versammlungsfreiheit außer Kraft. Die Reichstagsbrandverordnung wurde damit zur Basis für die **Ausschaltung des gesamten Rechtsstaats**. So waren bereits die Neuwahl zum Reichstag am 5. März 1933 und der vorangegangene Wahlkampf nicht mehr frei und demokratisch. In den **Reichstagswahlen** kam die

NSDAP schließlich auf knapp 44 % der Stimmen und verfügte nun zusammen mit der DNVP über eine absolute Mehrheit im Parlament. Zur konstituierenden Sitzung des Reichstags inszenierten die Nationalsozialisten am 21. März 1933 die symbolische Verbindung des alten, preußischen Konservativismus mit der eigenen Ideologie („**Tag von Potsdam**"). Dadurch sollten die konservativ und monarchistisch gesinnten Bevölkerungskreise für den Nationalsozialismus gewonnen werden.

Ein entscheidender Schritt zur Zerstörung der Weimarer Demokratie stellte das am 23. März 1933 verabschiedete **Ermächtigungsgesetz** dar. Mit diesem übertrug der Reichstag sein Recht zur Gesetzgebung auf die Reichsregierung und hob damit die für eine parlamentarische Demokratie unverzichtbare Gewaltenteilung auf. Nur die SPD unter ihrem Vorsitzenden Otto Wels stimmte gegen diese Selbstentmachtung des Parlaments – Mitglieder der KPD waren bereits im Vorfeld daran gehindert worden, an der Sitzung teilzunehmen.

In dieser Phase des Machtausbaus erschien am 1. April 1933 der Artikel von Graf Eberhard von Schwerin in der „National Zeitung". Dieser nennt eine weitere einschneidende Etappe auf dem Weg zur Etablierung des nationalsozialistischen Einheitsstaats: das „**Gleichschaltungsgesetz**" vom 31. März 1933. Dieses löste sämtliche Landtage auf und übertrug das Stimmenverhältnis der Reichstagswahl vom 5. März 1933 auf die Länderparlamente; außerdem durften die Landesregierungen nun auch ohne Mitwirkung der Landtage Gesetze erlassen. Mit dem „Zweiten Gleichschaltungsgesetz" vom 7. April 1933 traten von Hitler bestimmte Reichsstatthalter an die Spitze der Gliedstaaten.

Des Weiteren erwähnt Graf Eberhard von Schwerin in seinem Artikel den **Boykott jüdischer Geschäfte** am 1. April 1933. Diese staatlich angeordnete Maßnahme zur öffentlichen Diskriminierung der jüdischen Bevölkerung leitete die antijüdische Politik der Nationalsozialisten ein, die schließlich in den Völkermord an den europäischen Juden (Holocaust) mündete.

Mit der Verfolgung der politischen und rassenideologischen Gegner ging ein umfassender Prozess der **Gleichschaltung** einher. Alle Bereiche des öffentlichen Lebens sollten dem **totalitären Führerstaat** und seiner nationalsozialistischen Ideologie unterworfen werden. Hierzu wurden beispielsweise politisch missliebige **Beamte** und solche mit „nicht arischer Abstammung" entlassen („Gesetz zur Wiederherstellung des Berufsbeamtentums", 7. April 1933), die **Gewerkschaften** aufgelöst (2. Mai 1933) und die Zensur der **Presse** eingeführt (Errichtung des Reichspropagandaministeriums und der Reichspressekammer).

Infolge der Zerstörung der demokratischen Staatsverfassung und der politischen Gleichschaltung lösten sich alle politischen Parteien außer der NSDAP selbst auf oder wurden verboten (14. Juli 1933). Damit wandelte sich Deutschland in einen **diktatorischen Einparteienstaat**.

Dem Machtkampf zwischen Reichswehr und SA sowie dem innerparteilichen Streit um die Fortsetzung der „nationalsozialistischen Revolution" setzte Hitler Ende Juni/Anfang Juli 1934 durch die Ausschaltung der SA-Führung und ande-

rer Konkurrenten ein gewaltsames Ende („**Röhm-Putsch**"). Mit der Hinrichtung seiner innerparteilichen Kritiker festigte Hitler seinen totalitären Herrschaftsanspruch und machte für sich richterliche Kompetenzen geltend.
Der Machtausbau der Nationalsozialisten und die Etablierung ihres diktatorischen Führerstaats fanden nach **Hindenburgs Tod** am 2. August 1934 ihren formalen Abschluss: **Hitler** übernahm nun auch das Amt des **Reichspräsidenten** und ließ die Reichswehr auf sich persönlich als „**Führer**" vereidigen.

2.2 *Der Operator „herausarbeiten" gehört vorwiegend zum AFB II. Mithilfe Ihrer Kenntnisse müssen Sie bestimmte Sachverhalte erschließen, die in der Quelle nicht ausdrücklich genannt werden. Konkret geht es um die Frage, inwieweit die Ausführungen Graf Eberhard von Schwerins nationalsozialistisches Gedankengut beinhalten. Dazu müssen Sie – am besten geordnet nach ihrer Wichtigkeit im Text – Aspekte der NS-Ideologie in der Quelle nachweisen. In einem Fazit sollten Sie abschließend bewerten, inwieweit der Zeitungsartikel der nationalsozialistischen Ideologie entspricht. Achten Sie darauf, Fachausdrücke wie „Führerprinzip" oder „Antikommunismus" zu verwenden.*

Im Mittelpunkt des Artikels steht das nationalsozialistische Ideal eines nach innen und außen **starken Deutschlands**. Diese nationalistische Vorstellung vereinte alle national gesinnten Deutschen und schloss zugleich all diejenigen aus, die als Feinde der Nation angesehen wurden. Graf Eberhard von Schwerin verknüpft den **radikalen Nationalismus**, das Kernstück der NS-Ideologie, mit der nationalstaatlichen Bewegung im Kaiserreich und stilisiert Hitler zum historischen Vollender Bismarcks. Diese **Heroisierung Hitlers** kam in dem auf Hitler ausgerichteten nationalsozialistischen **Führerprinzip** und dem quasireligiösen **Personenkult**, der Hitler zu einem „Messias" erhob, zum Ausdruck.
Zudem spiegelt sich die für die nationalsozialistische Ideologie typische **Polarisierung** in dem starren **Freund-Feind-Denken** des Autors wider: Auf der einen Seite wird der Zusammenhalt, die **Gemeinschaft** aller national gesinnten Deutschen, beschworen. Auf der anderen Seite werden die politischen und rassenideologischen Feinde benannt: Die Juden, deren Geschäfte zu Recht boykottiert würden, da sie die „internationalen Verderber und Verleumder der Nation" (Z. 16 f.) seien; der Sozialismus und der Kommunismus, die als „internationale pazifistische […] Parteiströmungen" (Z. 48) bezeichnet werden, sowie weitere „volksverderbende Parteiströmungen" (Z. 48), zu denen der Autor wohl auch die liberalen Befürworter der parlamentarischen Demokratie von Weimar zählt. Damit erwähnt bzw. spielt Graf Eberhard von Schwerin auf den nationalsozialistischen **Antisemitismus**, **Antikommunismus** und **Antiparlamentarismus** an.
Mit dem Nationalismus, der Heroisierung Hitlers sowie der Diffamierung und Ausgrenzung von Juden, Kommunisten und Demokraten beinhaltet der Artikel grundlegende **Aspekte der nationalsozialistischen Weltanschauung**. Durch die historische **Vereinnahmung Bismarcks** versucht der Autor, auch die Nationalkonservativen für die NS-Ideologie zu gewinnen.

3. *In dieser Aufgabe wird die Auseinandersetzung mit den Repressionsmaßnahmen des Dritten Reichs (1933–1945) und der Ära Bismarck (1871–1890) verlangt. Zu überprüfen ist die These, Hitlers Unterdrückungsmaßnahmen hätten denen von Bismarck „stark geähnelt“. Hierzu müssen Sie Argumente für und gegen die These zusammenstellen und diese dann gegeneinander abwägen. Wenn Sie meinen, die Unterschiede seien größer als die Gemeinsamkeiten, sollten Sie mit den Gemeinsamkeiten beginnen, um dann von Ihrer Position überzeugender zum Fazit überleiten zu können. Der Operator „überprüfen“ verlangt von Ihnen ein hohes Maß an Selbstständigkeit, denn Sie müssen Ihre Sachkenntnisse („Repressionsmaßnahmen“) vergleichend und wertend aufeinander beziehen. Es werden von Ihnen überwiegend Leistungen aus dem AFB III erwartet.*

Eine **grundlegende Ähnlichkeit** zwischen Hitlers und Bismarcks Umgang mit oppositionellen Kräften besteht darin, dass beide Staatsmänner ihre eigene Politik autoritär und ohne Rücksicht auf Parteiprogramme oder langfristige Koalitionen verfolgten. Bismarck akzeptierte Parteien, sofern sie seinen Vorstellungen entsprachen und seine Politik im Parlament unterstützten. Ansonsten versuchte er, die Parteien gegeneinander auszuspielen und ihren Einfluss gering zu halten. Hitler gab vor, das angeblich im Parteienstreit zerrissene deutsche Volk durch seine „nationale Bewegung“ einen zu wollen.
Auf den ersten Blick erinnert Hitlers Politik an Bismarcks Bemühen, die **katholische Zentrumspartei** und die **Sozialdemokratie** als „Reichsfeinde“ aus dem politischen Leben im Kaiserreich herauszudrängen. Im „**Kulturkampf**“ gegen die katholische Kirche und das Zentrum (1871–1878) hatte Bismarck teilweise zu drastischen Maßnahmen gegriffen: Geistliche durften sich nicht mehr politisch äußern („Kanzelparagraph“, 1871), die katholische Kirche verlor die Aufsicht über das Schulwesen und der kirchlichen Trauung musste die zivile Eheschließung vorangehen. Auch Sozialisten und Gewerkschaftler wurden unter Bismarck diffamiert, verfolgt, ausgewiesen und eingesperrt. Die **Sozialistengesetze** (1878–1890) untersagten den Sozialdemokraten, sich sowohl im Alltag als auch im Wahlkampf politisch zu betätigen, und verboten ihre Zeitungen.
Begünstigt wurde die Diskriminierung der katholischen und sozialdemokratischen Opposition im Kaiserreich durch den vor allem in Preußen vorherrschenden konservativen Nationalismus. Dieser förderte einen **antidemokratischen Untertanengeist** in der **militarisierten Gesellschaft** und hieß ein hartes Vorgehe gegen Oppositionelle gut.
Aber Bismarck verfolgte nur zwei Parteien, nicht wie Hitler alle außer der eigenen. Außerdem wahrte Bismarck weitgehend die **Rechtsstaatlichkeit**. Die Reichstagsfraktionen von Zentrum und SPD blieben weiterhin bestehen und gewählte Abgeordnete konnten ihr politisches Mandat ausüben. Bismarcks Motive waren politisch-ideologisch begründet, aber auch **pragmatisch**, denn er musste sich im Reichstag stets um neue Mehrheiten für seine Gesetzesvorhaben bemühen. Letztendlich überstanden **Zentrum** und **SPD** den Machtkampf mit dem bismarckschen Staat nicht nur, sondern gingen **sogar gestärkt** daraus hervor. Reichskanzler **Bismarck scheiterte** also mit seinen Repressionsmaßnahmen.

Für **Hitler** dagegen war die Verfolgung seiner politischen Gegner und derer, die er dazu erklärte, zentraler Bestandteil seiner Ideologie und diente der angestrebten **grundlegenden Umgestaltung von Staat und Gesellschaft**. Seine Repressionsmittel reichten dabei von der **Verfolgung** einzelner Oppositioneller über das **Verbot aller Parteien** bis hin zur **Folterung und Ermordung** seiner Gegner. Hitlers Handeln war nicht allein von politischen, sondern auch von **ideologischen** und **rassistischen Motiven** geprägt. Der von den Nationalsozialisten als „jüdisch" angesehene Sozialismus und Kommunismus sollte als Weltanschauung mitsamt seinen Trägern ausgerottet werden. Die terroristischen Maßnahmen des NS-Regimes reichten dementsprechend bis hin zum **Völkermord an den Juden**.

Zusammenfassend bleibt festzuhalten, dass sich Hitlers und Bismarcks Umgang mit politischen Oppositionellen nur in Grundzügen ähnelte: Beide duldeten Parteien, die abweichende Interessen vertraten, nicht und bekämpften sie autoritär. Bei näherer Betrachtung zeigt sich allerdings, dass Hitler wesentlich weitgehendere ideologische Motive verfolgte als Bismarck. Auch das Ausmaß und die Art seiner Repressionsmaßnahmen übertrafen Bismarcks Vorgehen zur Eindämmung der politischen Opposition bei Weitem. So betrieb Hitler nicht nur eine Politik zur Unterdrückung der Opposition, sondern wollte den angeblichen „inneren Feind" auch physisch vernichten.

Teilaufgabe	AFB I	AFB II	AFB III	BE
1	20			20
2.1	5	20		25
2.2	5	20		25
3		5	25	30
Summe	30	45	25	100

Hessen – Geschichte – Grundkurs – 2014
Vorschlag C

Thema: *Deutsche Wiedervereinigung 1989/90 und das Ende der Weimarer Republik*

Aufgaben

1. Beschreiben Sie, wie und aus welcher Perspektive Heym die Situation in der DDR darstellt. (Material) (30 BE)
2. Erläutern Sie den Prozess des Zusammenbruchs der DDR und der deutschen Wiedervereinigung (1989/90) unter Berücksichtigung der Vorstellungen Heyms. (40 BE)
3. Beurteilen Sie, ob in erster Linie wirtschaftliche Faktoren zum Zusammenbruch sowohl der DDR als auch der Weimarer Republik geführt haben. (30 BE)

Hinweis: Stefan Heym (1913–2001), Schriftsteller in der DDR, beschäftigte sich in seinen Werken häufig mit den Themen Revolution, Sozialismus und Freiheit.

Die Rechtschreibung entspricht der Textvorlage.

Material

Der DDR-Schriftsteller Stefan Heym äußert sich am 13. 10. 1989 in der westdeutschen Zeitung „Die Zeit" zur Situation in der DDR

Noch nie in der Geschichte ist ein Staat auf so lächerliche Weise in die Krise geraten wie die DDR. Kein Reformator verkündete neue Thesen, kein General ritt ein in der Hauptstadt an der Spitze seiner Panzer; nein, die akute Notlage ist entstanden durch Absentierung[1] der Bevölkerung; statt Barrikaden Massenauszug; statt Streiks und Demonstrationen Botschaftsbesetzung; statt Zusammenstößen mit der Polizei Ungarn-Reisen. Zurück blieben eine Partei ohne Orientierung, eine Vielzahl gefräßiger Behörden, Medien, die unentwegt amtliche Phrasen kundgeben, und an der Spitze dieses allen eine Regierung, die ihr Gesicht nur deshalb nicht mehr verlieren kann, weil sie es schon lange verloren hat.

Und die Gegner höhnen, Marx ist tot […].

In Wahrheit aber ist nicht Marx tot, sondern Stalin, und fehlgeschlagen ist nicht *der* Sozialismus, sondern nur dieser besondere, real existierende; der andere, bessere, in dessen Namen so viele tapfere Menschen ihre Ideen gaben und ihr Blut, steht noch aus. Und der Gedanke liegt nahe, jetzt, da sich der Wandel anbahnt im Umfeld der Republik, dem wirklichen Sozialismus, in dem die Menschen Brüder werden und Hand in Hand, in Freiheit und Gerechtigkeit, ihr Leben gestalten, auch hier zum Durchbruch zu verhelfen und dem Staate DDR einen neuen Inhalt zu geben.

Wieso eigentlich ist, was einst so hoffnungsvoll begann, so sehr mißlungen? [...]

Ist die DDR noch zu retten? Wichtiger noch, ist sie es wert, daß man sie rettet?

Der Staat leidet an innerer Auszehrung. Er litt schon daran, als damals die Mauer hingebaut wurde, eine Art Korsett für den zerfallenden Körper; nur stellte der Arzt sich nie ein, leider, der in der Zeit seither, mit vernünftigen Methoden und Weisheit und Toleranz, die Krankheit therapiert hätte.

Was aber heute tun und jetzt, angesichts der Katastrophe und der offenbaren Unfähigkeit höherenorts zu Umstellung und Reform? Drei Kreuze machen und die DDR, oder was davon noch nicht weggelaufen sein wird, der Bundesrepublik zu treuen Händen übergeben? Aber welche europäische Nation, und welche außereuropäische, wünscht denn nach den geschichtlichen Erfahrungen der letzten hundert Jahre ein neues Großdeutschland? Und, dies aus tiefster Seele gesprochen: Soll denn das noble Experiment des Sozialismus hier im Herzen Europas, nur weil es so lange mit unzulänglichem Gerät und falschen Zutaten probiert wurde, so gänzlich aufgegeben werden? Es gibt, das ist unbezweifelbar, genügend Menschen im Lande, die bleiben würden, um den Versuch unter neuen, demokratischen Bedingungen noch einmal zu unternehmen. Und es gibt längst schon, selbst in der SED und ihrem Umkreis, Einzelpersonen und Institute, die Modelle entwickelt haben für einen brauchbaren Sozialismus und die bereit sind, die neuen Programme, zusammen mit allen Bürgern, zu verwirklichen.

Eine Deutsche Demokratische Republik, aber eine bessere als die real existierende, ist notwendig, schon als Gegengewicht gegen die Daimler-Messerschmitt-Bölkow-Blohm-BASF-Höchst-Deutsche-Bank-Republik[2] auf der anderen Seite der Elbe; notwendig ist ein sozialistischer Staat auf deutschem Boden, der seinen Bürgern wahre Freiheit und alle Rechte garantiert, die freien Bürgern zustehen. Und nicht nur um der Menschen willen, die in der DDR leben und in ihr auch ausharren möchten; ein vernünftig funktionierender DDR-Sozialismus wäre vonnöten auch für die außerhalb der Republik, denn überall in der Welt leidet die Linke unter dem Fiasko des SED-Staates, überall höhnen die Reaktionäre[3]: was, Sozialismus! Schaut ihn euch doch an, diesen Sozialismus, dem das eigene Volk in Scharen davonläuft!

Es ist höchste Zeit, sich von dem alten Schema zu lösen und aus dem real existierenden Sozialismus in der DDR einen wirklichen zu machen, trotz alledem.

Stefan Heym: Ist die DDR noch zu retten? Aus dem real existierenden muß ein wirklicher Sozialismus werden, in: „Die Zeit", Nr. 42 vom 13. 10. 1989, S. 5.

1 Absentierung: hier im Sinne von Entfernung, politische Distanz von etwas
2 Zusammenstellung bedeutender Unternehmen der Bundesrepublik Deutschland
3 reaktionär: sich der politisch fortschrittlichen Entwicklung entgegenstellend

Lösungsvorschläge

Inhaltliche Schwerpunkte:
Die Aufgabe erfasst schwerpunktmäßig Unterrichtsinhalte aus Q 3 („Konflikt und Kooperation in der Welt nach 1945"). Im Mittelpunkt stehen die Stichworte „Die Vereinigung der beiden deutschen Staaten (Ursachen, Verlauf und Folgen)" sowie „Die innere Entwicklung in der Bundesrepublik und der DDR bis 1990" aus dem Themenbereich „Die deutsche Ebene: Teilung und Einheit". Im dritten Teil der Aufgabe wird auf Unterrichtsinhalte aus Q 2 („Deutschland zwischen Demokratie und Diktatur – Weimarer Republik und Nationalsozialismus") zurückgegriffen, vor allem auf die Stichworte „Die Krise der Weimarer Republik und Ursachen ihres Scheiterns" aus dem Thema „Weimarer Demokratie versus nationalsozialistischer Führerstaat".

1. *Nach der Identifizierung der Quelle sollen Sie die Aussagen Stefan Heyms in eigenen Worten strukturiert zusammenfassen. Dabei soll die besondere Perspektive Heyms, der das Geschehen als sozialistischer Schriftsteller betrachtet, deutlich werden (überwiegend Leistungen aus dem AFB I, teilweise auch im AFB II).*

   Der Text von **Stefan Heym**, einem der bekanntesten Schriftsteller der DDR, erschien am 13. Oktober 1989 unter der Überschrift: „Ist die DDR noch zu retten?" in der ZEIT, einer linksliberalen westdeutschen Wochenzeitung. Der Zeitpunkt der Veröffentlichung lag also vor dem Sturz Honeckers und dem Fall der Mauer, mitten in der **Periode stetig zunehmender Massendemonstrationen**.
   Der Staat **DDR**, so meint Heym, sei auf „lächerliche Weise" (Z. 1) in die **Krise** geraten, nämlich durch die **massenhafte Flucht** der Bevölkerung, nicht durch Barrikadenkämpfe, Okkupation oder Generalstreik. Die Partei sei orientierungslos, der Behördenapparat teuer und ineffektiv, die Medien wiederholten ständig die alten Schlagworte und die Regierung habe längst ihr Gesicht verloren. Schon seit dem Mauerbau habe die DDR an „**innerer Auszehrung**" (Z. 20) gelitten, eine angemessene Therapie zu ihrer Genesung habe die Partei aber nicht gefunden.
   Dennoch hält Stefan Heym nicht den Sozialismus als solchen für gescheitert, vielmehr gelte es gerade jetzt, dem **wirklichen Sozialismus** zum Durchbruch zu verhelfen. Die DDR-Bürger seien mehrheitlich dazu bereit, das „noble Experiment des Sozialismus" (Z. 30) erneut zu wagen, so Heym. Eine **erneuerte DDR** müsse ihren Bürgern die „wahre Freiheit" (Z. 42) garantieren und den Sozialisten in aller Welt wieder eine Perspektive geben.
   Der Schriftsteller wendet sich scharf gegen einen Anschluss der DDR an die Bundesrepublik. Vielmehr solle eine demokratisierte DDR das Gegenmodell zur Bundesrepublik bilden, die seiner Auffassung nach von Großunternehmen beherrscht wird; Europa und die Welt wollten außerdem **kein „neues Großdeutschland"** (Z. 29). Heym beschreibt die Entwicklung in der DDR aus der Perspektive eines vom real existierenden Sozialismus der DDR enttäuschten, aber **von der sozialistischen Ideologie** prinzipiell **überzeugten Intellektuellen**.
   Als Schriftsteller setzt er verschiedene **sprachlich-stilistische Mittel** ein, um dem Leser seine Sicht der Dinge nahezubringen. Zum Beispiel verwendet er häufig **einprägsame Bilder** (die Mauer als „Korsett für den zerfallenden Körper [der

DDR]", Z. 21) oder **rhetorische Fragen** („[I]st sie es wert, daß man sie [die DDR] rettet?", Z. 19). Zudem benutzt er polarisierende, **abwertende Formulierungen**, um den Leser für seinen Standpunkt einzunehmen (ein „neues Großdeutschland", Z. 29; höhnende „Reaktionäre", Z. 46; die „Daimler-Messerschmitt-Bölkow-Blohm-BASF-Höchst-Deutsche-Bank-Republik", Z. 39 f.).

2. *Hier sollen Sie die politische Entwicklung, die in den Jahren 1989 und 1990 zum Zusammenbruch der DDR und zur Wiederherstellung der Einheit Deutschlands geführt hat, nicht nur in den wichtigsten Etappen nachzeichnen, sondern diese auch auf der Basis eigener Kenntnisse in den historischen Zusammenhang einordnen (überwiegend AFB II). Zudem sollen Sie deutlich machen, inwiefern die reale Entwicklung den Wünschen und Erwartungen Stefan Heyms entsprach.*

Im Jahr 1985 war **Michail Gorbatschow** in der Sowjetunion zum Generalsekretär der KPdSU gewählt worden. Er betrieb in diesem Amt nicht nur eine konsequente Abrüstungspolitik gegenüber dem Westen, sondern begann auch unter den Schlagworten **Glasnost** (Offenheit) und **Perestroika** (Umbau) mit einer konsequenten Politik der inneren Reformen in der Sowjetunion.
In der DDR dagegen **verweigerte** das **Politbüro unter Erich Honecker alle Reformen** und beharrte trotz einer sich bedrohlich verschlechternden Wirtschaftslage unnachgiebig auf seinem bisherigen Kurs. Beim Besuch des sowjetischen Staatspräsidenten anlässlich der 40-Jahr-Feier der DDR Anfang Oktober 1989 zeigte sich deutlich, dass die DDR-Führung mit ihrer Haltung in Gegensatz zu Gorbatschow und damit zu ihrer Schutzmacht Sowjetunion geraten war. Was von diesem Besuch in Erinnerung blieb, war Gorbatschows Ausspruch: „Wer zu spät kommt, den bestraft das Leben." Aber auch der sowjetische Präsident konnte Honecker nicht zu Reformen bewegen.
Die **allgemeine Unzufriedenheit** mit den Zuständen in der DDR kam u. a. darin zum Ausdruck, dass immer mehr Menschen versuchten, ihr Land zu verlassen. So setzte im Sommer 1989 eine **Fluchtwelle** über die geöffnete ungarisch-österreichische Grenze in den Westen ein. Zudem besetzten DDR-Bürger die **bundesdeutsche Botschaft in Prag**, um ihre **Ausreise in den Westen** zu erzwingen.
Im ganzen Land bildeten sich nun **Bürgerrechtsgruppen** wie der „Demokratische Aufbruch" oder das „Neue Forum", die den Repressalien der Staatsmacht trotzten. Sie setzten sich für **innerstaatliche Reformen** und einen offenen Dialog aller gesellschaftlichen Kräfte ein. Von den sog. **Friedensgebeten** in einigen Kirchen der DDR, die sich zu Kristallisationspunkten der Opposition entwickelt hatten, gingen seit September 1989 jeden Montag **friedliche Demonstrationen** aus, die immer größeren Zulauf erhielten und an denen schließlich Hunderttausende teilnahmen. Das gewachsene Selbstbewusstsein der Demonstranten zeigte sich in der Parole **„Wir sind das Volk!"**
Selbst das Politbüro der SED kam letztlich zu der Einsicht, dass die Situation unhaltbar geworden war. Am 17. Oktober wurde daher Erich Honecker seiner Ämter enthoben. Als Vorsitzender des Politbüros ersetzte ihn **Egon Krenz**, der auf einen

Reformkurs einzuschwenken versuchte. Aber es war zu spät. Am 4. November demonstrierten in Berlin 500 000 Menschen gegen die SED und deren Führungsanspruch. Wenige Tage später trat das Politbüro geschlossen zurück.

Die neue Führung verkündete am 9. November die **uneingeschränkte Reisefreiheit**. Damit war die **Mauer gefallen**. Die nun einsetzende Ausreisewelle von Ost- nach Westdeutschland beschleunigte den Auflösungsprozess der DDR. Während die neue Regierung Modrow die Bundesrepublik um wirtschaftliche Hilfe bat, legte Bundeskanzler **Helmut Kohl** Ende November sein **10-Punkte-Programm** vor, das mittelfristig die Wiedervereinigung Deutschlands ins Auge fasste. Der Plan fand im Bundestag eine breite Unterstützung.

In der DDR diskutierte man zunächst an Runden Tischen über die Zukunft des Landes ohne eine alles beherrschende Partei. Im Laufe des Dezember wurde aber auch auf den Montagsdemonstrationen der Ruf nach **Wiederherstellung der deutschen Einheit** immer lauter: „**Wir sind *ein* Volk!**", hieß es jetzt sehr eindeutig. Die Bürgerrechtler der ersten Stunde, denen es eher um eine Demokratisierung der DDR gegangen war, zogen sich zurück.

Aus den **ersten freien Volkskammerwahlen** am 18. März 1990 ging die „Allianz für Deutschland", eine CDU-nahe Wählervereinigung, als Siegerin hervor und verschaffte den Anhängern einer raschen Wiedervereinigung weiteren Aufwind. Um die anhaltende Umsiedlungswelle zu stoppen, wurde schon im Mai durch die Einführung der D-Mark auf dem Gebiet der DDR die **Wirtschafts- und Währungsunion** mit der Bundesrepublik hergestellt.

In den **Zwei-plus-vier-Gesprächen** der beiden deutschen Staaten mit den vier Siegermächten sowie in bilateralen Verhandlungen konnte Helmut Kohl im Laufe des Jahres 1990 die Widerstände der Alliierten überwinden. Mit der Zusicherung einer deutlichen Verkleinerung der Bundeswehr, mit dem verbindlichen Verzicht auf den Besitz von Atomwaffen und mit der Anerkennung aller bestehenden Grenzen in Europa erreichte er die alliierte Zustimmung zur Wiedervereinigung und die vollständige Souveränität Deutschlands. Nach der Neugründung der ostdeutschen Länder und dem Beschluss der DDR-Volkskammer über den Beitritt der neuen Bundesländer zum Geltungsbereich des Grundgesetzes wurde die **Einheit Deutschlands** am 3. Oktober 1990 wiederhergestellt.

Damit hatte die reale Entwicklung eine andere als die von Stefan Heym erhoffte Richtung eingeschlagen. Die Zahl derjenigen DDR-Bürger, die „das noble Experiment des Sozialismus" (Z. 29 f.) noch einmal wiederholen wollten, war 1990 angesichts der noch frischen **Erfahrungen mit dem bisherigen DDR-Sozialismus** dann doch zu klein, als dass es dazu hätte kommen können. Zudem wirkte die Perspektive eines Beitritts zur Bundesrepublik angesichts der verfahrenen wirtschaftlichen und politischen Lage in der DDR auf viele Bürger anziehender als der „Neustart" der eigenen Deutschen Demokratischen Republik. Entgegen Heyms Prophezeiung gelang die **Wiedervereinigung Deutschlands im Einklang mit den Alliierten und den europäischen Nachbarstaaten**.

3. *Hier sollen Sie auf der Grundlage Ihres Fachwissens differenziert zu der Frage Stellung nehmen, ob der Zusammenbruch sowohl der Weimarer Republik als auch der der DDR vor allem auf wirtschaftliche Faktoren zurückzuführen ist. Dazu müssen Sie die Bedeutung der ökonomischen gegenüber anderen Ursachen für den Zusammenbruch (z. B. politischen, gesellschaftlichen oder ideologischen) abwägen und zu einem historisch gut begründeten Urteil gelangen. Bei der Lösung der Aufgabe werden von Ihnen Leistungen aus dem AFB III erwartet.*

Sowohl beim Zusammenbruch der DDR als auch beim Untergang der Weimarer Republik spielten wirtschaftliche Faktoren eine wichtige Rolle. Darüber hinaus gab es für den Zusammenbruch der beiden politischen Systeme aber auch eine **Vielzahl nicht ökonomischer Ursachen**, die im Folgenden dargelegt werden sollen. Das relative Gewicht dieser Faktoren im Vergleich zu den ökonomischen Gründen soll am Ende in einem Fazit diskutiert werden.

Die Leipziger Montagsdemonstranten hatten mit dem Slogan „Wir sind das Volk!" klar zum Ausdruck gebracht, was sie an dem herrschenden politischen System am meisten störte: dass nämlich in der „Volksdemokratie" DDR nicht das Volk, sondern die Partei und deren überaltertes Politbüro regierte. Letzteres konnte seine Herrschaft nur mithilfe des **geheimen Staatssicherheitsdienstes (Stasi)** und der **Unterdrückung aller oppositionellen Tendenzen** aufrechterhalten und blockte jegliche Reformforderungen konsequent ab.

Ausgehend von Gorbatschows Reformen in der Sowjetunion erhofften sich die Demonstranten in der DDR mehr politische und persönliche Freiheiten (z. B. demokratische Wahlen, ein Mehrparteiensystem, Meinungs- und Pressefreiheit, Reisefreiheit), aber durchaus auch wirtschaftliche Reformen (Versorgung mit Konsumgütern). Der **politisch-gesellschaftliche Erosionsprozess** der DDR fand vor dem Hintergrund einer sich **verschärfenden wirtschaftlichen Misere** statt: Die Planwirtschaft produzierte am Bedarf vorbei und die Betriebe waren auf dem freien Markt nicht wettbewerbsfähig. Zudem fehlte es an Rohstoffen, Investitionen und Arbeitskräften. Die DDR hatte sich im Ausland hoch verschuldet und stand vor dem **finanziellen Bankrott**.

Die Frage nach der Notwendigkeit von Reformen führte zu einer Kluft zwischen der sowjetischen Führung und dem SED-Politbüro. Darüber hinaus erwuchs aus dem neuen Kurs der Sowjetunion eine weitere Gefahr für die DDR-Führung: Gorbatschow war nicht länger bereit, zur Sicherung des sowjetischen Imperiums notfalls auch militärische Gewalt einzusetzen. Ein gewaltsames Eingreifen der Roten Armee zur Niederschlagung der Demokratiebewegung in der DDR war somit unwahrscheinlich.

Als die Parole „**Wir sind *ein* Volk!**" im Laufe des Dezember 1989 bei den demonstrierenden Massen auf den Straßen der DDR den Slogan „Wir sind *das* Volk!" ablöste, wurde klar, dass der Wunsch nach Wiederherstellung der **nationalen Einheit** die Menschen erfasst hatte. Viele Ostdeutsche erhofften sich von der Vereinigung der DDR mit der BRD einen Ausweg aus der wirtschaftlichen Misere und die schnelle Einführung der D-Mark. Helmut Kohl griff diese Stimmung auf, als er den Ostdeutschen im Frühjahr 1990 „blühende Landschaften" versprach.

Für den Untergang der **Weimarer Republik** waren neben wirtschaftlichen auch historische, politische und gesellschaftliche Faktoren verantwortlich. Von Anfang an lastete der **Versailler Vertrag** als schwere Hypothek auf der Republik. Dazu trugen nicht nur Gebietsabtretungen, hohe Reparationslasten und andere schikanöse Bestimmungen, sondern vor allem auch die Zuweisung der alleinigen Kriegsschuld bei. Letztere hielten die Deutschen aller politischen Richtungen für unwahr und für zutiefst ungerecht. Unter der alliierten Androhung, den Waffenstillstand aufzukündigen, unterschrieben schließlich Regierungsvertreter der MSPD und der Zentrumspartei den Vertrag. Dies wurde ihnen von der politischen Rechten und einem Großteil der Medien als nationaler Verrat ausgelegt und immer wieder vorgeworfen. Mit der **Dolchstoßlegende** komplettierte die Rechte ihren **Verratsvorwurf** gegen die Demokraten von Weimar. Schon in den ersten Reichstagswahlen verloren die republiktreuen Parteien der Mitte ihre Mehrheit im Parlament. Das politische Klima war vergiftet; in ihrem Widerstand gegen die Republik schreckte die radikale Rechte auch vor politischen Morden (**Fememorde**) nicht zurück.
Gegen diesen **Terror von rechts** erwies sich die Republik als nur eingeschränkt handlungsfähig, denn die Revolution von 1918 hatte nicht zu einer Ablösung der alten Führungsschichten in Armee, Polizei, Verwaltung und Justiz geführt. In diesen Kreisen überwogen aber die Sympathien für die politischen Rechten. Die Niederschlagung kommunistischer Umsturzversuche mithilfe der Reichswehr hatte der Republik und insbesondere der staatstragenden SPD zudem die **Feindschaft der radikalen Linken** eingebracht. Die KPD stand der Republik deshalb genauso feindselig gegenüber wie die radikale Rechte.
Im Jahr **1923** erlebte die Weimarer Republik ihre wohl schwerste **Existenzkrise:** Französische Truppen besetzten das Ruhrgebiet, es kam zu Umsturzversuchen sowohl von links als auch von rechts und die Inflation vernichtete die Ersparnisse der Deutschen. Dennoch konnte die Republik in den folgenden Jahren („**Goldene Zwanziger**") durch das geschickte Krisenmanagement Friedrich Eberts, die weitsichtige Außenpolitik Gustav Stresemanns und mittels amerikanischer Kredite wieder Tritt fassen und sich stabilisieren. Bis 1929 blieb die NSDAP im Reichstag eine Splitterpartei.
In dem Bemühen, den Staat auch nach dem Ende des Kaiserreichs durch eine starke, über den Parteien stehende Persönlichkeit zu repräsentieren, hatten die Weimarer Verfassungsgeber das Amt des **Reichspräsidenten mit einer außerordentlichen Machtfülle** ausgestattet. Dieser wurde direkt vom Volk gewählt und hatte u. a. das Recht, den Reichstag aufzulösen, den Kanzler zu ernennen und zu entlassen sowie im Fall eines Notstands mit Notverordnungen auch ohne das Parlament zu regieren. Nach dem Tod Friedrich Eberts wurde 1925 der populäre Generalfeldmarschall **Paul von Hindenburg** als Repräsentant der Rechten in dieses Amt gewählt und 1932 noch einmal bestätigt.
Ende Oktober 1929 brach mit dem Börsencrash von New York die **Weltwirtschaftskrise** aus und erfasste in den folgenden Monaten auch das von amerikanischen Krediten abhängige Deutsche Reich. Banken- und Firmenzusammenbrüche häuften sich, als das amerikanische Kapital abgezogen wurde, Arbeiter und Angestellte wurden entlassen und die **Massenarbeitslosigkeit** stieg rasch an. Ver-

schlimmert wurde die Situation durch die **Deflationspolitik** der Regierung **Brüning**, von der sich der Reichskanzler einen Verzicht der Siegermächte auf weitere Reparationszahlungen versprach.
Reichspräsident Hindenburg regierte ab 1930 ohne den Reichstag mit verschiedenen **Präsidialkabinetten** und beendete damit faktisch die Periode der parlamentarischen Demokratie. Bei den Septemberwahlen des Jahres 1930 wurde die **NSDAP**, deren Propaganda sich gezielt an die in ihrer wirtschaftlichen Existenz bedrohten Wählerschichten wandte, plötzlich zur **Massenpartei** und erhielt sechs Millionen Stimmen. Als die Zahl der Arbeitslosen 1932 die 6-Millionen-Marke überstieg und nur Hitler einen Ausweg aufzuzeigen schien, wurden die Nationalsozialisten bei neuerlichen Reichstagswahlen stärkste Partei. Ohne die **extremistischen Parteien** KPD und NSDAP waren nun keine parlamentarischen Mehrheiten mehr möglich. Ende Januar 1933 ernannte Reichspräsident Paul von Hindenburg schließlich **Adolf Hitler** zum Reichskanzler.

Für den Zusammenbruch der Weimarer Republik und den Aufstieg der NSDAP haben also in der Tat wirtschaftliche Faktoren die ausschlaggebende Rolle gespielt. Ohne die von der Weltwirtschaftskrise hervorgerufene **Massenarbeitslosigkeit** sowie die Angst um die eigene wirtschaftliche und soziale Existenz hätte **Hitler** nicht die breite Unterstützung der Wähler erhalten, die ihm letztlich den Weg ins Kanzleramt ebnete. Die anderen erwähnten Faktoren haben ihm dabei allerdings geholfen.
Das sozialistische Regime in der **DDR** jedoch wäre, wie die Entwicklung in den anderen osteuropäischen Ländern zeigte, sicherlich auch ohne den Staatsbankrott und die Wirtschaftsmisere in dem Moment zusammengebrochen, in dem die Schutzmacht Sowjetunion dem Regime seine Unterstützung entzog. Gleichwohl haben die wirtschaftlichen Faktoren den Auflösungsprozess in der DDR massiv verstärkt. Zudem dürften die **wirtschaftlichen Hoffnungen und Erwartungen** der DDR-Bürger dafür verantwortlich gewesen sein, dass es elf Monate nach dem Mauerfall zum Anschluss der neuen Länder an die Bundesrepublik kam.

Teilaufgabe	AFB I	AFB II	AFB III	BE
1	25	5		30
2	5	35		40
3		5	25	30
Summe	30	45	25	100

Hessen – Geschichte – Leistungskurs – 2014
Vorschlag A

Thema: *Revolutionen 1848 und 1918/19*

Aufgaben

1. Fassen Sie zusammen, wie und aus welcher politischen Perspektive Robert Blum den Stand der revolutionären Entwicklung einschätzt. (Material 1) (25 BE)

2. Untersuchen Sie unter Einbeziehung der Karikatur (Material 2), ob Blums Befürchtungen vom Revolutionsverlauf bis zum Sommer 1849 bestätigt werden. (40 BE)

3. „Wo wir Hoffnung säten, da ernteten wir Täuschung; wo wir Freiheit hofften, da erhielten wir Gewalt; wo wir Einheit erwarteten, da behalten wir Zerstückelung und wo die Selbstherrlichkeit des Volkes helfen sollte, da macht sich der Einfluß der Dynastien und ihrer Söldner geltend. Diese Aussichten sind so trübe, wie sie nur irgend sein können." (Material 1).
   Überprüfen Sie, ob diese Bilanz Blums in ähnlicher Weise auch von Demokraten für die Gründungsphase der Weimarer Republik 1918/19 hätte geäußert werden können. (35 BE)

Hinweise zu Material 1: Robert Blum (1807–1848), Mitglied der Frankfurter Nationalversammlung; am 9. 11. 1848 unter Verletzung seiner Immunität als Abgeordneter von österreichischen Truppen standrechtlich erschossen.

Die sogenannte „Wiesenrede" wurde bei Petterweil (heute Ortsteil von Karben in der hessischen Wetterau) gehalten.

Die Rechtschreibung entspricht der Textvorlage.

Material 1

Robert Blums „Wiesenrede" vom 9. 7. 1848

Deutsche Frauen und Männer!

Als sich bei dem Wiedererwachen des Frühlings die Natur in ihrer ganzen Schönheit verjüngte und auch die menschlichen Geister anfingen, ihre Knospen zur fruchtbringenden Blüthe zu entfalten – da hofften wir zur Zeit der Ernte, uns mit Jubel des Segens erfreuen zu können. Die Zeit der Ernte ist nun da und es scheint, als habe der Himmel Freude an dem Jahr der Freiheit. Aber die Früchte der Geschichte sind noch nicht reif, und mit Besorgnis schauen wir uns um auf dem Feld der Freiheit. Aufgerüttelt aus einem 30jährigen Schlaf, hat das deutsche Volk nicht mit Sturm erobert, was es hätte erobern sollen. Es hat vertraut auf den Geist der Neuzeit und auf den zufälligen Gang der Dinge, vertraut auf Fürstenwort und leere Verheißungen, vertraut auf das Vorparlament – und dieses Vorparlament, welches es in der Hand hatte, Deutschland zu befreien, wenn es Mut gehabt hätte, zusammen zu bleiben – hat nichts getan als eine Volksvertretung angebahnt, die erfüllen sollte, was es unerfüllt gelassen. Diese Volksvertretung ist jetzt schon zwei Monate zusammen, und was hat sie getan? Unter dem Eindruck einer beklagenswerten Tat[1] gewählt und zum Teil aus Männern zusammen gesetzt, die schon früher als volksfeindlich sich gezeigt hatten, täuschte es die von ihm gehegten Erwartungen. Denn was ist für die Freiheit geschehen? Ist die aus der Zensur hervorgegangene Presse frei? Ja! Die äußeren Fesseln sind gebrochen, aber der innere Druck dauert immer noch fort. Aus der Selbstherrlichkeit des Volkes sollte alles hervorgehen, aber die ist preisgegeben an einen einzigen Unverantwortlichen[2]. Die Freiheit hat man vergessen, die Gewalt gegründet, und diese wird sich gegen ihren Todfeind, die Freiheit kehren. Was ist für die Freiheit geschehen? […] So trüb sind die Aussichten. Wo wir Hoffnung säten, da ernteten wir Täuschung; wo wir Freiheit hofften, da erhielten wir Gewalt; wo wir Einheit erwarteten, da behalten wir Zerstückelung und wo die Selbstherrlichkeit des Volkes helfen sollte, da macht sich der Einfluß der Dynastien und ihrer Söldner geltend. Diese Aussichten sind so trübe, wie sie nur irgend sein können.

Während man sich teilweise errungener Freiheit erfreuen möchte, tritt das Gespenst der Vergangenheit hervor […]. – Wie ist dieses zu verhüten? Was ist zu tun, damit der Tag der Freiheit nicht zu Schanden werde? Wachsam müssen wir sein wie der Luchs und ununterbrochen auf den Punkt sehen, wo es Not tut, und nicht bloß mit Worten streiten, sondern nötigenfalls auch zur Tat bereit sein. Zwar ruft eine Sirenenstimme vielfach nach Gesetz und Ordnung, aber man versteht darunter die alte Satzung, die Ordnung der Polizei, die Ordnung, daß die ganze Menschheit eine Beute ist von einigen hochgeborenen Männern. Ist das Ordnung? Ihr seid verbunden mit der Erde, die uns nährt – sagt, wenn der Himmel Euch betrogen um die Ernte, ist es dann Ordnung, daß ihr das Feld wüste liegen laßt? Nein, das ist Wahnsinn, Torheit! Und Torheit ist es auch, wenn ihr nach schwerem Gewitter, das die Menschheit heimgesucht hat, glauben wolltet, es wächst von selbst. Wie der Acker bebaut werden muß, so auch die Geschichte. Also seid tätig, tretet als Männer zusammen und verlangt von denen, die nicht von Gottes Gnaden, sondern durch Euern Willen zu Vertretern gewählt sind, daß sie nach Euerm Willen handeln. […] Der Kampf gegen die Sklaverei und diejenigen, welche im Bündnis mit derselben die Freiheit unterdrücken möchten – dieser Kampf ist ein heiliger, und wenn wir stets und überall dazu gerüstet sind, da kann unser Sieg nicht ausbleiben: denn die Freiheit ist stärker als alle Bajonette. Das also sei jedermanns Zuruf, das Band, das heilige Evangelium der Neuzeit: Wachsam zu sein und nicht zu zagen vor der ernsten Zeit. Keine Ruhe, bis man der Revolution gerecht geworden ist und das System gestürzt hat, daß es kein Glied mehr regen kann. Und wenn Ihr so zur Erringung der Freiheit stets mit Wort und Tat bereit seid, dann werdet Ihr noch das Fest des Siegers feiern und mit Freude ausrufen können: Die Selbstherrlichkeit des Volkes ist zur Wahrheit geworden.

Karbener Hefte 6 (1979/Nachdruck 1998), S. 144 f.

1 Gemeint ist der Aufstand in Baden unter Leitung Friedrich Heckers (April 1848).
2 Gemeint ist die Wahl des österreichischen Erzherzogs Johann zum Reichsverweser durch die Frankfurter Nationalversammlung (29. 6. 1848).

Material 2

Der Michel und seine Kappe im Jahr 48, Satirezeitschrift „Eulenspiegel" (1849)

Hinweis zu Material 2:
Der Text unter den jeweiligen Bildabschnitten lautet: Frühjahr. Sommer. Spätjahr.

Lösungsvorschläge

Inhaltliche Schwerpunkte:
Bei Vorschlag A handelt es sich um eine historische Argumentation auf der Grundlage von Quellen. In diesem Fall werden Ihnen eine historische Rede und eine historische Karikatur vorgegeben. Die Aufgabenstellung bezieht sich auf den thematischen Schwerpunkt „Die großen Revolutionen und ihre Folgen", konkret auf die „Demokratiebewegung und Revolution 1848" (Q 1). Der kursübergreifende Bezug erfolgt, indem der thematische Schwerpunkt „Weimarer Demokratie versus nationalsozialistischer Führerstaat" aufgegriffen wird, konkret werden hier die Aspekte „Entstehungsbedingungen der Republik im nationalen und internationalen Umfeld", „Weimarer Verfassung" sowie „politische Parteien und öffentliche Meinung" (Q 2) behandelt.

1. *Erwartet wird keine Nacherzählung der Quelle, sondern eine zielgerichtete Zusammenfassung der Einschätzung Robert Blums und die Bestimmung seiner politischen Perspektive (vorwiegend AFB I). Dazu empfiehlt es sich, die Quelle zunächst formal zu beschreiben, indem die bekannten quellenkritischen Merkmale benannt werden: Quellenart, Autor, Adressat, Datierung, Thematik, historischer Kontext, Sprachstil. Sie sollten Ihre Ausführungen mit Textbelegen absichern und die Aussagen Blums in indirekter Rede (Konjunktiv I) wiedergeben.*

   Robert Blum war ein **radikaldemokratischer Abgeordneter** der Frankfurter Nationalversammlung, der am 9. Juli 1848 – vier Monate nach Beginn der Märzrevolution – in Petterweil in der Wetterau eine Rede vor politisch interessierten Bürgern hielt. Seine „Wiesenrede" (M 1) ist in den Kontext der **Paulskirchendebatten** zwischen verschiedenen politischen Gruppierungen einzuordnen. Blum gehörte zu den Kritikern, die mit dem Verlauf der Parlamentsberatungen unzufrieden waren. Maßstab seiner Einschätzung ist die **Idee der Freiheit** (vgl. Z. 6 f., 17, 23 f., 28, 43, 45, 49), die sich wie ein roter Faden durch die Rede zieht, und der Ruf nach „Selbstherrlichkeit des Volkes" (Z. 19 f., 25 f., 51), d. h. nach **Volkssouveränität**. Doch statt des zielstrebigen und mutigen Kampfs für Freiheitsrechte herrscht seiner Ansicht nach **Passivität** (vgl. Z. 8 ff.) vor. Das Volk verlasse sich zusehends auf die leeren Versprechungen der Obrigkeit (vgl. Z. 10), und das Vorparlament habe nichts weiter getan, als die Wahl einer Volksvertretung anzubahnen (vgl. Z. 11–14). Auch am Paulskirchenparlament übt Blum heftige Kritik: Viele Abgeordnete seien undemokratisch („volksfeindlich", Z. 16) und die auf dem Papier erreichte Pressefreiheit existiere in Wahrheit nur eingeschränkt (vgl. Z. 18 f.). Blum verwendet in seiner Rede **Gegensatzpaare**, die seine Hoffnungen und die für ihn bittere Realität kontrastieren: Freiheit vs. Gewalt, Volkssouveränität vs. Fürstenherrschaft (vgl. Z. 23–27). Er beklagt den Unwillen, die Ideale notfalls auch mit Gewalt durchzusetzen und nicht nur mit Worten zu proklamieren (vgl. Z. 30 ff.). Der Ruf nach Ruhe und Ordnung festige nur die alten Herrschaftsverhältnisse. Die Feinde der Freiheit bringt Blum mit Begriffen in Zusammenhang, die von Gewalt und Unterdrückung zeugen: „Sklaverei" (Z. 42), „Bajonette"

(Z. 45). Demgegenüber **überhöht** er die **Idee der Freiheit religiös**, indem er sie als „das heilige Evangelium der Neuzeit“ (Z. 46) bezeichnet, das in einem heiligen Kampf errungen werden müsse (vgl. Z. 44). Verharren und sich mit dem wenigem Erreichten zufriedengeben heißt, die Revolution und ihre Ziele zu gefährden, so Blum. Stattdessen müsse das alte System endgültig gestürzt werden (vgl. Z. 48) – dies müssten die Zuhörer von ihren Volksvertretern unmissverständlich verlangen. Blum verwendet in seiner Rede zahlreiche **sprachliche Bilder aus der Natur**, die seine von der Landwirtschaft geprägten Zuhörer verstanden haben dürften: Wie ein reinigendes Gewitter, das die Felder verwüstet, sei die Revolution über das Land gefegt; nun dürfe man den Acker nicht brach liegen lassen, sondern müsse ihn neu bestellen, um in Zukunft die Ernte einfahren zu können (vgl. Z. 35–40).

2. *Bei der Aufgabe liegt der Schwerpunkt auf der Einordnung der Kritik Blums in den tatsächlichen Revolutionsverlauf. Es ist also keine rein chronologische Darstellung des gesamten Revolutionsgeschehens gefragt, sondern eine Fokussierung auf die von Blum angesprochenen Aspekte. Die Bezugnahme auf die Karikatur kann vor oder nach dieser Einordnung erfolgen. Nennen Sie zunächst die formalen Angaben und beschreiben Sie kurz die Zeichnung. Widmet Sie sich dann der Beurteilung der Frage, inwieweit Blums Auffassung mit anderen Einschätzungen der Zeit übereinstimmt. Dabei ist differenziert vorzugehen und zwischen kurz- und langfristigen Wirkungen der Revolution zu unterscheiden. Es werden überwiegend Leistungen aus dem AFB II, teilweise auch aus dem AFB I und III erwartet.*

Inwiefern haben die tatsächlichen Entwicklungen 1848/49 Blums Befürchtungen bestätigt? Eine ganze Reihe von Aspekten kann zur Stützung seiner Position angeführt werden. In der Tat handelte es sich bei der Nationalversammlung, die auch spöttisch „Professorenparlament“ genannt wurde, um eine Versammlung, die vom Bürgertum dominiert wurde (**Honoratiorenparlament**), während andere gesellschaftliche Gruppen bzw. Trägergruppen der Revolution nicht in vergleichbarem Maße repräsentiert waren. Auch der Vorwurf der **mangelnden Effizienz** in der parlamentarischen Arbeit trifft zu, was auf die nicht vorhandene Erfahrung in der Parlamentsarbeit zurückzuführen ist und sich in langatmigen Debatten niederschlug. Die Nationalversammlung scheiterte daran, ihre beiden Hauptziele – die Verwirklichung der **nationalstaatlichen Einheit** und die Gewährung von **Freiheitsrechten** – zu erreichen. Grund hierfür war, dass es den Großmächten Österreich und Preußen mit zunehmender Dauer der Revolution gelang, ihre Macht wieder zu festigen und die Nationalversammlung zurückzudrängen. Zudem fehlte es dem Parlament zur Durchsetzung seiner Beschlüsse an den nötigen Machtmitteln. **Konflikte innerhalb der Nationalversammlung** taten ein Übriges, um die revolutionäre Bewegung zu schwächen: Sollte es eine kleindeutsche oder großdeutsche Lösung geben, eine konstitutionelle Monarchie oder eine Republik, einen Zentralstaat oder eine Föderation?

Spätestens als Friedrich Wilhelm IV. von Preußen die Kaiserkrone aus der Hand der Revolutionäre ablehnte und vormalige Reformen oder Reformversprechen zurückgenommen wurden, standen die Abgeordneten des Paulskirchenparlaments vor einem Scherbenhaufen. Die **Spaltung der Revolutionäre** in gemäßigte Liberale und radikale Demokraten spielte der Obrigkeit in die Hände, die schließlich im Juni 1849 das **Rumpfparlament in Stuttgart** auflösen konnte. Auch **Robert Blum** selbst wurde Opfer der Entwicklungen: Er wurde im November 1848 **hingerichtet**.

Dennoch muss differenziert über die Wirkungen der Revolution gesprochen werden. Kurzfristig erlitten die Bestrebungen nach Einheit und Freiheit sicher einen Rückschlag, auch wenn der **Grundrechtekatalog**, den die Nationalversammlung im Dezember 1848 verabschiedet hatte, zukunftsweisend war und im März 1849 eine Verfassung verabschiedet werden konnte. Auf lange Sicht etablierte sich in Deutschland zum ersten Mal ein **Parteiensystem**, das bis heute fortwirkt, und der Freiheitsgedanke setzte sich in den Köpfen vieler Menschen fest. Die Ereignisse führten außerdem zu einer Politisierung unterschiedlicher gesellschaftlicher Gruppen, unter anderem der Arbeiterschaft. Nicht zuletzt bestanden in einigen Staaten des Deutschen Bundes **Verfassungen** fort, die während der Revolution erkämpft worden waren – sie bildeten den Grundstein für die Überwindung der feudalen Herrschaftsordnung.

Inwieweit die Position Blums durch Zeitgenossen bestätigt wurde, kann mithilfe einer **Karikatur** aus der **Satirezeitschrift „Eulenspiegel“** von 1849 überprüft werden. Sie trägt den Titel „Der Michel und seine Kappe im Jahr 48“; der Zeichner ist nicht bekannt. Die Bilderfolge besteht aus drei Darstellungen des **deutschen Michel** im Frühjahr, Sommer und Spätjahr des Jahrs 1848. Dieser **personifiziert** darin die **Revolution und ihre Anhänger**. Die anfängliche Anspannung und Entschlossenheit weicht einem gelassenen Gesichtsausdruck und mündet schließlich in Schläfrigkeit. Dem entsprechen auch die Kopfbedeckungen und die Bärte: Trägt der deutsche Michel im Frühjahr noch eine an die Französische Revolution erinnernde Jakobinermütze und einen langen Rauschebart, ist der Bart im Sommer sorgsam gestutzt und von der Jakobinermütze ist die Kokarde – ein Erkennungsmerkmal für die Anhänger der Revolution – entfernt. In der Darstellung des Spätjahrs ist der Bart ab; der müde Michel trägt nun eine Schlafmütze.

Die zeitgenössische Karikatur zeigt, dass Blum mit seiner **Kritik am Verlauf der Revolution** und der Einstellung ihrer Träger nicht alleine war. Blum äußerte seine Befürchtungen bereits im Jahr vor Veröffentlichung der Karikatur, d. h. er sah die kommende Entwicklung und ihr Ende voraus. Sowohl der Karikaturist als auch Blum konnten indes nicht vorhersehen, dass die Revolution den Keim für Einheit und Freiheit gelegt hatte, auch wenn die Ziele erst 1871 im Kaiserreich bzw. 1919 in der Weimarer Verfassung verwirklicht werden konnten.

3. *Die Beantwortung dieser Frage stellt insofern eine Herausforderung für Sie dar, als sie vorausschauend angelegt, d. h. strukturiert werden muss. Blum arbeitet mit Gegensatzpaaren, deren Entsprechung für die Jahre 1918/19 überprüft werden soll: Täuschung statt Hoffnung, Gewalt statt Freiheit, Einfluss der Dynastien statt Selbstherrlichkeit des Volkes. Wenn Sie systematisch vorgehen, ergibt sich ein*

Gliederungsschema, in dem Sie zunächst die Übereinstimmungen mit der frühen Weimarer Republik darlegen sollten, um danach die Unterschiede herauszuarbeiten. Am Ende muss ein Fazit stehen, das ausgewogen ist und das die Gemeinsamkeiten und Differenzen zwischen 1848/49 und der Gründungsphase der Weimarer Republik pointiert zum Ausdruck bringt. Dabei empfiehlt es sich, von der Erwartungshaltung eines radikalen Demokraten wie Blum auszugehen, weil dessen Perspektive zum Maßstab der Beurteilung erhoben wird. Zugleich sollte aber auch deutlich werden, dass ein gemäßigter Liberaler zu milderen Einschätzungen gelangen würde. In der folgenden Antwort sind zahlreiche Aspekte berücksichtigt; in der Abiturprüfung könnte eine Schwerpunktsetzung erfolgen. Die Beantwortung der Teilaufgabe erfordert von Ihnen vorwiegend Leistungen aus dem AFB III.

In der Weimarer Verfassung wurde letztlich die Republik konzipiert, von der Demokraten wie Robert Blum 1848/49 geträumt hatten. Daher drängt sich die Frage auf, welche Hoffnungen und Befürchtungen die Demokraten 1918/19 hegten. Was Blum als „**Täuschung**" bezeichnet, die den in einen Neubeginn gesetzten Hoffnungen nicht entsprach, findet sich in der Weimarer Republik in der **Kontinuität der „alten Eliten**" und der fehlenden Demokratisierung des Staatsapparats, namentlich in Verwaltung, Militär und Justiz. Der **Ebert-Groener-Pakt** (10. November 1918) zwischen den Mehrheitssozialdemokraten in der Regierung und dem Militär diente zur Abwendung der linkssozialistischen Revolution und der spartakistischen Aufstände. Er zementierte gleichzeitig aber auch die Macht des antirepublikanisch gesinnten Militärs. Ebenso war der Pakt zwischen Arbeitgebern und Gewerkschaften im **Stinnes-Legien-Abkommen** vom 15. November 1918 ein Hemmnis in den Augen radikaler Demokraten, die sich eine grundlegende Änderung der Besitzverhältnisse erhofft hatten. Viele Zeitgenossen waren zudem entsetzt über die harten Bestimmungen des **Versailler Vertrags** von 1919, der Gebietsabtretungen, die Anerkennung der Kriegsschuld, immense Reparationszahlungen und militärische Beschränkungen vorsah und daher von vielen als **Demütigung** empfunden wurde. Diese Schmach wurde den Parteien der „Weimarer Koalition" (MSPD, DDP, Zentrum) angelastet.

Was den Aspekt der Gewalt betrifft, der die Freiheit erstickt habe, so stützen die militärische **Niederschlagung des Spartakusaufstands** und die **politischen Morde**, u. a. an den Spartakistenführern Rosa Luxemburg und Karl Liebknecht, diesen Befund.

Die staatliche Einheit wurde zwar nicht prinzipiell infrage gestellt, aber umfangreiche **Gebietsabtretungen** im Zuge des Versailler Vertrags (u. a. Elsass-Lothringen, Teile Westpreußens, der Provinz Posen und Oberschlesiens) und eine ausgeprägt **föderale Struktur** ließen ein Gefühl der „Zerstückelung" entstehen. Zudem verhinderte der ausgeprägte **politische Extremismus**, der von links wie rechts geschürt wurde, die innere Einheit über alle Parteigrenzen hinweg.

Blum kritisierte 1848 den Einfluss der Dynastien, der die Selbstherrlichkeit des Volks, sprich die Durchsetzung der Demokratie, verhindere. In der Tat waren auch in der Weimarer Republik **monarchistische Tendenzen** – z. B. im Beamtenapparat und bei den nationalistischen Parteien – vorhanden. Statt der parlamentarischen Demokratie schwebte etwa vielen Mitgliedern und Anhängern der großbürgerlichen DVP und der konservativ-nationalistischen DNVP das Modell einer **konstitutionellen Monarchie** vor. Andere Gruppen erhofften sich zwar keinen monarchischen, aber einen **starken, autoritären Führer** an der Spitze des Staats. Die genannten Tendenzen verhinderten folglich eine demokratische Durchdringung der Gesellschaft, auch wenn die Verfassung stark auf den demokratischen Geist der Bürger vertraute.

Allerdings können auch einige von der Situation 1848/49 abweichende Beobachtungen gemacht werden. Hoffnung weckte die Tatsache, dass die **republikanisch gesinnten Parteien** der „Weimarer Koalition" bei der ersten Parlamentswahl 1919 rund 75 % der Wählerstimmen erhielten. Trotz der Zugeständnisse an die „alten Eliten" etablierte sich die **SPD als Garantin der Demokratie**.

Das Prinzip der Freiheit manifestierte sich in den **Grundrechten**, die die Weimarer Reichsverfassung festschrieb, und in der **Gewaltenteilung**, die eine gegenseitige Kontrolle der drei Staatsgewalten beinhaltete. Auch die **staatliche Einheit** wurde nicht angetastet, sondern blieb trotz der erwähnten Gebietsverluste und trotz separatistischer Bestrebungen gewahrt. Blums Befund, die alten Dynastien hätten ihre Macht unter Missachtung der Volkssouveränität wieder zurückerlangt, kann in Bezug auf den Beginn der Weimarer Republik formal nicht bestätigt werden. Kaiser Wilhelm II. und die Länderfürsten hatten abgedankt und verloren ihre souveräne Macht durch die Verabschiedung republikanischer Verfassungen. Staatsrechtlich war Deutschland also zu einer **demokratischen Republik mit föderaler Struktur** geworden.

Grundsätzlich können die Gefahren und Hemmnisse, die Robert Blum für 1848/49 skizziert, auch für die Anfangsphase der Weimarer Republik erkannt werden. Doch kommt es bei der abschließenden Bewertung stark auf die **Perspektive der Betrachtung** und den Beurteilungsmaßstab an. Angesichts der dargestellten Widrigkeiten hätte ein radikaler Demokrat in der frühen Weimarer Republik ebenfalls harsche Kritik an den Kompromissen mit Vertretern des alten Systems üben können, während gemäßigte Sozialdemokraten und Liberale sicher positiver über das Erreichte geurteilt hätten. Über die radikaldemokratische Enttäuschung angesichts der eingegangenen Kompromisse, der langsamen Entwicklung und der nur teilweise erreichten Ziele dürfen aber nicht die langfristigen **Impulse für Freiheit und Einheit** vergessen werden, die all jene erkämpft haben, die für diese Ziele mit Entschlossenheit, aber Augenmaß eingetreten sind.

Teilaufgabe	AFB I	AFB II	AFB III	BE
1	20	5		25
2	5	30	5	40
3	5	5	25	35
Summe	30	40	30	100

Hessen – Geschichte – Leistungskurs – 2014
Vorschlag B

Thema: *Gesellschaftliche Eliten und Nationalsozialismus – Auseinandersetzung mit dem Nationalsozialismus nach 1945*

Aufgaben

1. Fassen Sie zusammen, wie Kellner den Erfolg des Nationalsozialismus erklärt. (Material) (25 BE)
2. Erläutern Sie, inwiefern Kellner die Rolle der „alten Eliten" bei der Zerstörung der Weimarer Republik und der Errichtung des totalitären Staates sachgerecht darstellt und welche weiteren Faktoren dafür verantwortlich waren. (40 BE)
3. „Wenn sich der Vorhang öffnet und das Theater ohne (Falsch)spieler und Kulissenschieber vor den Augen der Zuschauer sichtbar wird, dann wird es ein fürchterliches Erwachen geben. Noch niemals in der Geschichte eines Volkes sind aber die Schuldigen so klar zu erkennen gewesen wie diesmal. […] Nach meiner Auffassung stehen die Herren der Industrie und die Herren Offiziere in der vordersten Linie." (Material)
   Diskutieren Sie die These, die Auseinandersetzung mit dem Nationalsozialismus in den Jahren 1945–1949 sei von einer solchen Interpretation des NS-Regimes bestimmt gewesen. (35 BE)

Hinweis: Friedrich Kellner (1885–1970), Justizinspektor und SPD-Lokalpolitiker, lebte in Laubach bei Gießen und führte in der Zeit zwischen 1933 und 1945 Tagebuch, in dem er das Leben im „Dritten Reich" kommentiert.

Rechtschreibung und Unterstreichungen entsprechen der Textvorlage.

Material

Tagebucheintrag Friedrich Kellners vom 24. Juli 1941

24. Juli 1941

Der Herr Revierförster aus Ruppertsburg, der z[ur] Z[eit] in Lothringen sich aufhält:

„Die Bevölkerung ist nicht für Deutschland. Das gesamte Gebiet müßte umgesiedelt werden."[1] –

Wer auf diesem Planet nicht für Deutschland ist, wird einfach entfernt. Nun ist diese Auffassung noch sehr menschlich. Ich habe schon oft hören müssen, daß die anderen Völker (z. B. Polen) einfach ausgerottet werden. Der echte Germane ist nicht sentimental und wenn er etwas anpackt, macht er es gründlich. –

Herr Oberamtsrichter Groß aus Grünberg ist sehr siegesgewiß, er hat keinerlei Bedenken. Die Russen sind nicht intelligent genug, unseren Angriffen zu begegnen. Das ist seine Meinung. Im übrigen macht ihm der kommende Friede keinerlei Sorgen. Kriege müssen sein. Fertig. –

Der geringste Widerstand gegen das derzeitige Regime ist von den (beamteten) Akademikern zu erwarten. Diese Herren fühlen, daß das Pferd, auf das sie alles gesetzt haben, gewinnen muß. Ihre Gesamteinstellung ist darnach ausgerichtet. Den Gedanken, daß die Sache schief gehen könnte, lassen sie nicht aufkommen. Ich versuche stets, meine eigenen entgegengesetzten Gedanken in der Erörterung der Zeitgeschehnisse einzuflechten. Es ist mir aber nur in einigen Fällen gelungen, den Partner bedenklich zu stimmen. Die meisten Menschen lieben es nicht, sich mit unangenehmen Dingen zu beschäftigen. Es ist ja doch auch zu schön, im Siegeswahn weiter zu leben.

Die Herrschaften, die mit Elan im Jahre 1933 und später unter Aufgabe ihres Charakters und ihrer anständigen Gesinnung sich voll und ganz den Ideen Hitlers verschrieben haben und ohne jede Kritik überall widerspruchslos sich für „Heil Hitler“ einsetzten, für die mag es auch sehr peinlich sein, wenn der Lauf der Dinge eine andere Richtung nimmt.

Wenn ich zurückdenke an die vielen Trauergestalten und Postenjäger, die aus materiellen Gründen ihre Anschauungen mit einem Ruck änderten und den begeisterten Hitleranhänger mimten[2], (dann) kann jeder aufrichtige Mann nur Ekel empfinden vor solchen „Männern“. Ein überaus trauriges Kapitel erbärmlicher Gesinnungslumperei! Großindustrielle, Großbankiers, Fürsten, Großagrarier, Gelehrte und Beamte, alle, die der geringsten sozialen Regung vor 1933 verständnislos gegenüber standen, alle diese edlen Gestalten waren plötzlich bekehrt und umgewandelt und bewiesen ihre Begeisterung für die (NSDAP.) Nationalsozialistische Deutsche <u>Arbeiter</u>-Partei. Die Arbeiter der „Stirn und der Faust“[3] Arm in Arm. Die inhaltslosesten Phrasen wurden Tag und Nacht gedroschen. Bis der Arbeiter (der Faust) sein Rückgrat verlor, seine politische Schulung vergaß und seinen Gewerkschaftsgeist aufgab. Das war der größte Triumph aller Konservativen u. Reaktionäre[4], als der Arbeiter sich selbst aufgegeben hatte und zum ausgesprochenen Arbeitssklaven herabsank. Die ab u. zu etwas unangenehmen „sozialistischen“ Nadelstiche von „alten Kämpfern“ wurden von der Klasse der Kapitalisten mit Geschick pariert[5]. Die Hauptsache war: ungeahnte Möglichkeiten, märchenhafte Verdienste einzuheimsen, taten sich auf, als Hitler den Welteroberungsplänen deutscher Generale keinerlei Widerstand entgegensetzte. So kam die größte Aufrüstung aller Zeiten, und so kam selbstverständlich auch der gewollte Krieg. –

Das deutsche Volk wird eines Tages auch diesen Rausch ausschlafen. Doch der Katzenjammer wird nicht so rasch vorübergehen.

Wenn sich der Vorhang öffnet und das Theater ohne (Falsch)spieler und Kulissenschieber[6] vor den Augen der Zuschauer sichtbar wird, dann wird es ein fürchterliches Erwachen geben. Noch niemals in der Geschichte eines Volkes sind aber die Schuldigen so klar zu erkennen gewesen wie diesmal.

Es mag sein, daß der eine oder andere Bandit eine größere Portion Schuld auf sich vereinigt. Im großen und ganzen kommt es aber auf die schuldigen Gruppen an.

Nach meiner Auffassung stehen die Herren der Industrie und die Herren Offiziere in der vordersten Linie. Sie waren es (– von wenigen Ausnahmen abgesehen –), die mit Hitler durch dünn und dick gingen und ihn berieten!

Friedrich Kellner: „Vernebelt, verdunkelt sind alle Hirne". Tagebücher 1939–1945, hrsg. v. Sascha Feuchert u. a., Bd. 1, Göttingen: Wallstein 2011, S. 172 f.

1 Die französische Region Lothringen wurde 1940 besetzt und faktisch dem Deutschen Reich eingegliedert.
2 mimen: vortäuschen
3 Arbeiter der „Stirn und der Faust": Slogan der Nationalsozialisten zur Beschwörung der Gemeinschaft aller Schaffenden (Intellektueller wie handwerklich Arbeitender)
4 reaktionär: rückschrittlich, fortschrittsfeindlich; hier: Gegner der Republik und der Arbeiterschaft
5 parieren: abwehren
6 Kulissenschieber: derjenige, der die Dekoration auf der Theaterbühne bewegt

---

Lösungsvorschläge

Inhaltliche Schwerpunkte:
Die Aufgabe bezieht sich hauptsächlich auf das Kurshalbjahr Q 2 mit seinem Thema „Deutschland zwischen Demokratie und Diktatur – Weimarer Republik und Nationalsozialismus" und dem darin enthaltenen Themenschwerpunkt „Weimarer Demokratie versus nationalsozialistischer Führerstaat". Für die Bearbeitung benötigen Sie Kenntnisse über die Inhalte „Der völkische Staat: Ideologie und Wirklichkeit"; „Zerschlagung des demokratischen Rechtsstaates"; „Terror und Propaganda" sowie „Der Prozess der Gleichschaltung". Der halbjahresübergreifende Bezug wird durch die dritte Aufgabe hergestellt. Dazu sind Kenntnisse zum Thema „Die deutsche Ebene: Teilung und Einheit" aus Q 3 („Konflikt und Kooperation in der Welt nach 1945") wichtig. Insbesondere geht es um die „relative Offenheit der Nachkriegssituation und determinierende Faktoren" sowie um die „Gründung der beiden deutschen Staaten".

1. *Einleitend sollten Sie einige Bemerkungen über den Autor und die Art der Quelle machen. Bearbeiten Sie den Text, indem Sie nach einschlägigen Aussagen aus allen Teilen der Quelle suchen und diese zusammenfassen. Ihre Meinung, sprich eine Kommentierung, ist nicht gefragt. Achten Sie auf eine sprachliche Distanz zu den Aussagen des Autors (Benutzung des Konjunktivs). Die Arbeitsanweisung verlangt von Ihnen überwiegend Leistungen aus dem AFB I.*

   Der hessische Justizinspektor und SPD-Lokalpolitiker **Friedrich Kellner** aus Laubach bei Gießen führte in der Zeit von 1933 bis 1945 **Tagebuch**. Diesem ist der vorliegende Auszug entnommen. Der Eintrag stammt vom 24. Juli 1941, er wurde also vier Wochen nach dem Beginn des deutschen Angriffs auf die Sowjetunion verfasst. Die Aufzeichnung ist privater Natur und gibt Aufschluss über die persönliche Stimmung sowie die Einschätzung des Verfassers zur NS-Herrschaft und zum Krieg.

Zu Beginn des Tagebucheintrags erwähnt Kellner zwei zeitgenössische politische Meinungen aus seinem Bekanntenkreis (Revierförster, Oberamtsrichter), die er für repräsentativ hält („Ich habe schon oft hören müssen", Z. 6). Sie belegen die **Siegeserwartung innerhalb des deutschen Bürgertums** („sehr siegesgewiß", Z. 9) und die Bereitschaft zu radikalen Maßnahmen wie Umsiedlungen ganzer Bevölkerungsteile in den besetzten Gebieten oder gar ihre Vernichtung („einfach ausgerottet", Z. 7). Der **Krieg** werde vom Bürgertum **als notwendiges Mittel akzeptiert**. Diesen Einschätzungen seiner Zeitgenossen steht Kellner skeptisch gegenüber („Siegeswahn", Z. 20).

Der Verfasser übt zudem Kritik an der Haltung verschiedener gesellschaftlicher Kreise und an deren Bereitschaft, sich „widerspruchslos" (Z. 23) der nationalsozialistischen Bewegung anzuschließen. Der geringste Widerstand sei dabei „von den (beamteten) Akademikern zu erwarten" (Z. 13 f.). Insgesamt gebe es eine enge **Kooperation von Kapitalisten**, **Aristokraten**, **Großgrundbesitzern**, **Akademikern und Militärs** mit dem NS-Regime (vgl. Z. 30, 40, 42).

Die arbeiterfeindlichen Kreise („Konservative[...] u. Reaktionäre", Z. 37) empfänden es als Triumph, dass die Nationalsozialisten – trotz des Begriffs „Arbeiter" in ihrem Parteinamen – die Arbeiterschaft ihres „Rückgrat[s]" (Z. 35) beraubt hätten. Sie zeigten sich begeistert über die **Selbstaufgabe der Arbeiterschaft und deren Entmachtung** durch die Nationalsozialisten. „‚[S]ozialistische[...]' Nadelstiche von ‚alten Kämpfern'" (Z. 39) – etwa aus den Reihen der SA – hätten die konservativen und reaktionären Kreise geschickt abgewehrt.

Verschiedene gesellschaftliche Gruppen haben nach Ansicht Kellners ein geschäftliches („Möglichkeiten, märchenhafte Verdienste einzuheimsen", Z. 41) und berufliches („Welteroberungspläne[...] deutscher Generale", Z. 42) **Interesse an Aufrüstung**, **Krieg und Expansion**. Insbesondere die Industrie und das Militär spielten als Ratgeber Hitlers eine zentrale Rolle (vgl. Z. 53–55).

Der Autor erklärt den Erfolg des Nationalsozialismus mit der **Bereitschaft der deutschen Eliten zur Zusammenarbeit mit den Nationalsozialisten** und dem kaum vorhandenen Widerstand. Er befürchtet, dass es eines Tages ein „fürchterliches Erwachen" (Z. 48 f.) geben werde und sieht deutlich die Verantwortlichkeit und Schuld bei den zuvor genannten Gruppen.

2. *Die Aufgabenstellung verlangt von Ihnen Kenntnisse über die innenpolitische, die gesellschaftliche und die wirtschaftliche Entwicklung der Weimarer Republik. Dabei sollen Sie von der Erklärung des Autors für die Zerstörung der Weimarer Republik und die Errichtung der NS-Diktatur ausgehen, jedoch weitere Faktoren benennen und durch Beispiele verdeutlichen (überwiegend AFB II, in geringem Maße auch AFB I und AFB III).*

Kellner weist der „alten“, **großbürgerlich-adligen Elite** entscheidende **Verantwortung für den Untergang der Weimarer Republik** und für den Erfolg des Nationalsozialismus zu. Für diese Sichtweise lassen sich einige gute Gründe finden. So lehnten große Teile der „alten Eliten“ die Republik, die Demokratie und den Sozialstaat ab. Insbesondere die Einbindung der **Reichswehr** erwies sich als schwierig – dies wurde etwa in ihrer mangelnden Unterstützung für die Reichsregierung im Kapp-Lüttwitz-Putsch deutlich. Die **Justiz** zeigte sich auf dem „rechten Auge blind“ und fällte gegen rechtsradikale Täter deutlich mildere Urteile als gegen linksradikale. Auch die **Beamtenschaft**, die nach der Revolution nicht ausgewechselt wurde, hing noch weitgehend einem obrigkeitsstaatlich-monarchistischen Denken an.
Die Deutsche Volkspartei (**DVP**) und ihre großindustriellen Unterstützer waren 1930 nicht mehr dazu bereit, länger mit der SPD in einer Großen Koalition zusammenzuarbeiten. So trieb der Koalitionsbruch die **Entparlamentarisierung** voran. Die Folge war die Ausschaltung des Parlaments durch die nachfolgenden **Präsidialkabinette** (Brüning, von Papen, von Schleicher).
Von einzelnen Industriellen („**Keppler-Kreis**“) erfuhr die NSDAP finanzielle Unterstützung. In diesem Zusammenhang kam es 1932 auch zur Gründung einer „Arbeitsstelle“ zur wirtschaftspolitischen Beratung der NSDAP.
Über Reichspräsident **Paul von Hindenburg** nahmen die „alten Eliten“ Einfluss auf die Regierungsbildung und andere wichtige politische Entscheidungen. Ende 1932 erklärte sich der Vorsitzende der Deutschnationalen Volkspartei (**DNVP**), Alfred Hugenberg, bereit, als Minister in einem Kabinett Hitler zu dienen. Durch eine Intrige wurde Reichskanzler von Schleicher abgelöst. Am 30. Januar 1933 traten neben Hitler noch zwei weitere NSDAP-Mitglieder (Wilhelm Frick als Reichsinnenminister und Hermann Göring als Minister ohne Geschäftsbereich und Kommissarischer preußischer Innenminister) in die neugebildete Regierung ein. Die Vorstellung rechtskonservativer Kreise, **Hitler** in einem „**Kabinett der nationalen Konzentration**“ unter Beteiligung von acht nicht nationalsozialistischen Ministern zu zähmen, erwies sich bald als folgenschwerer Irrtum. „In zwei Monaten haben wir Hitler in die Ecke gedrückt, dass er quietscht“, soll Vizekanzler Franz von Papen geäußert haben, und Reichswirtschaftsminister Alfred Hugenberg erklärte: „Wir rahmen Hitler ein.“
Neben diesen Belegen für die These Kellners lassen sich jedoch auch andere Faktoren benennen, die den Aufstieg und den Erfolg der NSDAP begünstigten. Zum Zeitpunkt der Ernennung Hitlers zum Reichskanzler war das parlamentarische System der Weimarer Republik längst unterhöhlt. Seit den **Reichstagswahlen im Jahr 1932** (Juli/November) verfügten die antidemokratischen Parteien **NSDAP und KPD** über eine **Mehrheit im Parlament**. Nach ihrem Durchbruch bei der Reichstagswahl 1930 war die NSDAP innerhalb weniger Monate zur stärksten politischen Kraft geworden. Die weitverbreitete Abneigung gegen die demokratische Republik schlug sich im Wahlverhalten nieder. Die **NSDAP** entwickelte sich zu einer **Volkspartei**, die Wähler aus fast allen Bevölkerungsschichten für sich mobilisieren konnte. Lediglich in Kreisen der gewerkschaftlich organisierten Arbeiterschaft und bei kirchentreuen Katholiken erreichte sie keine nennenswerten

Stimmengewinne. Da die **Arbeiterbewegung** durch ihre **Spaltung** geschwächt war, gelang es ihr nicht, dem Nationalsozialismus eine einheitliche und starke Kraft entgegenzusetzen.
Verschärft hatte sich die Radikalisierung der politischen Landschaft unter dem Eindruck der **Weltwirtschaftskrise**. Diese und die „**Führererwartung**", d. h. die Wahrnehmung Hitlers als charismatische Führerpersönlichkeit, erhöhten die Bereitschaft in der Bevölkerung, den nationalsozialistischen Verheißungen zu folgen. Mit Blick auf die Außenpolitik schürte die NSDAP die Hoffnung auf eine schnelle **Totalrevision des Versailler Vertrags** und auf den baldigen Wiederaufstieg Deutschlands zur handlungsfähigen Großmacht.
Die **Volksgemeinschafts-Propaganda** der Nationalsozialisten knüpfte an die weitverbreitete Sehnsucht nach einem konfliktfreien Miteinander an. Die Tatsache, dass in einer solchen „Volksgemeinschaft" Vielfalt und andere Meinungen unterdrückt werden würden, wurde angesichts der als Chaos und Bedrohung empfundenen Situation in der Weimarer Republik hingenommen oder gar befürwortet.
Insgesamt ist festzuhalten, dass Kellner die Rolle der „alten Eliten" sehr stark betont, weitere Faktoren wie die **Mitverantwortung beträchtlicher Teile der deutschen Bevölkerung** hingegen weitgehend ausblendet. Er argumentiert aus einer sozialdemokratisch-klassenkämpferischen Perspektive heraus. Die „Selbstaufgabe" der Arbeiterschaft spricht er nur kurz an.

3. *Bei der Bearbeitung dieses Aufgabenteils sollen Sie diskutieren, ob die vom Autor aufgeworfene These in einem bestimmten Zeitraum (1945–1949) die Auseinandersetzung mit dem Nationalsozialismus bestimmt hat. Für eine durchdachte Bewertung ist es wichtig, dass Sie sowohl Pro- als auch Kontra-Argumente anführen und diese in einem abschließenden Fazit gegeneinander abwägen. Die aspektgeleitete Untersuchung verlangt von Ihnen überwiegend Leistungen im AFB III.*

Kellner vertritt die Auffassung, dass sich die Verantwortung für den Nationalsozialismus konkreten gesellschaftlichen Gruppen aus der Oberschicht zuordnen lasse. Dabei nennt er vor allem die „**Herren der Industrie**" (Z. 53) und die „**Herren Offiziere**" (Z. 53), deren Verantwortlichkeit offensichtlich sei. Dafür, dass diese Sicht auf das NS-Regime die Auseinandersetzung mit dem Nationalsozialismus in den Jahren 1945 bis 1949 bestimmt hat, sprechen einige Gründe.
In der **SBZ** erfolgten die **Enteignung und Verstaatlichung von Großgrundbesitz** mit dem Hinweis auf den Kampf für eine neue gesellschaftliche Ordnung und gegen den „Faschismus". Auch in den **Westzonen** wurden anfänglich Sozialisierungspläne diskutiert. Selbst die **CDU** stellte in ihrem **Ahlener Programm** aus dem Jahr 1947 das kapitalistische Wirtschaftssystem infrage und forderte eine Neuordnung der Wirtschaft. Diese Vorstellungen schlossen auch die Entflechtung von Großbetrieben und die Lenkung der Wirtschaft durch den Staat mit ein.
Die von den vier Siegermächten im Potsdamer Abkommen vorgesehene **Dekartellisierung und Demilitarisierung** zielten auf die Ausschaltung von Militär und Industrie in einem künftigen Deutschland. Im **Nürnberger Prozess** gegen die

Hauptkriegsverbrecher gingen die Alliierten nicht nur gegen hohe Parteifunktionäre der NSDAP vor, sondern erhoben auch Anklage gegen Militärs und Industrielle. **Die Entnazifizierung in den Westzonen** führte schnell zur Entlastung großer Teile der „einfachen" NSDAP-Mitglieder, die als „Mitläufer" oder gar „Unbelastete" eingestuft wurden. Das Misstrauen der Alliierten gegenüber dem Militär äußerte sich in dem anfänglichen Verbot, eine neue deutsche Armee aufzustellen. Erst unter den Bedingungen des Kalten Kriegs erfolgte die Gründung der Bundeswehr und der Nationalen Volksarmee.
Gegen die Übernahme von Kellners These sprechen jedoch die Bemühungen der Alliierten zur Umerziehung der gesamten Bevölkerung im Sinne einer **Demokratisierung**. Diese Maßnahmen resultierten aus der Vorstellung, es gebe allgemein einen expansiven und autoritär-militaristischen deutschen Nationalcharakter. Im **Potsdamer Abkommen** beschlossen die Siegermächte deshalb, alle Angehörigen der NSDAP sowie ihrer Verbände und Gliederungen einer **Entnazifizierung** zu unterziehen. Auch die in der amerikanischen Zone hierzu durchgeführte umfassende **Fragebogenaktion** zeugte von einer grundlegenden Skepsis gegenüber der gesamten deutschen Bevölkerung.
Die anfänglichen – im Ahlener Programm festgehaltenen – kapitalismuskritischen Überlegungen innerhalb der CDU wurden unter dem Einfluss Konrad Adenauers und Ludwig Erhards zunehmend von den Ideen einer **sozialen Marktwirtschaft** abgelöst. Mit dem **Grundgesetz** und den darin enthaltenen Sicherungen gegen antidemokratische politische Strömungen legte der Parlamentarische Rat den Grundstein für die Etablierung einer wachsamen und **wehrhaften Demokratie**.

Die Ansicht Kellners von der Schuld der „alten Eliten" war nach dem Krieg unter den Alliierten, aber auch unter deutschen Politikern weitverbreitet. Die Frage nach der **Verantwortung für den Nationalsozialismus** wurde im Zuge des Kalten Kriegs **verdrängt**. **Hitler** wurde als der **„Verführer"** der Deutschen dargestellt. Eine Auseinandersetzung mit der individuellen Schuld und Verantwortung blieb hingegen zumeist aus.

Teilaufgabe	AFB I	AFB II	AFB III	BE
1	20	5		25
2	5	30	5	40
3	5	5	25	35
Summe	30	40	30	100

Thema: *Der Untergang der DDR und der des Deutschen Kaiserreichs*

Aufgaben

1. Beschreiben Sie die Positionen Gorbatschows und Honeckers auch unter Berücksichtigung des Verhältnisses der beiden Politiker zueinander. (Materialien 1–3) (30 BE)

2. Stellen Sie unter Einbeziehung der Materialien dar, welche politischen, ideologischen, gesellschaftlichen und ökonomischen Faktoren die Krise in der DDR in den achtziger Jahren bestimmten. (35 BE)

3. Überprüfen Sie, inwieweit der Untergang der DDR (1989) und des Deutschen Kaiserreichs (1918) von ähnlichen Faktoren bestimmt war. (35 BE)

Hinweise: Anatolij Sergeevic Tschernjajew (geb. 1921), 1986–1990 Mitglied des ZK der KPdSU, 1986–1991 Assistent des Generalsekretärs für internationale Angelegenheiten

Michail Sergeevic Gorbatschow (geb. 1931), 1985–1991 Generalsekretär des ZK der KPdSU, 1988–1989 Vorsitzender des Präsidiums des Obersten Sowjets der UdSSR, 1989–1990 Vorsitzender des Obersten Sowjets der UdSSR

Erich Honecker (1912–1994), 1971–1989 erster Sekretär (ab 1976 Generalsekretär) des ZK der SED, Staatsratsvorsitzender der DDR

Georgij Chosroevic Sachnazarov (1924–2001), 1988–1991 Assistent des Generalsekretärs Gorbatschow

Egon Krenz (geb. 1937), Mitglied des ZK der SED, ab 17. 10. 1989 Nachfolger Honeckers als Generalsekretär des ZK der SED

Die Rechtschreibung entspricht der Textvorlage, die Fußnoten wurden aber nicht übernommen. Die Schreibweisen „Gorbacev“ und „Cernjaev“ wurden in die gemeinhin üblichen „Gorbatschow“ und „Tschernjajew“ übertragen.

Material 1

Auszug aus dem Tagebuch A. S. Tschernjajews vom 5. 10. 1989

M. S. [Gorbatschow] fliegt morgen in die DDR, zum 40. Jahrestag. Er mag überhaupt nicht. Hat heute zweimal angerufen: sagt, er sei den Text (der Rede) bis zum letzten Buchstaben durchgegangen, – man wird nämlich bei allem durchs Mikroskop schauen … Zur Unterstützung Honeckers werde ich nicht ein Wort sagen. Die Republik und die Revolution werde ich unterstützen.

Heute in Dresden – Demonstration mit 20 000. Gestern in Leipzig (noch mehr).

Es kursiert die Information, dass man in Anwesenheit Gorbatschows beginnen wird, „die Mauer“ zu stürmen. Beängstigende Szenen bei der Durchfahrt eines Sonderzugs (mit Flüchtlingen aus der DDR in den Westen) aus Prag in die BRD über Dresden. Das westdeutsche Fernsehen hat das alles aufgenommen und zeigt es in der gesamten DDR. […]

Archiv der Gorbatschow-Stiftung, Best. 2, Verz. 2, zit. nach: Aleksandr Galkin/Anatolij Tschernjajew (Hg.): Michail Gorbatschow und die deutsche Frage. Sowjetische Dokumente 1986–1991. Deutsche Ausgabe hrsg. von Helmut Altrichter, Horst Möller und Jürgen Zarusky, München: Oldenbourg Wissenschaftsverlag 2011 (Quellen und Darstellungen zur Zeitgeschichte Bd. 83), S. 186.

Material 2

Aus dem Gespräch zwischen M. S. Gorbatschow und E. Honecker vom 7. 10. 1989

M. S. Gorbatschow: […] Für uns ist die DDR ein vorrangiger Verbündeter; davon ist auszugehen. Die vergangenen Jahrzehnte waren vom Standpunkt der Entwicklung unserer Länder und der internationalen Lage nicht ungetrübt. Wir haben stets in einem bestimmten Kontext gehandelt. Und dies waren die Bedingungen des „Kalten Krieges“; es war erforderlich, ihnen Rechnung zu tragen. Das, was uns heute eint, ist nicht zufällig: Unsere Beziehungen reichen zurück in die Geschichte. Und auf dieser soliden Grundlage kann man beliebige innere und äußere Einzelfragen lösen. Ich denke, dass wir heute sowohl unsere eigene Rolle als auch die eigene Verantwortlichkeit besser verstehen und einander in nichts verdächtigen. Es gibt allen Grund, von reifen Beziehungen zwischen zwei Völkern, Parteien und Ländern zu sprechen.

Aber dafür ist es nötig, zusammenzustehen; unerlässlich sind ein hohes Niveau der gegenseitigen Verständigung und eine neue Qualität der Zusammenarbeit in allen Bereichen. […] Und natürlich muss unsere Zusammenarbeit das Besondere des Wendepunktes in der Entwicklung der sozialistischen Zivilisation in Betracht ziehen.

Wir haben auf den ersten Etappen der Perestrojka gespürt, dass die radikalen Umgestaltungen in unserem Lande mit einer großen Verwirrung in den Köpfen verbunden waren, auch bei den Kommunisten.

[…] Die Partei kann nicht anders handeln, als sämtliche Impulse in sich aufzunehmen, die die Gesellschaft liefert.

Ich habe gestern gesagt, dass in deiner Rede die Errungenschaften der Republik überzeugend dargelegt wurden. Es war gut, dass du auch einen Blick in die Zukunft geworfen hast. An einem solchen Tag und in einer solchen Rede bestand augenscheinlich keine Notwendigkeit, dieses Thema weiter zu vertiefen. Wie ich es verstehe, werdet ihr euch sowohl gleich nach dem Feiertag als auch im Zuge der Vorbereitung des Parteitags damit befassen müssen. Die Probleme, die uns beide beunruhigen, erfordern dies. Die Initiative muss bei der Partei liegen, bei der Führung; man darf nicht zu spät kommen.

E. Honecker: Ich möchte noch einmal meine Dankbarkeit dafür aussprechen, dass du an den Festlichkeiten zum Jubiläum der DDR hast teilnehmen können. Ich hatte dich […] darum gebeten, weil ich davon ausging, dass der 40. Jahrestag der Republik unsere gemeinsame Sache ist. Die brüderliche Zusammenarbeit von DDR und Sowjetunion ist bei der Mehrheit der Bevölkerung in Fleisch und Blut übergegangen. Und obwohl es in unseren Beziehungen Höhen und Tiefen gab – die Zusammenarbeit zwischen der KPdSU und der SED war stets von entscheidender Bedeutung.

Wir haben bereits einige Gespräche über das Thema Perestrojka geführt. Ihr habt große Erfolge in der Außenpolitik erzielt. Was die inneren Prozesse in der Sowjetunion betrifft, so berichten wir darüber in unseren Massenmedien.

Jetzt fordern unsere Gegner Reformen. Die Partei muss ihre Aufklärungsarbeit hinsichtlich einiger ideologischer Fragen verstärken, denen sie nicht genügend Aufmerksamkeit geschenkt hatte. Im Zuge der Vorbereitung auf den Parteitag werden wir diese Probleme lösen. Wir haben eine Reihe von Kommissionen ins Leben gerufen; eine davon beschäftigt sich mit der Analyse, wie der Sozialismus im 21. Jahrhundert aussehen wird.

Über unsere Probleme habe ich in meiner gestrigen Rede gesprochen. Wir befinden uns an der Grenze zwischen Warschauer Pakt und NATO, und es gibt eine Spaltung Deutschlands. Dies ist der Ursprung eines wachsenden Klassenkampfes in allen Bereichen. Kohl hat in einem Interview gesagt, wenn die DDR einen Weg der Reformen einschlägt, werde ihr die BRD Hilfe erweisen. Aber wir lassen uns keine Verhaltensregeln diktieren. […]

Den Zerfall einiger Länder – Ungarn, Polen – betrachtet man im Westen als Anlass, dem Sozialismus einen Schlag zu versetzen. Derzeit sammelt man die Kräfte gegen die DDR. […]

M. S. Gorbatschow: Ich teile die Meinung über die Komplexität der Prozesse, die jetzt in den Ländern des Sozialismus ablaufen. Der Westen verspricht große Gnadengeschenke für die Aufgabe der Positionen. Auch wir werden dazu angestachelt, mehr Kredite aufzunehmen. Wir haben schwierige Prozesse in der Gesellschaft, aber es ist nicht so leicht, sich an uns heranzumachen. Eine andere Sache sind Ungarn und Polen. Dort hat man über mehrere Jahre Wohlstand auf einer künstlichen Basis geschaffen, und dies hat sie jetzt in eine Position der Abhängigkeit gebracht. […]

E. Honecker: Die bei uns entstandene Lage haben wir bereits besprochen und werden die Diskussion am Dienstag fortsetzen. Es ist klar, dass wir die gesellschaftliche Struktur dadurch festigen müssen, dass wir die Bevölkerung in breiterem Umfange in die Verwirklichung überfälliger Maßnahmen einbeziehen. […]

Auf dem Weg zum 12. Parteitag ist die ideologische Arbeit von besonderer Bedeutung. Insgesamt ist die Arbeiterklasse und besonders die Bauernschaft in guter Verfassung. Die Werktätigen unterstützen die Linie der Partei. Fragen gibt es natürlich, aber es ist unser Glück, dass wir uns rechtzeitig der sozialen Probleme angenommen haben und vor allem die Wohnungsfrage gelöst haben. Wir setzen die Aneignung der Errungenschaften der Wissenschaftlich-Technischen Revolution fort: Zum 40. Jahrestag hat ein Teil der Betriebe neue automatisierte Ausrüstungen erhalten und zum

12. Parteitag der SED wird ihre weitere Umstrukturierung auf elektronischer Basis erfolgen. Das Wachstum der Arbeitsproduktivität in diesen Betrieben beträgt zwischen 300 und 700 %. Die Form der Kombinate hat sich voll und ganz bewährt. Sie gehen jetzt auf den Weltmarkt hinaus und arbeiten immer enger mit den sowjetischen Betrieben zusammen. [...]

Im Vergleich zur Sowjetunion ist die DDR ein kleiner Staat, aber eine Macht mit großem Potential in Industrie, Wissenschaft und Technik. Und es ist sehr wichtig, dass zwischen uns jetzt Einigkeit bei allen grundlegenden Fragen herrscht.

Archiv der Gorbatschow-Stiftung, Best. 1, Verz. 1, zit. nach: Aleksandr Galkin/Anatolij Tschernjajew (Hg.): Michail Gorbatschow und die deutsche Frage. Sowjetische Dokumente 1986–1991. Deutsche Ausgabe hrsg. von Helmut Altrichter, Horst Möller und Jürgen Zarusky, München: Oldenbourg Wissenschaftsverlag 2011 (Quellen und Darstellungen zur Zeitgeschichte Bd. 83), S. 187–190.

Material 3

Auszug aus dem Tagebuch A. S. Tschernjajews vom 11. 10. 1989

Habe die Aufzeichnung des Gesprächs von M. S. [Gorbatschow] mit Honecker in Berlin gelesen.[1] Habe mit ihm darüber gesprochen. Sachnazarov war dabei. M. S. nannte Honecker ein A(rsch)loch. Er könnte zu seinen Leuten sagen: Habe vier Operationen überstanden, bin 78, eine so stürmische Zeit fordert viel Kraft, lasst mich gehen, ich habe meine Sache gemacht. Dann würde er vielleicht in der Geschichte bleiben.

Sach[nazarov] und ich bezweifelten, dass er, würde er das jetzt tun, in der Geschichte bleiben wird. Vor zwei, drei Jahren: meinetwegen! Jetzt ist er schon vom Volk verflucht.

In Berlin tagt das Politbüro den zweiten Tag. Krenz hat (gegenüber unserem Botschafter – zur Weiterleitung an M. S.) versprochen „die Frage“ nach Veränderungen „zu stellen“. Honecker hat ihn gewarnt: Du wirst zu meinem Feind. [...]

Archiv der Gorbatschow-Stiftung, Best. 2, Verz. 2, zit. nach: Aleksandr Galkin/Anatolij Tschernjajew (Hg.): Michail Gorbatschow und die deutsche Frage. Sowjetische Dokumente 1986–1991. Deutsche Ausgabe hrsg. von Helmut Altrichter, Horst Möller und Jürgen Zarusky, München: Oldenbourg Wissenschaftsverlag 2011 (Quellen und Darstellungen zur Zeitgeschichte Bd. 83), S. 200.

1 Gemeint ist das als Material 2 abgedruckte Dokument.

Lösungsvorschläge

Inhaltliche Schwerpunkte:
Im Mittelpunkt der Aufgabe stehen Unterrichtsinhalte, die sich auf das Thema „Konflikt und Kooperation in der Welt nach 1945“ aus Q 3 beziehen. Insbesondere sind Kenntnisse zur „Vereinigung beider deutschen Staaten (Ursachen, Verlauf und Folgen)“ aus dem thematischen Schwerpunkt „Die deutsche Ebene: Teilung und Einheit“ gefragt. Der kursübergreifende Aspekt wird in der dritten Aufgabe durch die Bezugnahme auf den Q 2-Schwerpunkte „Weimarer Demokratie versus nationalsozialistischer Führerstaat“ herausgestellt. Hierbei ist vor allem Wissen über die „Entstehungsbedingungen der Republik im nationalen und internationalen Umfeld“; über die „Weimarer Verfassung“ sowie über die „politischen Parteien und die öffentliche Meinung“ befragt.

1. *Hier sollen Sie nach einer knappen Einordnung der Quellen und ihrer Spezifika die politischen Positionen beider Politiker, aber auch deren persönliches Verhältnis zueinander anhand der drei Materialien in eigenen Worten oder durch die Nutzung kurzer, gekennzeichneter Zitate strukturiert darstellen. Dabei müssen Sie auch auf Ihr Vorwissen zurückgreifen (überwiegend AFB I).*

Bei den Materialien 1 bis 3 handelt es sich um Quellen, die zwischen dem 5. und 11. Oktober 1989 im Zusammenhang mit dem **Besuch Michail Gorbatschows in der DDR** entstanden sind. Der sowjetische Staatschef und Generalsekretär der KPdSU, der seit 1986 unter den Schlagworten Glasnost und Perestroika die Sowjetunion einem grundlegenden Reformprozess unterzogen hatte, besuchte die DDR aus Anlass des 40. Jahrestags ihrer Gründung. Die Texte M 1 und M 3 sind **Tagebuchaufzeichnungen** eines engen Mitarbeiters Gorbatschows. Text M 2 ist das **Protokoll** der **Unterredung**, die **Gorbatschow** am 7. Oktober 1989 mit **Erich Honecker**, dem Staatsratsvorsitzenden der DDR, führte. Dieser lehnte Gorbatschows Reformpolitik strikt ab.
Während M 1 und M 3 einen eher privaten, inoffiziellen Charakter haben und die persönliche Sichtweise Gorbatschows verdeutlichen, stellt M 2 ein offizielles Dokument dar, das den Stand der **zwischenstaatlichen Beziehungen der DDR mit der Sowjetunion** zum Gegenstand hat. Deshalb wird man davon ausgehen können, dass die Position Gorbatschows, insbesondere sein persönliches Verhältnis zu Erich Honecker, in M 1 und M 3 „ehrlicher“ zum Ausdruck kommt als in M 2, wo Diplomatensprache vorherrscht.
Aus M 1 geht hervor, dass Gorbatschow nur sehr ungern zum Staatsbesuch nach Berlin flog („Er mag überhaupt nicht“; M 1, Z. 1 f.). Zur Unterstützung Honeckers werde er „nicht ein Wort“ (M 1, Z. 4) sagen.
M 3, eine Aufzeichnung, die unmittelbar nach dem Berlin-Besuch entstanden ist, dokumentiert die ganze **Verachtung Gorbatschows** gegenüber seinem deutschen Gesprächspartner, den er sogar als „A(rsch)loch“ (M 3, Z. 3) bezeichnete. Gegenüber seinen Mitarbeitern vertrat er die Auffassung, Honecker habe den richtigen

Zeitpunkt für seinen Rücktritt verpasst. Es wird deutlich, dass Gorbatschow einen sofortigen Wechsel der DDR-Staatsführung wünschte und das Politbüro der SED über den sowjetischen Botschafter dazu ermunterte.
Aus M 1 und M 3 geht weiter hervor, dass die Führung der Sowjetunion über die **Ereignisse in der DDR**, also über die Demonstrationen sowie die Massenflucht von DDR-Bürgern, gut informiert und höchst beunruhigt war.
Während also die Tagebuchaufzeichnungen M 1 und M 3 klar und deutlich darüber Auskunft geben, dass das Verhältnis zwischen beiden Staatschefs zerrüttet war, wurden die politischen Differenzen und die gegenseitige persönliche Abneigung in ihrer offiziellen Unterredung laut Protokoll M 2 weitgehend hinter nichtssagenden **diplomatischen Floskeln** verborgen. Gorbatschow etwa beschwor hierbei die zwischenstaatlichen Beziehungen der Sowjetunion mit der DDR, die weit in die Geschichte zurückreichen würden (vgl. M 2, Z. 6), er sprach blumig von „reifen Beziehungen zwischen zwei Völkern, Parteien und Ländern" (M 2, Z. 10) und lobte Honecker sogar dafür, dass er in seiner Rede „die Errungenschaften der Republik [gemeint ist die DDR] überzeugend dargelegt" habe (M 2, Z. 20 f.).
Honecker seinerseits behauptete, die „**brüderliche Zusammenarbeit**" (M 2, Z. 31) zwischen der Sowjetunion und der DDR sei der Mehrheit der Bevölkerung inzwischen „in Fleisch und Blut übergegangen" (M 2, Z. 32); er hob die großen Erfolge Gorbatschows in der Außenpolitik hervor und wollte seinen Gast von der Zukunftsfähigkeit der DDR offenbar mit dem Hinweis überzeugen, man habe eine Kommission eingesetzt, die sich mit der Frage beschäftigen solle, wie der Sozialismus im 21. Jahrhundert aussehen werde.
In einigen Passagen werden die bestehenden **Differenzen** jedoch trotz aller diplomatischen Verschleierungsversuche deutlich: So betonte Gorbatschow, die Zusammenarbeit müsse „das Besondere des Wendepunktes in der Entwicklung der sozialistischen Zivilisation in Betracht ziehen" (M 2, Z. 13 f.) und spielte damit auf seine Reformpolitik an, welche die DDR seiner Auffassung nach übernehmen sollte. Die SED müsse die Initiative ergreifen und sich mit den Problemen beschäftigen, andernfalls drohe die Gefahr, „zu spät" (M 2, Z. 27) zu kommen.
Für Honecker war **Gorbatschows Reformpolitik** dagegen reines Teufelszeug. Er betrachtete die Forderung nach Reformen als Ausdruck des vom Westen verschärften „**Klassenkampfes**" (M 2, Z. 46) gegen die sozialistischen Länder und insbesondere gegen die DDR. Solchen Forderungen wollte er vor allem durch eine Verstärkung der „ideologische[n] Arbeit" (M 2, Z. 64), durch die Fortsetzung der erfolgreichen Sozialpolitik sowie durch die Verbesserung der Arbeitsproduktivität mittels Elektronisierung und Automatisierung konsequent entgegentreten.
Nicht ganz einfach zu bewerten ist ein Ausspruch Gorbatschows, der in M 1 im Zusammenhang mit seiner Verweigerung jeder direkten Unterstützung Honeckers zitiert wird: „Die Republik und die Revolution werde ich unterstützen." (M 1, Z. 4 f.). Trat Gorbatschow damit offen auf die Seite der Leipziger Montagsdemonstranten? Sprach er sich wirklich für eine revolutionäre Umwälzung der gesellschaftlichen Ordnung der DDR, für die Abkehr vom Sozialismus, aus? Wohl kaum. Gorbatschow als Erbe der Oktoberrevolution benutzte zur Charakterisierung seiner **Reformpolitik** niemals den Begriff der Revolution. Mit dem zitierten

Satz wollte Gorbatschow vielmehr ausdrücken: „Ich unterstütze nicht Honecker, dafür aber eine **reformorientierte DDR als sozialistischen Staat auf deutschem Boden**.“ Das war zu diesem Zeitpunkt seine deutschlandpolitische Überzeugung.

2. *In dieser Teilaufgabe sollen Sie die entscheidenden Faktoren, die den Untergang der DDR herbeigeführt haben, entlang der in der Aufgabenstellung genannten Kategorien aufzeigen. Ihre Darstellung sollte Bezüge und Wirkungszusammenhänge deutlich machen und nicht nur Fakten und Ereignisse aufzählen. Da die Materialien für die Lösung dieser Aufgabe nicht sehr ergiebig sind, müssen Sie sich hier vor allem auf eigene Kenntnisse stützen (hauptsächlich AFB II).*

Die Krise der DDR, die im Laufe des Jahres 1989 eskalierte und ein Jahr später zum Untergang dieses Staates führte, war Teil einer **grundlegenden Krise** des damaligen sozialistischen Staatensystems, der wenig später auch die Sowjetunion selbst zum Opfer fiel: Der Ostblock löste sich auf und die ideologische Teilung der Welt in West und Ost wurde überwunden. Hierfür waren eine Reihe unterschiedlichster Faktoren verantwortlich.

Politische Faktoren
Wie alle Ostblockstaaten war die DDR durch eine alles dominierende Staatspartei geprägt. Die **Sozialistische Einheitspartei Deutschlands** (**SED**) erhob einen absoluten Führungsanspruch in Staat, Wirtschaft und Gesellschaft. Politische Äußerungen, die diesen infrage stellten, wurden von der parteihörigen Justiz als „staatsfeindliche Hetze“ verfolgt und mit z. T. langjährigen Gefängnisstrafen geahndet. Legale politische Opposition war unter diesen Umständen unmöglich. Scheinwahlen verliehen der Diktatur einen demokratischen Anstrich.
Aufgabe des **geheimen Staatssicherheitsdienstes** (**Stasi**) war es, den Herrschaftsanspruch der SED durchzusetzen. Dazu wurde die DDR-Gesellschaft mit einem Heer von offiziellen, vor allem aber inoffiziellen Mitarbeitern durchsetzt, das die Bevölkerung bespitzelte und unerwünschtes Verhalten der Stasi meldete.
Eine Besonderheit der DDR war die Tatsache, dass diesem sozialistischen Staat auf dem kleineren östlichen Teil des deutschen Territoriums ein größerer demokratisch-kapitalistischer Weststaat, die Bundesrepublik Deutschland, gegenüberstand, der auf der Einheit der deutschen Nation beharrte. Zudem existierten über die innerdeutsche Grenze hinweg noch viele verwandtschaftliche Beziehungen. Engere Kontakte zwischen den Deutschen aus West und Ost oder gar die Flucht in den Westen wurden zwar von der DDR-Führung durch **Mauer und Stacheldraht** unterbunden, der Empfang von Westfernsehen und -radio ließ sich aber kaum verhindern. Dadurch entstand ein Gegenbild zur SED-Propaganda und die Attraktivität der Bundesrepublik stieg für die DDR-Bürger je deutlicher das **Prosperitätsniveau des Westens** das der DDR übertraf.
1985 wurde **Michail Gorbatschow** zum Generalsekretär der KPdSU gewählt und initiierte ab 1986 im Zeichen von **Glasnost und Perestroika** eine Politik des Umbaus von Staat und Gesellschaft. Das SED-Politbüro unter Honecker hielt dagegen an den alten Positionen fest und widersetzte sich allen Reformforderungen. Zu-

gleich stärkte der gesellschaftliche und politische Aufbruch in der Sowjetunion diejenigen Kräfte in der DDR, die sich für Veränderungen einsetzten. Parallel zur Massenflucht von DDR-Bürgern über Prag und Ungarn in den Westen formierte sich ab Sommer 1989 innerhalb der DDR der Protest gegen die herrschenden Zustände. Bei Demonstrationen brachten Bürger ihre Forderung nach Reformen öffentlich zum Ausdruck. Selbst durch die zunächst massive Gewaltanwendung der Staatsorgane ließ sich die Oppositionsbewegung nicht einschüchtern. Die Zahl der Demonstranten nahm sogar zu und auf den **Leipziger Montagsdemonstrationen** wurde der Slogan **„Wir sind das Volk!“** skandiert, der zur zentralen Parole der friedlichen Revolution wurde.

Ideologische Faktoren

In den 1980er-Jahren geriet die Staatsideologie der DDR, der sog. **Marxismus-Leninismus**, in immer stärkeren Gegensatz zur Wirklichkeit und wurde dadurch unglaubwürdig. Der „volksdemokratische“ Anspruch war mit der Realität des „realsozialistischen“ Herrschaftssystems nicht mehr vereinbar. Statt des Proletariats herrschte eine kleine Clique von Funktionären, die ihr **Machtmonopol** nicht aufgeben wollte. Das Ziel des Kommunismus, eine gesellschaftliche Ordnung zu errichten, in der jeder nach seinen Bedürfnissen leben könne, rückte in immer weitere Ferne.

Gorbatschow hatte versucht, sich der Realität zu stellen und das **Glaubwürdigkeitsdefizit** durch Reformen zu beseitigen. Honecker und sein **Politbüro** hielten hingegen an den überlieferten ideologischen Grundsätzen fest und gerieten damit in Gegensatz zur Führung der Sowjetunion.

Gesellschaftliche Faktoren

Der egalitäre Anspruch der sozialistischen Ideologie verhinderte nicht, dass in der DDR eine gesellschaftliche Elite von hohen Parteifunktionären entstand, die sich durch materielle und soziale **Privilegien** vom Rest der Gesellschaft abhob. Uneingeschränkte **Reisefreiheit** war ein von den DDR-Bürgern besonders vermisstes Grundrecht. Das Gefühl eingemauert zu sein und vom größten Teil der Welt gewaltsam ferngehalten zu werden, trug entscheidend zur Delegitimierung des politischen Systems der DDR bei.

Die auch in der DDR empfangbaren **Westmedien** machten nicht nur die politische Propaganda der Partei weitgehend wirkungslos, sie transportierten auch Bilder vom westlichen Lebensstil und den westlichen Konsumgewohnheiten in die Wohnzimmer der DDR-Bürger. Dem **Reiz des Westens** hatte die Partei gerade bei jungen Menschen wenig entgegenzusetzen. Die im Sommer 1989 einsetzende **massenhafte Flucht** von DDR-Bürgern über die geöffnete ungarisch-österreichische Grenze in den Westen und die Besetzung der bundesdeutschen Botschaft in Prag waren ebenso wie die **Demonstrationen** in der DDR Ausdruck einer wachsenden **Unzufriedenheit und Verzweiflung**. Diese und der Wille sich nicht länger mit den Gegebenheiten abfinden zu wollen, trugen auch zur Gründung von **Umweltgruppen**, **Bürgerrechtsinitiativen** und **Parteien** bei.

Ökonomische Faktoren
Mitentscheidend für den Untergang der DDR war zweifellos die wirtschaftliche Misere, die sich in den 1980er-Jahren immer deutlicher abzeichnete: Allerorten verfielen die Innenstädte, häufig mussten alte, baufällige Häuser abgerissen werden. Die **Infrastruktur** war marode und behinderte die Kommunikation sowie den Waren- und Personenverkehr. Zwar war die Versorgung der Bevölkerung mit Grundnahrungsmitteln gesichert, aber Kaffee, Schokolade und Südfrüchte stellten fast **unerschwingliche Luxusgüter** dar.
Der Maschinenpark der Betriebe war wegen unzureichender Investitionen vielfach völlig veraltet; Ineffizienz und Produktionspausen waren die Folge. Hinzu kamen **ökologische Katastrophen:** Ganze Regionen waren durch die ungefilterte Emission von Schadstoffen aus der Industrie vergiftet worden.
All dies war das Ergebnis einer **staatlichen Planwirtschaft**, in der Parteifunktionäre die Investitions- und Produktionsprioritäten nach politischen Kriterien festsetzten. Für die Betriebe stand einzig die **Planerfüllung** im Fokus – Ziele wie Effizienz, Produktivität oder die Qualität der Produkte spielten keine Rolle. Die Preise wurden nicht auf dem freien Markt, sondern durch eine Plankommission nach politischen Kriterien festgelegt; sie waren vielfach nicht kostendeckend.
Mit anderen Worten: Die wirtschaftliche und finanzielle Lage der DDR war Ende der 1980er-Jahre desolat. Dies wurde auch an der **Überschuldung** des Staates deutlich. Dieser konnte die im Westen zur Finanzierung seiner Subventionspolitik aufgenommenen Milliardenkredite schließlich nicht mehr bedienen. Bereits Monate vor ihrer Vereinigung mit der Bundesrepublik war die DDR bankrott.

3. *Zur Beantwortung dieser Teilaufgabe müssen Sie den Untergang der DDR mit dem des Deutschen Kaiserreichs vergleichen und dabei Ähnlichkeiten, aber auch Unterschiede herausarbeiten. Die Lösung der Aufgabe setzt gute Kenntnisse über beide historische Epochen voraus, da Sie Ihre Einordnung ausführlich begründen müssen (überwiegend AFB III).*

Sowohl der Untergang des Kaiserreichs als auch der Zusammenbruch der DDR waren keine ausschließlich nationalen Ereignisse. Sie waren vielmehr eingebettet in **globale Wandlungsprozesse**, welche die gesamte Staatenwelt sowohl territorial als auch innenpolitisch grundlegend veränderten: Der Untergang des Kaiserreichs war ganz wesentlich durch den Ausgang des **Ersten Weltkriegs** bestimmt und ohne ihn nicht denkbar; der Zusammenbruch der DDR stand im Kontext eines **längeren Transformationsprozesses**, in dessen Verlauf eine der beiden seit 1945 vorherrschenden Weltmächte, nämlich die Sowjetunion, derart geschwächt wurde, dass sie ihr Imperium nicht mehr zusammenhalten konnte.

Ähnlichkeiten
In beiden Fällen hatte das bestehende politische System in den Augen eines großen Teils der Bevölkerung seine Legitimation verloren. Zur **Legitimationskrise** in der DDR trugen vor allem die Kluft zwischen ideologischem Anspruch und

politischer Wirklichkeit, die fehlenden bürgerlichen Freiheiten und demokratischen Rechte sowie der Reformunwille der Staatsführung bei. Zusammen mit der miserablen wirtschaftlichen Lage, dem drohenden Staatsbankrott sowie dem mangelnden Rückhalt seitens der Sowjetunion entfaltete diese Krise eine für die DDR existenzbedrohende Wirkung.

Die Staats- und Militärführung des Kaiserreichs verlor vor allem durch die drohende **militärische Niederlage** im Herbst 1918 ihre Glaubwürdigkeit. Ende September 1918 hatte die Oberste Heeresleitung (OHL) eingestehen müssen, dass der Krieg nicht mehr zu gewinnen war. Bis dahin war gegenüber der schwer leidenden Bevölkerung stets die Zuversicht auf einen „Siegfrieden" aufrechterhalten worden. Die Einsicht in die Vergeblichkeit aller Opfer und Entbehrungen sowie die Forderung der OHL nach Abschluss eines sofortigen Waffenstillstands wirkten wie ein Schock und zerstörten jedes Vertrauen in die politische und militärische Führung. Die Folgen waren Aufstände und **Massendemonstrationen** in den Metropolen des Reichs, die Bildung von Arbeiter- und Soldatenräten, die Abdankung des Kaisers sowie die Ausrufung der Republik.

An beiden Zusammenbrüchen trug die **Unnachgiebigkeit der jeweiligen Staatsführung** eine Mitschuld. Das Politbüro der SED verweigerte sich unter Führung Erich Honeckers jeder Reform und geriet dadurch in Gegensatz zur politischen Linie der eigenen Schutzmacht, der Sowjetunion.

Auch der Kaiser und seine Reichsregierung hielten bis zuletzt an den **autoritären politischen Strukturen** fest. Obwohl die demokratischen Parteien der Mitte im Reichstag über eine Mehrheit verfügten, verhinderte der Kaiser die „Parlamentarisierung" des politischen Systems und die Abschaffung des undemokratischen preußischen Dreiklassenwahlrechts. Die **Oktoberreformen** der Regierung des Prinzen Max von Baden, die das politische System des Kaiserreichs von einer konstitutionellen in eine **parlamentarische Monarchie** überführen sollten, kamen zu spät und entfalteten in der aufkommenden Revolution keine Wirkung mehr.

Bei beiden „Revolutionen" spielte ein Phänomen eine wichtige Rolle: spontane, stetig anwachsende **politische Massendemonstrationen**, bei denen **„das Volk"** seinen politischen Willen artikulierte, der sich klar gegen das jeweils herrschende politische Regime richtete.

Im Fall der DDR hatten diese Demonstrationen ihren Ursprung in den **„Friedensgebeten"**, die seit den frühen 1980er-Jahren in zahlreichen Kirchen stattfanden. Sie wurden allmählich zu Kristallisationspunkten der Opposition und fanden im Laufe des Jahres 1989 trotz zunächst massiver staatlicher Repressalien immer größeren Zulauf. Im Oktober strömten Zehntausende zu den Gebeten und den sich anschließenden **Demonstrationen**. Zur blutigen Niederschlagung der Massenproteste konnte sich die Staatsführung nicht durchringen. Mit der Ablösung Honeckers durch Krenz sowie mit der Öffnung der Mauer unternahm das Politbüro den letzten verzweifelten Versuch, das alte System und die eigene Macht zu retten.

Die Revolution im November 1918 ging vom **Kieler Matrosenaufstand** aus. Die Seeleute einiger in Kiel vor Anker liegender Kriegsschiffe verweigerten den Befehl der Marineführung, zu einem letzten Gefecht auszulaufen. Delegationen der Kieler Matrosen machten sich auf den Weg in andere deutsche Großstädte, wo sie

unter dem Jubel der aufgebrachten Volksmassen die Gründung von **Arbeiter- und Soldatenräten** initiierten. Diese traten an die Stelle der kaiserlichen Autoritäten und übernahmen die Macht. Der Kaiser dankte ab, Philipp Scheidemann und Karl Liebknecht riefen am **9. November 1918** die Republik aus und der Rat der Volksbeauftragten aus Vertretern von USPD und MSPD übernahm die Macht.
Eine weitere Parallele zwischen beiden Revolutionen ist die **schlechte Wirtschaftslage**. Die wirtschaftliche Lage der DDR war vor allem aufgrund der niedrigen Produktivität, der hohen Staatsverschuldung sowie der falschen planwirtschaftlichen Prioritätensetzung desolat. Allerdings muss man hervorheben, dass 1989 in der DDR die Versorgung mit Grundnahrungsmitteln gesichert war und niemand Hunger leiden musste. Dies war im Deutschen Reich während des Ersten Weltkriegs anders: Das Reich war durch die britische Seeblockade von Nahrungsmittelzufuhren aus Übersee abgeschnitten und nicht in der Lage, ausreichend Lebensmittel zur Ernährung der Bevölkerung zu erzeugen. Vor allem in strengen Kriegswintern starben daher nicht wenige an **Hunger**. Viele Kinder waren chronisch unterernährt. Dies trug wesentlich zur Verschlechterung der Stimmung an der Heimatfront bei.
Eine weitere Gemeinsamkeit der beiden Revolutionen ist, dass die **Ziele der ursprünglichen Initiatoren** letztlich **nicht erreicht** wurden, obwohl beide Umstürze erfolgreich waren. In der Novemberrevolution von 1918 schienen am Anfang diejenigen Kräfte die Oberhand zu haben, denen eine **sozialistische Räterepublik** nach sowjetischem Vorbild vorschwebte, jedoch wurden die mehrheitssozialdemokratischen und die bürgerlichen Anhänger einer parlamentarischen Republik zunehmend stärker. Gleichwohl versuchten radikale Kräfte aus USPD und Spartakusbund um den Jahreswechsel 1918/19, die Macht an sich zu reißen. Die MSPD-geführte Regierung setzte daraufhin das Militär ein, das den Aufstand blutig niederschlug. Bei den Wahlen zur Nationalversammlung siegten am 19. Januar 1919 die **parlamentarisch-demokratischen Parteien** MSPD, DDP und Zentrum – die linkssozialistischen Verfechter einer Räterepublik fanden hingegen nur geringe Unterstützung bei den Wählern.
Die friedlichen Massendemonstrationen in der DDR wurden anfangs von **Bürgerrechtlern** angeführt, welche den **sozialistischen Staat reformieren** und demokratisieren, aber nicht abschaffen wollten. Als die Mauer gefallen und die uneingeschränkte Reisefreiheit erkämpft war, wurden diejenigen Gruppen stärker, die am wirtschaftlichen Erfolg der Bundesrepublik partizipieren wollten und eine Vereinigung der DDR mit der Bundesrepublik anstrebten. Die **ersten freien Wahlen** in der DDR brachten im März 1990 eine deutliche Mehrheit für die Parteien, die eine baldige **Wiedervereinigung** befürworteten. Die Bürgerrechtler der ersten Stunde traten in den Hintergrund.

Unterschiede

Der äußerlich auffälligste Unterschied zwischen der Revolution von 1918 und der von 1989 ist die Tatsache, dass der Aufstand 1918 von bewaffneten und uniformierten Angehörigen des Militärs, die Protestbewegung 1989 aber von unbewaff-

neten Zivilisten ausging. Im Verlauf der Revolution 1918/19, vor allem bei der Niederschlagung ihres radikalen Flügels, kam es zu **bürgerkriegsartigen Gewaltexzessen** mit vielen Toten.
Ganz anders war das Erscheinungsbild der „Revolutionäre“ von 1989: Bei den Demonstrationen gingen evangelische Pastoren voran, die Kerzen in den Händen hielten. Die Demonstrationszüge bestanden ausschließlich aus Zivilisten; viele riefen: **„Keine Gewalt!“** Die Demonstranten trugen Transparente und Plakate, aber keine Waffen mit sich. Selbst die bewaffnete Staatsmacht verzichtete angesichts dieser Bilder schließlich auf die Anwendung von Gewalt. Das befürchtete Blutbad blieb aus.

Fazit
Die Frage, inwieweit der Untergang der DDR und der des Kaiserreichs von ähnlichen Faktoren bestimmt war, bedarf also einer **differenzierten Antwort**. Neben Ähnlichkeiten wie dem tief greifenden Vertrauensverlust in das bisherige politische System, dessen Reformunwillen, der schlechten Wirtschaftslage, den Massendemonstrationen und dem Ruf nach demokratischen Freiheiten lassen sich auch Gegensätze zwischen den beiden Revolutionen erkennen: Während der Faktor Gewalt im Verlauf der Novemberrevolution 1918 eine große Rolle spielte, behielt die Wende in der DDR bis zuletzt ihren absolut friedlichen Charakter. Gerade diese **Gewaltlosigkeit** kann als ein Grund für die allgemeine Akzeptanz und die **nachhaltige Wirkung** des Umbruchs von 1989/90 angesehen werden.

Teilaufgabe	**AFB I**	**AFB II**	**AFB III**	**BE**
1	25	5		30
2	5	30		35
3		5	30	35
Summe	30	40	30	100

Hessen – Geschichte – Grundkurs – 2015
Vorschlag A

Thema: *Einheit und Freiheit: 1848 – 1871 – 1948 – 1989/90*

Aufgaben

1. Beschreiben Sie Friedländers Sichtweise der Revolution von 1848/49 und die Folgerungen, die er für die politische Situation Deutschlands im Jahre 1948 zieht. (Material) (30 BE)
2. Untersuchen Sie anhand der Entwicklung in Deutschland von 1830 bis zum Sommer 1849, ob man die Deutsche Revolution von 1848/49 als „steckengeblieben" (Material) bezeichnen kann. (40 BE)
3. „Nun, immerhin dies, daß wenigstens einmal in der deutschen Geschichte das Volk selbst um seine Freiheit und Einheit gerungen hat." (Material)
   Beurteilen Sie mit Blick auf die Verwirklichung von Einheit und Freiheit, welcher Stellenwert diesen Idealen von 1848 bei der Reichsgründung 1871 und dem Prozess der Wiedervereinigung 1989/90 jeweils zukam. (30 BE)

Hinweis:
Ernst Friedländer (1895–1973), Journalist, 1946–1950 stellvertretender Chefredakteur der Wochenzeitung „Die Zeit"

Die Rechtschreibung entspricht der Textvorlage.

Material

Ernst Friedländer über die Deutsche Revolution 1848/49 in der Wochenzeitung „Die Zeit" vom 18. 3. 1948

[…] Eduard Simson, ein liberaler deutscher Politiker, hat zweimal eine Deputation[1] geführt, durch die ein preußischer König gebeten wurde, die deutsche Kaiserkrone anzunehmen. Das erstemal kam er zu Friedrich Wilhelm IV. nach Berlin, das zweitemal zu Wilhelm I. nach Versailles. Im Jahre 1849 lehnte der König ab. Er wollte die Kaiserwürde nur aus der Hand der deutschen Fürsten, nicht aus der Hand des deutschen Volkes entgegennehmen. Unverrichteter Dinge mußte Simson, der Präsident der Nationalversammlung, nach Frankfurt zurückkehren. Und mit diesem Fehlschlag der damaligen „erbkaiserlichen Partei", die in der Paulskirche die Mehrheit hatte, war auch das Schicksal der Nationalversammlung, das Schicksal der Revolution von 1848 besiegelt. Diese Revolution war steckengeblieben. […]

Im März 1848 war das deutsche Volk stärker als seine Fürsten. Das gilt nicht nur für Berlin. Es war nicht allein eine preußische, sondern wirklich eine gesamtdeutsche Revolution. Aber schon ein Jahr nach dem Zusammentritt der Nationalversammlung in der Paulskirche war alles vorbei: Die Fürsten waren wieder stärker als das Volk, besonders in Österreich und in Preußen, und ohne diese beiden Großmächte konnte nicht in Deutschland entschieden werden. Am Tage nach den Berliner Barrikadenkämpfen mußte der König den gefallenen Freiheitskämpfern seine Reverenz erweisen. Das Militär verließ Berlin, Prinz Wilhelm ging nach England. Die Hauptstadt [Preußens, Berlin,] war in der Hand der neugebildeten Bürgerwehr. Die Presse war frei. Kurz darauf hielt der König […] im Zeichen der schwarz-rot-goldenen Farben seinen Umzug durch Berlin. Er sprach von Deutschlands Einheit und Freiheit, er erließ einen Aufruf „An mein Volk und an die deutsche Nation". Berlin war begeistert. Die Revolution schien gesiegt zu haben, aber wer war die Revolution? […]

Was also kann uns veranlassen, heute der Bewegung von 1848 zu gedenken? Nun, immerhin dies, daß wenigstens einmal in der deutschen Geschichte das Volk selbst um seine Freiheit und Einheit gerungen hat. Es hat uneinheitlich, widerspruchsvoll, unbeholfen und zu spät gekämpft; es ist weit eher an seiner eigenen inneren Schwäche gescheitert als an der äußeren Kraft der Gegenseite. Wir können nicht übermäßig stolz sein auf diese steckengebliebene Revolution. […]

Einheit und Freiheit? Sie bedeuten nicht mehr dasselbe wie im Jahre 1848. Wir bedürfen heute vor allem der Freiheit, die notwendig ist, um jeden Totalitarismus abzuwehren und um unsere soziale Gerechtigkeit zu finden. Das ist die zeitgemäße Freiheit, und wo wir sie gewinnen, da allein ist Deutschland, ganz unabhängig von geographischen Begriffen. Eine Einheit ohne diese Freiheit, oder gar eine Einheit, mit der wir dem Totalitarismus ausgeliefert werden, ist ohne Sinn und Wert. Die Einheitspropaganda aus dem Osten darf uns nicht betören. Was uns damit verheißen wird, das ist ein sowjetisch-totalitäres Massendasein und Sklavendasein, und deshalb keinesfalls ein deutsches Dasein. Aus unserer ganzen Geschichte seit 1848 können wir das eine lernen, daß die Freiheit noch höher steht als die Einheit. Das hat schon für die alte Freiheit gegolten, und es gilt erst recht für eine neue Freiheit, die sich mit der sozialen Gerechtigkeit zu verbinden hätte. Wir besitzen sie bisher nirgends, auch nicht westlich des Eisernen Vorhangs, aber sie läßt sich überhaupt nur im Westen Deutschlands gewinnen. Die Zeit ist hierfür reif geworden, mehr als reif. Die Zukunft Deutschlands, des ganzen Deutschlands[,] hängt davon ab, daß uns im Westen diese Freiheit eines Kerndeutschlands bald gegeben wird. Der erste Schritt hierzu heißt: Besatzungsstatut. Der zweite Schritt heißt: Umstellung vom System der Militärregierung auf ein System der notwendigsten Kontrollen durch zivile alliierte Instanzen. […]

Aus: Ernst Friedländer: 1848–1948, in: Die Zeit, Nr. 12, 18. März 1948, S. 1.

1 Deputation: Abordnung, die im Auftrag einer politischen Versammlung Wünsche oder Forderungen überbringt

Lösungsvorschläge

Inhaltliche Schwerpunkte:
Bei der vorliegenden Aufgabenstellung handelt es sich um eine epochenübergreifende historische Argumentation auf der Basis einer Schriftquelle. Thematisch bezieht sich die Aufgabe auf den Schwerpunkt „Politische Revolutionen in Europa und ihre Folgen" aus Q 1 „Gesellschaftliche Veränderungsprozesse am Beginn der Moderne", wobei besonders die Themenfelder „Demokratiebewegung und Revolution 1848" und „Die Gründung des Deutschen Reiches" eine Rolle spielen. Der kursübergreifende Bezug erfolgt in der Verknüpfung mit den Themenfeldern „Die weltpolitische Ebene: Von der Bipolarität zur Multipolarität" und „Die deutsche Ebene: Teilung und Einheit" aus Q 3 „Konflikt und Kooperation in der Welt nach 1945". Schwerpunktmäßig wird dabei auf „die unterschiedlichen Ausgangssituationen, Interessen und Strategien der USA und der UdSSR" sowie „die Vereinigung der beiden deutschen Staaten (Ursachen, Verlauf und Folgen)" eingegangen.

1. *Diese Teilaufgabe beinhaltet die Wiedergabe der Position Ernst Friedländers zur Revolution von 1848 und seiner Schlussfolgerungen für die Gegenwart des Jahres 1948 (AFB I). Dabei sollten Sie zunächst einige formale Angaben (Autor, Quellenart, Datierung, Thematik und Adressaten) zur Quelle machen, um sie in ihren historischen Kontext einordnen zu können. Kennzeichnen Sie Ihre Wiedergabe durch Verwendung der indirekten Rede und durch passende Textbelege. Diese dienen der Überprüfbarkeit Ihrer Ausführungen.*

Ausgangspunkt der folgenden Darstellung ist ein Artikel Ernst Friedländers in der Wochenzeitung „Die Zeit" vom 18. März 1948, in dem er an die **Revolution** des Jahres 1848 erinnert. Darin legt er seinen Lesern dar, was in der gegenwärtigen politischen Lage aus den Ereignissen von 1848 gelernt werden kann.
Friedländer zeichnet ein **ambivalentes Bild** von der Revolution. Einerseits charakterisiert er die revolutionäre Bewegung von 1848/49 als „uneinheitlich, widerspruchsvoll, unbeholfen und zu spät" (Z. 26 f.). Andererseits hält er sie dennoch für erinnerungswürdig (vgl. Z. 24 ff.).
Obwohl das Volk im März 1848 stärker gewesen sei als die Fürsten und obwohl der König dem Volk in der Phase des revolutionären Drucks entgegenkommen musste, habe sich das Blatt im Zuge der ein Jahr dauernden Paulskirchendebatten gewendet (vgl. Z. 11 ff.). So habe der König die Kaiserkrone letztlich brüsk zurückgewiesen (vgl. Z. 4 ff.), weshalb sich der Stolz auf die „**steckengebliebene Revolution**" (Z. 29) in Grenzen halten solle. Allerdings betont Friedländer, dass das deutsche Volk 1848/49 zum einzigen Mal in der deutschen Geschichte selbst für Freiheit und Einheit gekämpft habe (vgl. Z. 25 f.). Diese Tatsache lässt ihm die **Revolution als wertvolle Erinnerung** erscheinen.
Aus der historischen Erfahrung leitet Friedländer die Erkenntnis ab, dass das Ziel der **Einheit nur in Verbindung mit Freiheit** verwirklicht werden sollte, da staatliche Einheit ohne Freiheit die Gefahr des Totalitarismus in sich berge (vgl. Z. 34 f.). Dies macht er 1948 am Beispiel der „**Einheitspropaganda**" (Z. 36) **der Sowjetunion** fest, die nur zu einem „Sklavendasein" (Z. 37) führen würde.

Für ihn habe die **Freiheit**, die bestmöglich mit **sozialer Gerechtigkeit** verknüpft werden sollte (vgl. Z. 40 f.), **Vorrang vor der staatlichen Einheit** (vgl. Z. 39). Die Kombination aus Freiheit und sozialer Gerechtigkeit ist für ihn allein in Westdeutschland möglich, allerdings auch dort nur über die Einrichtung eines **Besatzungsstatuts** (vgl. Z. 46). Dieses müsse dann eine Umstellung der Militärregierungen auf eine zivile Verwaltung zur Folge haben (vgl. Z. 46 f.).

2. *Ausgehend von der Einschätzung des Autors in der Quelle sollen Sie im Zeitraum von 1830 bis zum Sommer 1849 nach Belegen für bzw. gegen die Bezeichnung „steckengebliebene Revolution" suchen. Der Schwerpunkt liegt dabei auf der Auswahl und der Darstellung geeigneter Aspekte. Das Ergebnis Ihrer Untersuchung (AFB II) sollte dann ein differenziertes Bild von den revolutionären Ereignissen vermitteln. Dabei ist es wichtig, zwischen den kurzfristigen und den langfristigen Folgen der Märzrevolution zu unterscheiden.*

Ernst Friedländer spricht in seinem Artikel davon, dass die Revolution von 1848/49 „steckengeblieben" (Z. 10) sei. Anhand der Ereignisse zwischen 1830 und 1849 soll im Folgenden untersucht werden, ob diese Zuschreibung treffend ist.

Zunächst ist festzustellen, dass die nationale und liberale Bewegung in Deutschland sich ein Beispiel an der französischen Julirevolution des Jahres 1830 nahm und ihre **Forderungen nach Freiheit und Einheit** auf dem **Hambacher Fest** 1832 artikulierte. Dort versammelten sich über 20 000 Menschen, die für die staatliche **Einheit aller Deutschen** eintraten und **Freiheitsrechte** für die Bürger sowie eine **Verfassung** auf der Grundlage der **Volkssouveränität** forderten.
Wie bereits in der Restaurationsepoche nach dem Wiener Kongress versuchten die Fürsten, die Bewegung durch **Repressionsmaßnahmen** zu stoppen: Politische Agitation wurde verboten und prominente Wortführer wurden inhaftiert. Ein Beispiel hierfür sind die „**Göttinger Sieben**", eine Gruppe von Professoren, die öffentlich gegen die Aufhebung der Verfassung im Königreich Hannover protestiert hatten und deshalb ihres Amtes enthoben wurden. Drei von ihnen, u. a. Jacob Grimm, wurden daraufhin sogar des Landes verwiesen. Doch durch solche Verfolgungsmaßnahmen war die **liberale Bewegung nicht mehr aufzuhalten**, im Gegenteil schürten die Fürsten dadurch nur weiter den Willen zur Veränderung aufseiten des Bürgertums. Daraus erwuchsen schließlich die **Märzforderungen** (vgl. Z. 11), die in der Einberufung eines Vorparlaments und in Wahlen zur Nationalversammlung mündeten. Auch hierbei wurde Deutschland von der Februarrevolution 1848 in Frankreich beeinflusst, in der bürgerlich-liberale Ziele im Vordergrund standen.
Mit dem Zusammentreten der **Nationalversammlung** wurde die Revolution parlamentarisch fortgesetzt. Dabei dominierten Vertreter des gebildeten Bürgertums, was dem Parlament die Bezeichnung „Professorenparlament" eintrug. Die Beratungen über einen **Verfassungsentwurf** waren nun der notwendige nächste Schritt. Man diskutierte über das Staatsgebiet, die Staatsform, das Wahlrecht und die erforderlichen Freiheitsrechte. Am Ende einigte man sich auf eine **konstitu-**

tionelle Monarchie im Rahmen einer **kleindeutschen Lösung** (ein deutscher Nationalstaat unter Ausschluss Österreichs) unter preußischer Führung mit einem **gleichen und allgemeinen Männerwahlrecht** ab 25 Jahren. Damit hätten die Liberalen einen großen Teil ihrer Forderungen umgesetzt und ihr Ziel einer Neugestaltung des Staats erreicht.

Es kam jedoch anders, da die Fürsten mit der Zeit ihre Macht wieder festigen konnten (vgl. Z. 14 ff.). Deshalb lehnte der preußische König **Friedrich Wilhelm IV.** die ihm am 3. April 1849 **angetragene Kaiserkrone** ab (vgl. Z. 4 ff.). Außerdem hatte die revolutionäre Bewegung sich in **radikale Demokraten und gemäßigte Liberale** gespalten, womit eine Schwächung einherging (vgl. Z. 26 ff.). Während die radikalen Demokraten die Monarchie abschaffen und eine demokratische Republik einrichten wollten, strebten die gemäßigten Liberalen nur nach einer Modernisierung der Monarchie. Ihrer Meinung nach sollte der König an eine Verfassung gebunden sein, die dem Volk politische Partizipation ermöglichte. Aufgrund dieser Entwicklungen kam es letztendlich nicht zu einer Verwirklichung der getroffenen Entscheidungen. Trotz der inhaltlich beachtlichen Ergebnisse fehlte eine realistische Perspektive, um das auf dem Papier Verabschiedete Wirklichkeit werden zu lassen. Nach dem Wiedererstarken der reaktionären Kräfte wurde im Mai 1849 über Berlin der Belagerungszustand verhängt und die preußische **Nationalversammlung aufgelöst** (vgl. Z. 9 f.). Bereits zuvor hatte Preußen seine Abgeordneten aus der Paulskirche abgezogen. Diesem Beispiel folgten nun zahlreiche weitere deutsche Regierungen. Das verbliebene „**Rumpfparlament**" aus radikalen Linken, das zur Fortsetzung der Revolution entschlossen war und nun in Stuttgart tagte, wurde im Juni 1849 von württembergischen Truppen zerschlagen. Obwohl es zwar im Sommer 1849 noch zu einem letzten Aufbäumen radikal-revolutionärer Kräfte kam, mussten diese mit der **Wiederherstellung des Deutschen Bundes** erkennen, dass die alten Mächte endgültig über die Revolution gesiegt hatten und diese gescheitert war (vgl. Z. 9 f.).

Kurzfristig war die Revolution also auf jeden Fall „steckengeblieben", wie es Friedländer formuliert, da alle Staaten zu ihrer vorrevolutionären Ordnung zurückkehrten. Allerdings lebten die Ziele der Revolutionäre fort, indem die **liberalen Ideen erhalten** blieben. Auf diesen konnte man nach dem Untergang des Deutschen Kaiserreichs aufbauen (vgl. Z. 24 ff., Z. 38 f.).

3. *In dieser Teilaufgabe erfolgt eine Weitung des Blicks von der historischen Entwicklung vor und nach der Märzrevolution 1848 auf die Reichsgründung 1871 und die Wiedervereinigung 1989/90. Im Zentrum der Überlegungen steht das Spannungsverhältnis von nationaler Einheit und Freiheit – Ideen, für die erstmals 1848 Deutsche kämpften. Sie sollten beide Begriffe also zunächst einmal definieren, um anschließend beurteilen zu können (AFB III), inwiefern diese bei der Reichsgründung 1871 und auf dem Weg zur Wiedervereinigung 1989/90 jeweils Berücksichtigung fanden. Gehen Sie dabei auch auf die Rolle ein, die das Volk bei der Umsetzung der beiden Forderungen spielte.*

Die **Ideen von Einheit und Freiheit** waren seit der Zeit des Vormärz in verschiedenen Phasen des Umbruchs bedeutsam. Dabei erwies es sich im Lauf der Geschichte als schwierig, Einheit und Freiheit in Deutschland gemeinsam zu verwirklichen. An den Beispielen der **Reichsgründung** von 1871 und der **Wiedervereinigung** 1989/90 soll der jeweilige Stellenwert dieser Ideale gezeigt werden.

Zunächst ist zu definieren, welche Ziele unter dem Schlagwort der „**Einheit**" im Sinne der Ideale von 1848 verstanden wurden. Ausgehend von der Überlegung, dass ein Volk über eine gemeinsame Geschichte, Kultur und Sprache verfügt, wollte man die bisher souveränen Einzelstaaten zu einem **Nationalstaat** zusammenschließen. Dieser Staat sollte von einem Staatsoberhaupt, einer Zentralregierung und einem frei gewählten nationalen Parlament, das alle Deutschen repräsentiert, gekennzeichnet sein. Dadurch lässt sich eine Verbindung zum Begriff „**Freiheit**" herstellen. Dieser sieht vor, dass der Staat den Bürgern – zunächst nur den männlichen – bestimmte **Grundrechte** gewährt, die wir als Freiheitsrechte verstehen, z. B. Glaubens-, Gewissens-, Meinungs-, Presse- und Versammlungsfreiheit. Ein allgemeines, freies Wahlrecht für die Wahlen zu einem nationalen Parlament ermöglicht eine **politische Mitsprache**. Grundlage dieser freiheitlichen Ordnung ist eine **Verfassung**.

Gemessen an diesen Merkmalen, erlangten die Deutschen 1871 zwar die **staatliche Einheit**, aber eine Verwirklichung freiheitlicher Bestrebungen des Volks war nicht im Sinne der Obrigkeit. Bismarcks Ziel war es, eine **preußische Hegemonie** in Deutschland zu erreichen und Österreich aus dem Deutschen Bund hinauszudrängen. Auf dem Weg von **Einigungskriegen** – getreu Bismarcks Motto von Eisen und Blut als den Wegbereitern politischer Ziele – schuf der preußische Ministerpräsident das Kaiserreich als **autoritären Bundesstaat**. An dessen Spitze stand ein Monarch, d. h. der preußische König als deutscher Kaiser. Dass die Reichseinigung „von oben" erfolgte und in eine konstitutionelle Monarchie mündete, schmälerte die Rolle, die das Volk und seine Bestrebungen nach politischer Beteiligung in dem Prozess spielten. Auch wenn **Bismarck** diesem geeinten Reich eine Verfassung gab, die Gewaltenteilung und freie Wahlen vorsah, hatte das Parlament in der Praxis wenig Befugnisse und konnte zudem jederzeit aufgelöst werden. Dagegen besaß die Spitze der Exekutive (Kaiser und Kanzler) eine ungleich größere Machtfülle. Die Reichseinheit hatte Bismarck also erzielt, jedoch ging diese **nicht mit Freiheitsrechten für das Volk** einher.

Die Situation 1989/90 war eine andere. Diesmal erfolgte die Vereinigung nicht „von oben" wie 1871, sondern die Staatsmacht beugte sich den Wünschen der Volksmassen auf den Straßen. Durch **friedliche Proteste** sowie eine **Massenflucht** über die ungarische Grenze erzwangen die Bürger der DDR die **Öffnung der Berliner Mauer** am 9. November 1989 und die ersten **freien Wahlen zur Volkskammer** am 18. März 1990. Angefacht hatte diese Entwicklung die Reformpolitik von Glasnost und Perestroika durch Gorbatschow in der Sowjetunion. Die frei gewählte Volkskammer stimmte für einen **Beitritt der DDR zum Geltungsbereich des Grundgesetzes** und auch die Besatzungsmächte USA, Großbritannien, Frankreich und UdSSR ebneten im **Zwei-plus-Vier-Vertrag** außenpolitisch den Weg zu einem souveränen wiedervereinigten Deutschland auf der Basis der freiheitlich-demokratischen Grundordnung der Bundesrepublik. Erstmals wurden im Zuge eines friedlichen Umwälzungsprozesses **sowohl Einheit als auch Freiheit** für Deutschland verwirklicht. Dabei war die Freiheit eine Voraussetzung für das Erreichen der Einheit, die in Übereinstimmung mit den ehemaligen Kriegsgegnern erzielt werden musste. Da Deutschland fest in das westliche Bündnis NATO und in die Europäische Gemeinschaft eingebunden war, konnten letzte Bedenken etwa aufseiten Frankreichs oder Großbritanniens ausgeräumt werden. Die Sowjetunion versprach sich von einem wiedervereinigten Deutschland größere Wirtschaftshilfen. Mit der Zustimmung der ehemaligen Alliierten war der Weg zur **Einheit in Freiheit** bereitet.

Letztendlich wurde die Einheit Deutschlands 1989/90 vor allem durch den großen Freiheitsdrang der Ostdeutschen auf den Weg gebracht. Das wirtschaftlich völlig marode System der DDR-Planwirtschaft begrub letzte Hoffnungen des SED-Regimes auf den Erhalt der Macht. Die neue, demokratisch gewählte Volkskammer-Regierung unter de Maizière und die Regierung Kohl machten sich die Forderungen des deutschen Volks in Ost wie West zu eigen. Damit war – im Gegensatz zu 1871 – die deutsche Einheit das Ergebnis einer Freiheitsbewegung des Volks.

Teilaufgabe	AFB I	AFB II	AFB III	BE
1	25	5		30
2	5	35		40
3		5	25	30
Summe	30	45	25	100

Hessen – Geschichte – Grundkurs – 2015
Vorschlag B

Thema: *Besatzungszeiten in Deutschland nach dem Ersten und nach dem Zweiten Weltkrieg*

Aufgaben

1. Fassen Sie Adenauers Rede über die Jahre der Besetzung des Rheinlands und speziell Kölns zusammen. (Material) (30 BE)

2. Erläutern Sie unter Einbeziehung des Materials die Außenpolitik der Weimarer Republik. (35 BE)

3. „Besatzung durch eine fremde Macht ist niemals ein Instrument des Friedens und der Verständigung, sie hindert die Versöhnung und die Zusammenarbeit der Völker." (Material)
   Beurteilen Sie mit Blick auf die Entwicklung Deutschlands von 1945 bis 1955 die Einschätzung Adenauers auch unter Berücksichtigung seiner Politik als Bundeskanzler zur Zeit der frühen Bundesrepublik. (35 BE)

Hinweis:
Die Stadt Köln, deren Oberbürgermeister Konrad Adenauer in den Jahren 1917 bis 1933 war, war entsprechend den Waffenstillstandsbedingungen und dem Versailler Vertrag vom 6. Dezember 1918 bis zum 31. Januar 1926 von britischen Truppen besetzt. Der Besuch Hindenburgs galt auch der (nachträglichen) Feier zur Räumung der Kölner Zone.

Rechtschreibung und Kursivdruck entsprechen der Textvorlage.

Material

Rede des Kölner Oberbürgermeisters Konrad Adenauer anlässlich des Besuchs von Reichspräsident Hindenburg in Köln am 21. März 1926

Dezember 1918.
Es rieselt vom grauen Himmel! Still hängen die Fahnen in der nassen Luft, Stille liegt auf der am Dome versammelten Menge, ernst und straff sind die Gesichter der Feldgrauen[1], Wehmut und Tränen stehen in den Augen der sich um sie Drängenden. Dank- und Abschiedsreden werden gewechselt, das Deutschlandlied ertönt. Dann setzt sich das 371. Regiment in Bewegung: *das letzte deutsche Regiment marschiert über den Rhein.* Zum Himmel dringt – Sang und Gebet zugleich –: „Herr mach' uns frei!"

Am folgenden Tage begann unsere Gefangenschaft, unsere Leidenszeit: die Engländer kamen. Sie rückten ein mit schmetterndem Spiel, mit wehenden Fahnen – vor denen der Deutsche den Hut zu ziehen gezwungen wurde –, mit blitzenden Geschützen, mit wundervollen Pferden, sich brüstend in Überfülle von Mensch und Material. Unerträglich war der stolze Einzug der Sieger, unerträglich der triumphierende Klang ihrer Musik. Unser Herz krampfte sich zusammen: unser Köln, das heilige Köln war vom Feinde besetzt, auf unserm Rhein, dem deutschen Rhein die deutsche Flagge gestrichen!

Wir wollen der ehrenhaften Gesinnung vieler unserer Gegner, dem Versuche manchen Befehlshabers, die Besetzung milder zu gestalten, unsere Anerkennung nicht versagen. Aber: das englische Heer kam aus der Feldschlacht in feindliches Land, verhetzt von einer jahrelangen Propaganda, erstaunt, verwirrt und unsicher durch den so plötzlich eingetretenen, nicht für wahr gehaltenen Zusammenbruch der deutschen Macht. Schwer, unendlich schwer haben wir daher in den Jahren 1919 und 1920 unter der harten Faust des Siegers gelitten: ungezählten Familien brachte die Unterbringung des 55 000 Mann starken Heeres, das die Besatzung allein der Stadt Köln bildete, unerträgliche Last und psychische Marter, tausende haben in diesen beiden Jahren in britischer Untersuchungshaft gesessen, viele hundert Jahre Gefängnis sind von den britischen Gerichten über Kölner verhängt und von diesen verbüßt worden: Dank, heißen Dank allen, die Opfer gebracht haben.

In Trauer und Treue aber wollen wir in dieser Stunde vor allem der nicht geringen Zahl von Männern, Frauen und Kindern gedenken, die ihr Leben gelassen haben unter britischer Besatzung; auch sie sind für das *Vaterland* gestorben. –

Erst als im Laufe der Jahre der Engländer uns kennen gelernt hatte, änderten sich langsam und allmählich diese Verhältnisse, aber sie blieben schwer genug!

In der Zwischenzeit hatte man uns widerrechtlich mit einem Netz von Ordonnanzen[2] umsponnen, die Millionen Menschen im Herzen des demokratischen Europa aller Freiheiten beraubten und mit einem unerhörten psychischen Drucke belasteten. –

Es kam der Ruhreinbruch[3], durch den die durch frühere Sanktionen schon geschädigte Wirtschaft auch des Kölner Gebiets bis ins Mark getroffen wurde.

Es folgte der Versuch, uns loszureißen von Deutschland. Das ganze Rheinland, in Not und Gefahr zu einer Einheit zusammengeschmiedet wie nie zuvor, beseelte nur *ein* Wille: niemals zu dulden, daß es losgerissen würde vom deutschen Vaterlande. [...] Warum ich in dieser Stunde alles das sage? Nicht, um zu hetzen oder zu schmähen: nein, wir sind der Geschichte, wir sind uns selbst in dieser historischen Stunde Offenheit und Wahrheit schuldig, damit die ganze Welt es erkennt: Besatzung durch eine fremde Macht ist niemals ein Instrument des Friedens und der Verständigung, sie hindert die Versöhnung und die Zusammenarbeit der Völker. So stark und innig ist das Band, welches jeden Deutschen mit dem heiligen deutschen Strome verbindet, daß ihm die Besatzung rheinischen Landes Tag für Tag am Herzen frißt. Darum: Wenn Ihr der Sache des Friedens in Europa dienen wollt, verstopft diese Quelle des Unfriedens und des Hasses, *räumt das ganze Rheinland!*[4] –

Der Mai 1924 brachte in Frankreich den Umschwung.[5]

Es folgten London[6], Locarno, Genf.

Ob der Weg über London, Locarno, Genf zum Wiederaufstieg Deutschlands, ob er zur Befriedung und Wohlfahrt Europas führen wird, nur die Zukunft kann es erweisen. So weit auch die Rückwirkungen von Locarno auf das besetzte Gebiet hinter unsern berechtigten Erwartungen zurückgeblieben sind, das eine steht fest: ohne London, ohne Locarno würden wir *diese Feier noch nicht* begehen können! Weil wir immer und immer wieder gebeten haben, die folgenschweren Entscheidungen, die mit den Namen London und Locarno verknüpft sind, ohne Rücksicht auf das besetzte Gebiet, allein im Hinblick auf das deutsche Gesamtinteresse zu treffen, dürfen wir uns heute trotz allem frohen Herzens der Freude hingeben über diesen Erfolg der deutschen Politik und der Gerechtigkeit: die Räumung der ersten Zone.

Die Räumung der Kölner Zone ist ein Ereignis von historischer Tragweite. Sie bedeutet die endgültige Verneinung jener Rheinlandpläne, die über unser Land unsägliches Elend gebracht und Europa im Laufe der Zeit mit absoluter Notwendigkeit in einen neuen Krieg gestürzt haben würden. [...]

Konrad Adenauer: Reden 1917–1967. Eine Auswahl, hrsg. v. Hans-Peter Schwarz, Stuttgart: Deutsche Verlags-Anstalt 1975, S. 55 f.

1 die Feldgrauen: deutsche Soldaten

2 Ordonnanzen: Befehle, Anweisungen

3 Gemeint ist die Besetzung des Ruhrgebiets durch französische und belgische Truppen ab Januar 1923.

4 Gemeint sind andere Zonen bzw. Gebiete des Rheinlandes, die zum Teil bis Sommer 1930 besetzt bleiben.

5 Nach den Wahlen zur französischen Abgeordnetenkammer wird ein neues Kabinett unter Ministerpräsident Herriot gebildet, das eine Phase der Entspannung zwischen Deutschland und Frankreich einleitet.

6 Die Londoner Konferenz (August 1924) regelt die Reparationsfrage neu und vereinbart einen verbindlichen Räumungsplan für die besetzten Gebiete.

Lösungsvorschläge

Inhaltliche Schwerpunkte:

Der vorliegende Aufgabenvorschlag bezieht sich hauptsächlich auf das Kurshalbjahr Q 2 „Deutschland zwischen Demokratie und Diktatur – Weimarer Republik und Nationalsozialismus“. Schwerpunktmäßig geht es um die „Entstehungsbedingungen der Republik im nationalen und internationalen Umfeld“ und um die „Weimarer Außenpolitik in der Auseinandersetzung mit Versailles“. Außerdem werden die Themenfelder „Außenpolitische Westorientierung und die Rolle der USA“ sowie „Die Rekonstruktion des Europäischen Staatenbundes – der Völkerbund“ mit einbezogen. Der Übergriff erfolgt dabei auf Q 3 „Konflikt und Kooperation in der Welt nach 1945“. Dazu sind Kenntnisse über die Themenfelder „Die Teilung Europas im Zuge des Kalten Krieges“, „Kooperation und Integration in Westeuropa“, „Gründung der beiden deutschen Staaten“ und „Die innere Entwicklung in der Bundesrepublik bis 1990“ erforderlich.

1. *Beginnen Sie Ihre Zusammenfassung mit einer Identifizierung des Redners und der Einordnung der Quelle. Danach sollten Sie die wichtigsten Aussagen Adenauers in komprimierter Form wiedergeben. Wahren Sie dabei Distanz durch Verwendung des Konjunktivs und die Kennzeichnung wörtlicher Zitate. Die Aufgabe verlangt von Ihnen hauptsächlich Leistungen des AFB I.*

Konrad Adenauer, ab 1949 der erste Kanzler der Bundesrepublik Deutschland, war seit 1917 Oberbürgermeister der Stadt Köln. In dieser Funktion hielt er am 21. März 1926 anlässlich des **Besuchs von Reichspräsident Hindenburg** die hier abgedruckte Rede. Der Reichspräsident besuchte Köln, um nachträglich die **Räumung der Kölner Zone**, die seit Dezember 1918 von den Briten besetzt gewesen war, feierlich zu begehen. Adenauer wandte sich mit seiner Rede an die Kölner Bevölkerung, deren Heimatgefühle er in pathetischen Worten beschwört.

Er beginnt mit der **Erinnerung an den Tag des triumphalen Einmarsches der siegreichen britischen Truppen** ins Rheinland. Dieser war für die deutsche Bevölkerung ein demütigendes Ereignis. Eindringlich mahnt Adenauer zum **Gedenken an die Leiden der Zivilbevölkerung**, vor allem in den ersten Jahren der Besatzung. Dabei erinnert er an die vielen wegen geringfügiger Vergehen gegen die Besatzungsmacht verurteilten Zivilisten und an die nicht wenigen Männer, die noch während der Okkupation „für das *Vaterland* gestorben" (Z. 31) seien.
Erst ganz allmählich hätten die Briten ihr strenges Regiment etwas gelockert. Dabei sei die **Unfreiheit der deutschen Bevölkerung** trotz besserer Behandlung durch die Okkupatoren allerdings bestehen geblieben (vgl. Z. 32 ff.).
Adenauer erwähnt auch den **Einmarsch der Franzosen und Belgier** im Januar 1923 ins Ruhrgebiet, der die Wirtschaft Kölns schwer geschädigt habe. Ebenso verweist er auf den Versuch der Franzosen, das **Rheinland vom Deutschen Reich abzutrennen**. Dieser sei nur an der Einmütigkeit der deutschen Bevölkerung und ihrer Treue zum Reich gescheitert (vgl. Z. 39 ff.).
Auf diese Ereignisse mache er nicht aufmerksam, um Hass zu schüren und die Engländer zu schmähen. Die Welt müsse aber erkennen, dass „**Besatzung** durch eine fremde Macht […] **niemals ein Instrument des Friedens** und der Verständigung" (Z. 44 f.) sein könne. Wer den Frieden wolle, der müsse für die Räumung und die Rückgabe des gesamten Rheinlands an Deutschland eintreten.

Am Ende seiner Rede geht Adenauer auf die **neuen außenpolitischen Beziehungen** ein, die seit 1924 zwischen Deutschland und den Westmächten angebahnt wurden.
Er erwähnt insbesondere die **Londoner Konferenz** vom August 1924 und den **Locarno-Vertrag** vom Oktober 1925 (vgl. Z. 52 ff.). Durch diese Vereinbarungen sei es zu einer **Verständigung mit den Siegermächten** und zu einer **Neuregelung der Reparationsfrage** gekommen. Außerdem habe die neue Politik Erfolge wie die Räumung der Kölner Zone möglich gemacht und einen erneuten Krieg verhindert, den die französischen Abtrennungspläne laut Adenauer unweigerlich heraufbeschworen hätten.

2. *Diese Teilaufgabe verlangt von Ihnen die Wiedergabe Ihres gelernten Wissens zur Außenpolitik der Weimarer Republik. Gehen Sie dazu von den in Adenauers Rede erwähnten Geschehnissen aus und fügen Sie diesen Ihre Erläuterungen, z. B. zu abgeschlossenen Verträgen, hinzu. Dabei können Sie sich besonders auf den außenpolitischen Ansatz Stresemanns sowie dessen Bemühungen um eine Aussöhnung mit Frankreich und mit den Westmächten konzentrieren. Diese Teilaufgabe verlangt von Ihnen schwerpunktmäßig Leistungen des AFB II.*

Ausgangspunkt für die Außenpolitik der Weimarer Republik war der **Versailler Vertrag**. Dieser war dem Deutschen Reich nach seiner Niederlage im Ersten Weltkrieg von den Siegermächten aufgezwungen worden und hatte zu **massiven territorialen Verlusten** geführt. Überdies wurden die **linksrheinischen Gebiete**, wie es Adenauer in seiner Rede beklagt (vgl. 14 ff.), auf lange Jahre **von Truppen der Westalliierten besetzt**. Vor allem aber war dem Reich die **Alleinschuld am Krieg** zugewiesen und die Wiedergutmachung aller Kriegsschäden durch außerordentlich **hohe Reparationen** auferlegt worden.

Aufgrund dieser Voraussetzungen waren alle Regierungen der Weimarer Republik um eine **Revision des Versailler Vertrags** bemüht. Zunächst versuchte man, diese durch eine **Politik der Konfrontation** mit den Westmächten zu erreichen. Man betonte immer wieder die Unerfüllbarkeit der hohen Reparationsforderungen und plante, die Grenzziehung im Osten mithilfe Russlands rückgängig zu machen. Aufgrund der Frontstellung zu den Westmächten und der gemeinsamen Interessen in Polen kam es 1922 zum **Vertrag von Rapallo** mit Russland. Dieser durchbrach die außenpolitische Isolierung der Republik, führte aber auch zu einer weiteren Verschlechterung des Verhältnisses zu den Westalliierten. Deshalb fand der Abschluss des Vertrags in Adenauers Rede wohl keine Erwähnung.
Ein angeblicher Verzug Deutschlands bei den Reparationslieferungen bewirkte im Januar 1923 die **Besetzung des Ruhrgebiets durch französische und belgische Truppen**. Die deutsche Regierung beantwortete diesen „Ruhreinbruch" (Z. 37) mit der Einstellung aller Reparationszahlungen und der Aufforderung der Ruhrbevölkerung zum „passiven Widerstand". Der folgende „**Ruhrkampf**" brachte die Beziehungen zwischen Deutschland und den Westmächten auf einen neuen Tiefpunkt und war einer der entscheidenden Gründe für die **galoppierende Inflation** des Jahres 1923. Diese zerrüttete die wirtschaftlichen, gesellschaftlichen und politischen Verhältnisse in Deutschland und führte zu **separatistischen Bestrebungen**. Diese wollte sich Frankreich zunutze machen, um das Rheinland aus Deutschland herauszulösen, was aber, wie Adenauer in seiner Rede betont (vgl. Z. 39 ff.), am Widerstand der Bevölkerung scheiterte.
Gustav Stresemann beendete im September 1923 als Kanzler einer Großen Koalition den Ruhrkampf, führte im November die Rentenmark ein und bemühte sich in der Folgezeit auch als **Außenminister** um einen Ausgleich und eine **Verständigung mit den Westmächten**.
Auf der **Londoner Konferenz** von 1924, die auch Adenauer in seiner Rede erwähnt (vgl. Z. 52 ff.), gelang Stresemann mit dem darauf folgenden **Dawes-Plan** eine Neuregelung und Erleichterung der Reparationslasten. Außerdem

stimmte Frankreich dem Abzug seiner Truppen aus dem Ruhrgebiet zu und Deutschland gewann die Unterstützung der USA bei der Wiederherstellung einer stabilen deutschen Währung.

Mit den **Locarno-Verträgen** von 1925 erreichten Stresemann und der französische Außenminister Briand eine **Verständigung über die Unantastbarkeit der neuen** deutsch-französischen und der deutsch-belgischen **Grenze**. Die Frage nach einer Regelung der Ostgrenzen ließ Stresemann dagegen bewusst offen, auch wenn festgelegt wurde, dass eine Revision in jedem Fall friedlich zu erfolgen habe. Das besetzte Rheinland sollte sukzessive geräumt werden, was Adenauer explizit als Erfolg der Locarno-Absprachen wertet (vgl. Z. 57 ff.). Überdies sollte **Deutschland als gleichberechtigte Macht in den Völkerbund aufgenommen** werden, um seine außenpolitische Isolierung endgültig zu überwinden. Auf diese **Rückkehr Deutschlands in den Kreis der Großmächte** verweist Adenauer mit der Erwähnung von „Genf" (Z. 52). Für ihre Verständigungspolitik erhielten Stresemann und der französische Außenminister Briand im Jahre 1926 den **Friedensnobelpreis**. Der **Berliner Vertrag** mit der Sowjetunion vom April 1926 ergänzte den Rapallo-Vertrag und diente vornehmlich der Beruhigung der UdSSR nach dem Ausgleich mit den Westmächten.

Im Juni 1929 wurden mit dem **Young-Plan** die deutschen Reparationsleistungen noch einmal reduziert und auf einen langen Zeitraum gestreckt. Als Gegenleistung für die deutsche Zustimmung erreichte Stresemann die Zusicherung der **vorzeitigen Räumung des Rheinlands** bis Juni 1930. Damit wurde vier Jahre nach der Rede Adenauers seine vehemente Forderung nach einer vollständigen Aufhebung der Besetzung (vgl. Z. 50) erfüllt.

Weitergehende Pläne, etwa die **Bildung einer europäischen Wirtschaftsgemeinschaft** mit den Kernländern Frankreich und Deutschland, hat Stresemann in seiner berühmten Völkerbundrede angedeutet. Er konnte sie aber, nicht zuletzt wegen seines frühen Todes im Oktober 1929, nicht mehr realisieren.

Danach wurde die Verständigungspolitik mit den Westmächten nicht sofort beendet, weitere Fortschritte wurden jedoch durch den Ausbruch der **Weltwirtschaftskrise, die Wahlerfolge der Radikalen und die Bildung der Präsidialkabinette** in der Endphase der Republik erschwert. Die deutsche Außenpolitik konzentrierte sich nunmehr auf die Erreichung zweier Ziele: die Beendigung der Reparationszahlungen und die Wiederherstellung der militärischen Gleichberechtigung Deutschlands.

3. *Die dritte Teilaufgabe fordert Sie zu einer Beurteilung der Aussage Adenauers auf (AFB III). Sie müssen also anhand der Entwicklung Deutschlands zwischen 1945 und 1955 sowie anhand Adenauers Politik als Bundeskanzler diskutieren, ob er mit seiner Ablehnung jeglicher Besatzungspolitik Recht hat. Finden Sie sowohl Ereignisse und Entwicklungen, die Adenauers Behauptung stützen als auch Aspekte, die seine These widerlegen. Ziehen Sie am Ende ein abschließendes Fazit.*

Konrad Adenauer bezog sich mit seiner vehementen **Ablehnung der Besatzungspolitik** auf die Situation nach dem Ersten Weltkrieg. Damals konnte er noch nicht ahnen, dass er nach dem Zweiten Weltkrieg eine erneute Besetzung Deutschlands erleben würde. Es ist also interessant, Adenauers Einschätzung aus dem Jahr 1926 vor dem Hintergrund der **Entwicklungen zwischen 1945 und 1955** sowie mit Blick auf **Adenauers Politik** als Bundeskanzler zu beurteilen.

Die bedingungslose Kapitulation Deutschlands, die **Aufteilung des Landes in vier Besatzungszonen** und die Übertragung der Macht auf die vier Militärkommandeure bedeuteten zweifellos einen **tiefen Einschnitt** in die deutsche Geschichte. Das Land verlor dadurch seine Souveränität und gab die Entscheidung über das Schicksal seiner Bewohner in die Hände der Alliierten. Besonders in den deutschen Ostgebieten kam es danach zu **Übergriffen** der Roten Armee **auf die Zivilbevölkerung**. Solche Racheakte waren im Hinblick auf die begangenen Gräueltaten der Nationalsozialisten in den eroberten Ostgebieten zwar nachvollziehbar, trugen aber nicht zu Versöhnung und Verständigung zwischen den ehemaligen Kriegsgegnern bei.
Des Weiteren stellten die auf der Potsdamer Konferenz beschlossenen Demontagen, Reparationen und Produktionsbeschränkungen **große Belastungen** (v. a. wirtschaftlicher Art) für die deutsche Bevölkerung dar. Mit Recht kann man sie als **Behinderung von Versöhnung** und Zusammenarbeit ansehen.
Doch nicht nur das Verhältnis von Besatzern und Besetzten litt unter den harten Maßnahmen, sondern auch die **Beziehung der Besatzungsmächte untereinander** verschlechterte sich im Lauf der Zeit. Dies lag an der unterschiedlichen Umsetzung der abgesprochenen Bestimmungen in den Besatzungszonen, die die **ideologischen Gegensätze** zwischen den Westalliierten und der Sowjetunion immer deutlicher hervortreten ließ. Die Sowjetunion strebte nach einer **Eingliederung der SBZ in das System sozialistischer Staaten**. Dazu wandte sie eine konsequente Sowjetisierungspolitik an. Diese bestand in der Unterstützung kommunistischer und sozialistischer Politik, Enteignungen und einer Bodenreform in der Landwirtschaft sowie Verstaatlichungen der Industrie und Banken. Demgegenüber wollten die USA Westdeutschland durch eine **Demokratisierung** und einen raschen **wirtschaftlichen Wiederaufbau** als Verbündeten zur **Eindämmung des Kommunismus** gewinnen.
Seit 1947 zeichnete sich dann die langfristige **Teilung Deutschlands** ab. Einen Schritt in diese Richtung stellten die Währungsreformen in Ost und West dar. Auf die Einführung der Westmark reagierte die UdSSR mit der **Berlin-Blockade**, durch die die Westberliner Bevölkerung von der Außenwelt abgeschnitten wurde. Einzig über die alliierten „Rosinenbomber" gelang in der Zeit zwischen Juni 1948 und Mai 1949 die Versorgung der Westsektoren mit Kohle und Lebensmitteln. Bereits hier zeigte sich also, dass die Besetzung durch zwei sich feindlich gegenüberstehende Machtblöcke das **Verhältnis der beiden Teile Deutschlands belastete**. Konsolidiert wurde diese Entwicklung durch die **Staatsgründungen von Bundesrepublik und DDR** im Jahr 1949 und deren Einbindung in das Bündnissystem der jeweiligen Supermacht.

Alle genannten Gesichtspunkte scheinen die These Adenauers über die Unvereinbarkeit von Besatzung und Versöhnung zunächst zu stützen. Allerdings wäre es ohne die vollständige Kontrolle des Landes durch die Alliierten nach dem Zweiten Weltkrieg nicht zu einer **Ausschaltung des Nationalsozialismus** gekommen. Entnazifizierung, Demilitarisierung und Demokratisierung in den westlichen Besatzungszonen waren durchaus Maßnahmen, die den **zukünftigen Frieden** in Europa gewährleisteten.
Zur langsamen Annäherung an die Westalliierten trug außerdem die amerikanische **Wirtschaftshilfe in Form des Marshallplans** bei, die das spätere „Wirtschaftswunder" möglich machte. Seit der Gründung der Bundesrepublik betrieb Adenauer als Bundeskanzler trotz vieler kritischer Stimmen schrittweise eine **Politik der Westintegration**. Dabei ging es ihm sowohl um die Rückerlangung der deutschen Souveränität als auch langfristig um eine Wiederherstellung der deutschen Einheit. Diese war seiner Meinung nach nur über eine enge Anbindung an Westeuropa zu erreichen. Er forcierte 1951 die Gründung der **Montanunion**, mit der die Ängste Frankreichs vor einem Wiedererstarken des deutschen Nachbarn abgebaut werden sollten. Mit dem Abschluss der **Pariser Verträge** 1954 erhielt die Bundesrepublik ihre staatliche Souveränität zurück, sodass sich die **ehemaligen Besatzer zu Bündnispartnern** wandelten. Gleichzeitig wurde der Beitritt Deutschlands zur NATO beschlossen und 1955 vollzogen. Damit war die Bundesrepublik ein gleichwertiges Mitglied in einer westeuropäischen Verteidigungsgemeinschaft. Durch die Einbindung in all diese Bündnisse sorgte Adenauer für ein wachsendes **Vertrauensverhältnis** zwischen den Westalliierten und der jungen Bundesrepublik, wodurch auch eine **Aussöhnung mit dem langjährigen „Erbfeind"** Frankreich möglich wurde.

Betrachtet man diese Entwicklung, **widerlegt Adenauers eigene Politik der Westintegration seine Einschätzung** aus dem Jahr 1926. Während diese auf die Zeit nach dem Ersten Weltkrieg durchaus zugetroffen haben mag, muss man seiner These entgegenhalten, dass aus der Besetzung Westdeutschlands nach dem Zweiten Weltkrieg eine Erfolgsgeschichte geworden ist. Die **Versöhnung und Zusammenarbeit der Völker** wurden dadurch langfristig vorangebracht. Einschränkend muss hier allerdings erwähnt werden, dass **Gleiches nicht auf die ehemalige DDR zutraf**. Hier sorgte die sowjetische Besatzungspolitik für die Etablierung der SED-Diktatur, die weitere vierzig Jahre das Volk unterdrückte und ihm ein Leben in Freiheit vorenthielt.

Teilaufgabe	AFB I	AFB II	AFB III	BE
1	30			30
2		35		35
3		10	25	35
Summe	30	45	25	100

Hessen – Geschichte – Grundkurs – 2015
Vorschlag C

Thema: *Lebens- und Arbeitsbedingungen während des „Wirtschaftswunders" und zur Zeit der Industrialisierung im 19. Jahrhundert*

Aufgaben

1.1 Fassen Sie die Erinnerungen des Autors zusammen. (Material 1) (20 BE)

1.2 Setzen Sie Mihrs Befunde (Material 1) in Beziehung zur Fotografie (Material 2). (15 BE)

2. Stellen Sie die Lebens- und Arbeitsbedingungen von Arbeitern in der Industrie während der Zeit des sogenannten „Wirtschaftswunders" – so wie auch von Karl-Heinz Mihr ansatzweise geschildert (Material 1) – denen in der Zeit der Industrialisierung in Deutschland im 19. Jahrhundert gegenüber. (35 BE)

3. Diskutieren Sie, inwieweit das „Wirtschaftswunder" zur Entwicklung der Bundesrepublik zu einer demokratischen, Gleichberechtigung (auch der Geschlechter) anstrebenden Gesellschaft beigetragen hat. (30 BE)

Hinweise: **Karl-Heinz Mihr** (geb. 1935), langjähriger Betriebsratsvorsitzender bei VW Baunatal und im Gesamt- und Konzernbetriebsrat bei VW, im Landesvorstand der hessischen SPD, 1984–1994 Mitglied des Europaparlaments.

Die Rechtschreibung entspricht der Textvorlage.

Material 1

Erinnerungen des VW-Betriebsratsvorsitzenden[1] Karl-Heinz Mihr (1996)

[…] Wenn ich mich noch recht erinnere, hatten damals [in den frühen Fünfzigerjahren] die meisten Menschen in Nordhessen von der Dimension dessen, was sich da entwickeln sollte, keinerlei Vorstellung. Man war auch mehr als mißtrauisch, hatte man doch in den ersten Jahren nach dem Krieg genügend schlechte Erfahrungen gerade mit der Industrie gemacht. Die Beschäftigung dort war meist nur kurzfristig gewesen. Viele der Betriebe, früher Rüstungsschmieden, waren inzwischen geschlossen, andere kaum überlebensfähig. Ihre Umstellung auf eine zivile Fertigung gelang nur schleppend.

Nun sollte ein kompetentes Unternehmen, das diesen Sprung geschafft hatte, genau in einer ehemaligen Rüstungsfabrik angesiedelt werden. In einer Region, die sich noch immer nicht von den Nachkriegswirren erholt hatte. Das galt besonders für ihre im Krieg schwer zerstörte Metropole Kassel. Da war die plötzliche Randlage gewesen, das Hinterland war durch die Teilung Deutschlands völlig abgeschnitten. Hinzu kam eine absolute Monostruktur, durch die Rüstungsindustrie geprägt, die einen besonderen Schwerpunkt in Kassel gehabt hatte. Hohe Arbeitslosenzahlen, ein ständiges Auf und Ab in der Wirtschaft waren an der Tagesordnung. Henschel, der noch immer größte Arbeitgeber Nordhessens, war ständig von der Pleite bedroht, die Zerschlagung der Firma nur eine Frage der Zeit. Viele junge Menschen waren inzwischen in das nahe Ruhrgebiet abgewandert.

Das war in etwa die Situation, die Volkswagen noch Ende der fünfziger Jahre in Nordhessen vorfand. Die Entscheidung von Volkswagen, die früheren Henschel-Flugmotorenhallen, zwischen Altenbauna und Rengershausen gelegen, zu diesem Zeitpunkt zu erwerben,[2] war auch eine strukturpolitische Glanzleistung der damals politisch Verantwortlichen. […]

Seit der Produktionsaufnahme im Herbst 1958, spätestens aber Mitte 1960 mit der Inbetriebnahme der Halle 1, wurden Tausende von Menschen eingestellt. Nach nur kurzer Zeit hatte man bereits den Eindruck, ein Ruck gehe durch die Region – mit positiven Auswirkungen auf die Lebensweise ihrer Bewohner. Alle später immer wieder zu hörenden Behauptungen, durch diese VW-Ansiedlung sei die nordhessische Wirtschaft, besonders aber das Handwerk, zu Schaden gekommen durch eine angeblich massive Abwerbung und durch einen überhöhten Lohn- und Gehaltsspiegel, wurden durch die Entwicklung Lügen gestraft.

Im Gegenteil – das Bild der Dörfer und Städte um die Fabrik herum veränderte sich zusehends. Wenn man damals überhaupt schon von einem beginnenden Aufschwung reden wollte, dann war es genau das. In den Dörfern regte sich wieder Leben. Die Restauration der alten Dorfbilder, der Häuser und Plätze begann. Hand in Hand mit einer Politik der Hessischen Landesregierung, die mit gezielten Dorferneuerungs- und Sozialprogrammen diese Entwicklung ungemein begünstigte. Was Beschäftigung, vor allem aber auch sichere Beschäftigung auslöst, war spiegelbildlich überall zu sehen. […] Eine positive Entwicklung für den gesamten Dienstleistungsbereich inklusive des Handwerks begann.

Eine sichere Beschäftigung war auch der Beweggrund meiner eigenen Bewerbung bei VW. […] Die Belegschaft in der Aggregateaufbereitung[3] war ein bunt zusammengewürfelter Haufen. Sie stammten aus den verschiedensten Berufen, die man sich nur vorstellen konnte. Ein nicht gerade geringer Teil war auch von Henschel gekommen. Etwas einte sie alle: sie hatten Arbeit, wenn auch für viele erst nach einer langen Durststrecke. […]

[D]as Zusammengehörigkeitsgefühl hörte da auf, wo eigentlich Solidarität gefragt war, wenn es darum ging, Schwächeren zu helfen oder sich gegen betriebliche Willkür, die es natürlich auch gab, zur Wehr zu setzen. Ich habe mich oft gefragt: War es nur I[n]dividualismus – oder doch Egoismus? Äußerlich drückte sich das auch in der mangelnden Bereitschaft aus, sich gewerkschaftlich zu organisieren. […]

Karl-Heinz Mihr: Gemeinsamkeit war unsere Stärke. Erinnerungen zur Geschichte des Volkswagenwerkes Baunatal, Gudensberg: Wartberg 1996, S. 9–15.

1 Betriebsrat: Arbeitnehmervertretung in Betrieben, vertritt die Interessen der Arbeitnehmer auch gegenüber der Unternehmensführung durch Mitwirkung an betrieblichen Entscheidungen

2 1957 verkaufte Henschel ein 1,3 Millionen m² großes Gelände an die VW GmbH aus Wolfsburg. Aus zunächst drei Dörfern entstand am 1. Januar 1964 die Großgemeinde, am 1. Juli 1966 schließlich die Stadt Baunatal.

3 Aggregateaufbereitung: Instandsetzung einzelner verschlissener Fahrzeugteile

Material 2: Josef Heinrich Darchinger: Straßenszene in Baunatal (1966)

Josef Heinrich Darchinger: Wirtschaftswunder. Deutschland nach dem Krieg 1952–1967, hrsg. v. Klaus Honnef/Frank Darchinger, Köln 2008, S. 130.

Hinweise: Das ursprüngliche Farbfoto zeigt eine Neubausiedlung für Arbeiter in der Nähe des VW-Werks.

Josef Heinrich Darchinger (1925–2013), namhafter deutscher Fotojournalist

Lösungsvorschläge

Inhaltliche Schwerpunkte:
Die vorliegende Aufgabe umfasst schwerpunktmäßig das Kurshalbjahr Q3 „Konflikt und Kooperation in der Welt nach 1945". Dabei geht es hauptsächlich um die Gründung der beiden deutschen Staaten und die innere Entwicklung in der Bundesrepublik bis 1990 (v. a. bezogen auf das „Wirtschaftswunder" und die Rolle der Frau).
Ein Übergriff auf das Kurshalbjahr Q1 „Gesellschaftliche Veränderungsprozesse am Beginn der Moderne" findet in Teilaufgabe 2 statt. Besonders gefragt sind dabei Kenntnisse über die Industrielle Revolution und ihre Folgen, wobei auch die „Soziale Frage" eine Rolle spielt.

1.1 *Einleitend sollten Sie einige formale Angaben zur vorliegenden Quelle machen und kurz auf das zu behandelnde Thema eingehen. Geben Sie anschließend die zentralen Aussagen von Mihrs Erinnerungen in komprimierter Form wieder. Wahren Sie dabei Distanz zum Text und kennzeichnen Sie direkte Zitate. Diese Teilaufgabe verlangt von Ihnen Leistungen aus dem AFB I.*

Karl-Heinz Mihr, ein ehemaliger Betriebsratsvorsitzender im Baunataler VW-Werk, beschreibt in seinen Erinnerungen, die 1996 herausgegeben wurden und hier auszugsweise abgedruckt sind, die **Ansiedlung des VW-Werks in Nordhessen**. Dabei geht er zunächst auf die **wirtschaftliche Lage der Kasseler Region** ein, die in den frühen 50er-Jahren noch stark unter den Folgen des Kriegs gelitten habe (vgl. Z. 10 ff.).
Die in Kassel konzentrierte Rüstungsindustrie sei z. T. im Krieg zerstört worden und die „**Umstellung auf eine zivile Fertigung** gelang nur schleppend" (Z. 7 f.). Insbesondere die Firma Henschel, der größte Kasseler Arbeitgeber, habe permanent vor der Pleite gestanden (vgl. Z. 16 f.). Durch die Teilung Deutschlands sei Kassel von seinem östlichen Hinterland abgeschnitten worden und in eine Randlage geraten (vgl. Z. 12 f.). Die Folge seien eine **hohe Arbeitslosigkeit** und die **Abwanderung vieler junger Leute ins Ruhrgebiet** gewesen (vgl. Z. 15 ff.).
Die Entscheidung, in dieser strukturschwachen Region in einer ehemaligen Rüstungsfabrik in der dörflichen Umgebung Kassels ein **VW-Werk** anzusiedeln, wird deshalb von Mihr gelobt (vgl. Z. 21 ff.), auch wenn viele der Übernahme zunächst eher skeptisch gegenüberstanden (vgl. Z. 28 ff.).
Nach der Aufnahme der Produktion im Jahre 1958 seien dann aber **Tausende von neuen, sicheren Arbeitsplätzen** entstanden und die ganze Region, auch das Handwerk und der Dienstleistungssektor, hätten von dem **Aufschwung** profitiert. Das **Erscheinungsbild** der umliegenden Städte und Dörfer habe sich in dessen Folge **positiv verändert** (vgl. Z. 25 ff.).
Die Aussicht auf einen sicheren Arbeitsplatz sei auch Mihrs eigenes Motiv für die Bewerbung bei VW gewesen. Die Belegschaft des neuen Werks habe sich damals aus den verschiedensten Berufszweigen rekrutiert. Nach Mihrs Auffassung lag darin auch die Ursache für die zunächst recht **geringe Solidarität** unter

den VW-Arbeitern und für den **niedrigen gewerkschaftlichen Organisationsgrad**. Anstelle von Zusammenhalt seien Individualismus und Egoismus sehr ausgeprägt gewesen (vgl. Z. 50 ff.).

1.2 *Das Foto veranschaulicht einige der von Mihr in M1 vermittelten Informationen über die positive Wirkung der Ansiedlung von VW in Baunatal. Arbeiten Sie diese Aspekte heraus und verweisen Sie auf die jeweils passende Passage aus den Lebenserinnerungen Mihrs. Eine detaillierte allgemeine Bildbeschreibung ist dabei nicht erforderlich. Gehen Sie auch kurz auf die im Foto deutlich werdende geschlechtsspezifische Rollenverteilung ein, da diese eine Folge der von Mihr beschriebenen Entwicklung ist. Die Aufgabenstellung verlangt von Ihnen Leistungen der Anforderungsbereiche I und II.*

Bei dem in M 2 dargestellten Schwarz-Weiß-Foto von Josef-Heinrich Darchinger handelt es sich ursprünglich um ein Farbfoto. Es stammt aus dem 2008 in Köln erschienenen Buch „Wirtschaftswunder. Deutschland nach dem Krieg 1952 bis 1967“ von Frank Darchinger und Klaus Honnef. Dargestellt wird eine **Straßenszene in Baunatal** im Jahr 1966. Dabei lässt die Abbildung einige Bezüge zu Mihrs Erinnerungen (M 1) zu.

Das Foto zeigt einen Straßenzug in einer **Neubausiedlung**. Zu sehen sind mehrere moderne Mehrfamilienhäuser, die von Grünanlagen umgeben sind. Die Straße wirkt neu und sauber und verleiht dem Ort einen vorstädtischen Charakter. Damit veranschaulicht die Fotografie die von Mihr erwähnte **Veränderung der Städte und Dörfer** in der Umgebung des VW-Werks (vgl. Z. 33 ff.). Die Stadt Baunatal verdankte ihre Entstehung der Ansiedlung der VW-Werke (vgl. Z. 21 ff.), sodass sie stellvertretend für den angesprochenen Wandel stehen kann. Das VW-Werk sorgte für einen **Aufschwung städtebaulicher Maßnahmen**, die wiederum dem Handwerk sowie dem Dienstleistungsbereich zuträglich waren (vgl. Z. 34 ff.). Diese **positive Entwicklung** scheint der Fotograf mit dem inszeniert wirkenden Foto belegen zu wollen.
Während Mihr für die Zeit **vor der Gründung des VW-Werks eine Abwanderung junger Menschen** ins Ruhrgebiet konstatiert (vgl. Z. 18 f.), weist die Fotografie in eine andere Richtung. Es sind laut der Abbildung vor allem Familien, die sich in den neuen Wohngebieten ansiedeln und die vorher verlassenen Orte wieder mit Leben füllen (vgl. Z. 35 f.).
Dafür scheint ein gewisser **Wohlstand** verantwortlich zu sein, den die sichere Beschäftigung bei VW ausgelöst hat (vgl. Z. 38 ff.). Dieser zeigt sich an der **Möglichkeit, sich individuelle Wünsche zu erfüllen**. Der Mann auf dem Foto scheint einen **sicheren Arbeitsplatz** (möglicherweise bei VW) zu haben, sodass er sich einen eigenen Wagen leisten kann. Die dargestellten geschlechtsspezifischen Interessen spiegeln die für die damalige Zeit typische Rollenverteilung: Während die Frau auf dem Bild mit Kinderwagen zu sehen ist, beschäftigt sich der Mann mit seinem neuen Auto. Zwei Jungen schauen ihm dabei zu. Aufgrund des ausreichenden Verdienstes der Männer war **weibliche Erwerbstätigkeit**

finanziell nicht notwendig. Deshalb kehrten Frauen in die Rolle als Hausfrau und Mutter zurück. Insgesamt veranschaulicht die Fotografie in passender Weise die von Mihr beschriebenen Veränderungen und deren Folgen in Baunatal durch den wirtschaftlichen Aufschwung.

2. *Gehen Sie für die geforderte Gegenüberstellung der Lebens- und Arbeitsbedingungen der Industriearbeiterschaft von der Zeit des „Wirtschaftswunders" aus und stellen Sie in komprimierter Form die damals herrschenden Verhältnisse dar. Verfahren Sie dann in der gleichen Weise mit den Jahren der Industrialisierung. Danach sollten Sie Ihre Lösung mit einem passenden Fazit abschließen. Die Beantwortung der Frage gehört in die Anforderungsbereiche I und II.*

Während des „**Wirtschaftswunders**" verbesserten sich sowohl die Lebens- als auch die Arbeitsbedingungen in der Industrie enorm. Dies lag unter anderem daran, dass das **System der gesetzlichen Sozialversicherungen** ausgebaut wurde. Insbesondere die dynamische Altersrente, die Adenauer 1957 durchsetzte, erhöhte die Lebensqualität der Industriearbeiterschaft. Sie ermöglichte den Menschen auch nach Beendigung ihrer Berufslaufbahn ein würdiges Dasein. Während ihrer aktiven Berufsjahre **stieg der Lebensstandard** der Arbeiter zur Zeit des „Wirtschaftswunders" ebenso. Durch den **sozialen Wohnungsbau** konnte die Wohnungsnot gelindert werden, die vorher vor allem in Großstädten geherrscht hatte. Außerdem hatten die Menschen **mehr Freizeit**. Dadurch veränderte sich das Konsumverhalten, man gab mehr Geld für Reisen, Autos und Hobbies aus. Dies lag u. a. daran, dass das **Privatleben** einen immer höheren Stellenwert bekam. Ein erfülltes Familienleben trat nun gleichwertig neben die beruflichen Verpflichtungen. Da der Arbeitslohn eines Mannes für den Unterhalt einer Familie ausreichte, etablierte sich eine **geschlechtsspezifische Rollenverteilung**. Der Mann verdiente das Geld, während die Frau sich nach der Eheschließung dem Haushalt und der Kindererziehung widmete.
Mit den Erlösen des wiederansteigenden Exports konnte eine **moderne Industrie mit hoher Produktivität** aufgebaut werden. Es entstanden neue Industriegebiete und eine verbesserte Infrastruktur. Dadurch ging die Arbeitslosigkeit zurück und es wurde **Vollbeschäftigung** erreicht.
Doch nicht nur die Lebensbedingungen hatten sich stark verändert, sondern auch die Arbeitsverhältnisse waren einem Wandel unterworfen. Eine **Herabsetzung der Arbeitszeit** wurde diskutiert und in den Sechzigerjahren auf 40 Stunden festgelegt. Mit ordentlichen Löhnen und regelmäßigen jährlichen **Lohnsteigerungen** sowie verlängertem Jahresurlaub profitierten auch die Arbeiter von den hohen Wachstumsraten der Wirtschaftswunderzeit.
Durch die **gewerkschaftliche Organisation** der Arbeiterschaft stieg deren Selbstbewusstsein, ihre Rechte in einem Staat, der sich der „sozialen Marktwirtschaft" verpflichtet fühlte, notfalls auch mit Streiks durchzusetzen. In den Unternehmen wachten **Betriebsräte** über die Einhaltung von Arbeitnehmerrechten und in den damals prägenden Großkonzernen der Montanindustrie galt die **paritä-**

tische Mitbestimmung der Arbeitnehmer in den Aufsichtsräten. Dadurch konnte seitdem der soziale Frieden garantiert werden.

Die Lebens- und Arbeitsbedingungen der **Industriearbeiter des 19. Jahrhunderts** waren mit denjenigen zur Zeit des „Wirtschaftswunders" kaum vergleichbar. Die **Wohnverhältnisse** in den rasch hochgezogenen neuen Mietskasernen waren **eng und wenig hygienisch**, sie glichen Slums und sorgten nicht selten für die Entstehung von Krankheiten und Kriminalität. Oft brachen Epidemien aus, die die Sterberate ansteigen ließen. **Hohe Lebenshaltungskosten** hatten eine mangelhafte Ernährung zur Folge, die das **Krankheitsrisiko** zusätzlich erhöhte. Durch die veränderten Arbeitsbedingungen lösten sich die traditionellen Familienstrukturen teilweise auf.
Der Arbeitsprozess wurde in kleinste Einheiten aufgeteilt, was den **Einsatz von ungelernten Arbeitskräften** erlaubte. Folglich waren auch Frauen und Kinder in der Produktion tätig. Der Zustrom immer neuer pauperisierter Handwerker, Landarbeiter und ehemaliger Bauern in die neuen Industriezentren sowie die Konkurrenz der freien Unternehmer untereinander führten zur **Senkung der Löhne** auf das Existenzminimum. Außerdem wurden die **Arbeitszeiten** auf teilweise über 15 Stunden an sechs Tagen der Woche **verlängert** und die Arbeiter hatten sich einer rigiden, fast militärischen **Fabrikdisziplin** zu unterwerfen. Für geringste Vergehen konnten schwere Strafen über sie verhängt werden. Sie waren ihrem Unternehmer auf Gedeih und Verderb ausgeliefert und besaßen keinerlei Mittel, ihre Rechte durchzusetzen. Zudem existierten **kaum Maßnahmen des Arbeitsschutzes**, sodass es häufig zu schlimmen Unfällen kam. Diese wogen umso schwerer, weil es in der Regel **keinerlei Unfall- und Krankenversicherung** gab. Genauso fehlte eine gesetzlich geregelte Altersvorsorge. Dies alles führte zu **massenhafter Verelendung** in der Arbeiterschaft. Erst als die **Lösung der Sozialen Frage** immer dringlicher wurde, kam es durch die Entstehung der Arbeiterbewegung und erste sozialpolitische Eingriffe des Staates zu Verbesserungen.
Zur Zeit des „Wirtschaftswunders" waren solche Probleme fast gänzlich in den Hintergrund getreten, da auch die Arbeiterschaft vom allgemeinen Aufschwung profitierte. Die **Unterschiede zwischen den Schichten waren nun viel weniger ausgeprägt**. Somit stehen die Lebens- und Arbeitsbedingungen der Arbeiterschaft sich in den Jahren des „Wirtschaftswunders" und der Industrialisierung diametral entgegen.

3. *Diese Teilaufgabe fordert Sie zu einer Diskussion auf, inwieweit das „Wirtschaftswunder" zur Entwicklung einer demokratischen und nach Gleichberechtigung strebenden Gesellschaft beigetragen hat. Dabei sollen Sie auch die Umsetzung von Geschlechtergerechtigkeit berücksichtigen. Führen Sie sowohl positive als auch negative Auswirkungen des „Wirtschaftswunders" an. Ziehen Sie am Ende ein kurzes Fazit. Mit dem Operator „diskutieren" gehört diese Aufgabe vornehmlich in den AFB III.*

Das „**Wirtschaftswunder**" sorgte nur kurze Zeit nach Kriegsende für **Wohlstand, Stabilität und Sicherheit**. Im Folgenden soll diskutiert werden, inwiefern diese Entwicklungen zu einer erfolgreichen **Etablierung von Demokratie und Gleichberechtigung** in der Gesellschaft beitrugen.

Zunächst einmal ließ die ökonomische Situation in Westdeutschland die Demokratie in einem positiven Licht erscheinen. Da es den Menschen in der Bundesrepublik überwiegend gut ging, sahen sie keinen Grund, die Staatsform infrage zu stellen. Vielmehr wurde der **wirtschaftliche Erfolg dem neuen politischen System zugeschrieben**, was das Ansehen der Demokratie dauerhaft festigte.
Dieser Zuspruch zeigte sich bereits in den **Wahlerfolgen der demokratischen Parteien**, die man für ihre erfolgreiche Wirtschaftspolitik belohnte. War Konrad Adenauer bei den ersten Bundestagswahlen 1949 nur knapp zum Kanzler gewählt worden, konnte er 1953 eine breitere und 1957 sogar die absolute Mehrheit der Stimmen erzielen. Auch die folgenden beiden Wahlen 1961 und 1965 gewann die CDU. Die Wahlbeteiligung war insgesamt hoch und ein **stabiles Dreiparteiensystem** aus CDU, FDP und SPD setzte sich durch. Radikale Gruppierungen konnten dagegen keine nennenswerten Erfolge verzeichnen und **politisch oder sozial motivierte Unruhen blieben aus**. Dies ist ein deutliches Zeichen für die Hinwendung der Bevölkerung zur Demokratie.
Eine weitere Stärkung erfuhr diese aufgrund der wirtschaftlichen Unterstützung durch die USA in Form des **Marshallplans**. Dessen Maßnahmen hatten das „Wirtschaftswunder" überhaupt erst ermöglicht, sodass die **Orientierung an den demokratischen Vorstellungen der USA** in weiten Bevölkerungsteilen Anklang fand.

Allerdings hatte das „Wirtschaftswunder" auch seine **Schattenseiten**. Die Konzentration aller Energie auf den wirtschaftlichen Wiederaufbau erleichterte es den Deutschen, die **Gräuel der Nazi-Diktatur** nach der Aburteilung der Spitze des Regimes in den Nürnberger Kriegsverbrecherprozessen **zu verdrängen**. Die Regierung wollte die Zustimmung zum neuen Staat nicht durch eine grundlegende Aufarbeitung der Vergangenheit stören. Stattdessen griff man zur Aufrechterhaltung von Wirtschaft und Verwaltung auf erfahrenes Personal zurück, auch wenn dies bedeutete, **NS-Funktionäre in zentralen Positionen** zu belassen. Der Notwendigkeit einer Aufarbeitung wurde erst Mitte der Sechzigerjahre mit dem Frankfurter Auschwitz-Prozess Rechnung getragen.
Dazu kommt, dass eine **Fokussierung auf wirtschaftlichen Erfolg** nicht unbedingt zu stärkerer politischer Partizipation beiträgt. Solange die Menschen in materiellem Wohlstand lebten, sahen sie weder einen Grund, die Demokratie infrage zu stellen noch, sich aktiv für sie einzusetzen. Inwiefern sich die Deutschen wirklich mit dem neuen Staatsmodell identifizierten, musste sich erst in Krisenzeiten zeigen.
Was die soziale Gerechtigkeit angeht, konnte das „Wirtschaftswunder" nicht verhindern, dass es weiterhin gravierende **Unterschiede zwischen den verschiedenen Schichten** gab. Obwohl der wirtschaftliche Aufschwung zwar für eine allge-

meine Erhöhung des Lebensstandards sorgte, blieben große **Unterschiede in Besitz und Einkommen** bestehen.
Eine ähnliche Einschränkung gilt für die Gleichberechtigung der Geschlechter. Zwar wurde die **Ebenbürtigkeit von Mann und Frau** in das Grundgesetz aufgenommen, jedoch bedeutete dies noch längst nicht deren Realisierung. Stattdessen blieb die **Gesellschaft weitgehend patriarchalisch** organisiert. Laut dem Bürgerlichen Gesetzbuch war der Mann auch künftig der Familienvorstand, der alle wichtigen Entscheidungen treffen und sogar über die Berufstätigkeit der Frau bestimmen durfte. Viele Frauen hatten in den Jahren des Wiederaufbaus in der Abwesenheit der Männer bereits für sich selbst gesorgt. In der Zeit der wirtschaftlichen Stabilität war weibliche Erwerbstätigkeit aus ökonomischen Gründen nicht mehr notwendig, sodass Frauen wieder auf **Haushalt und Kindererziehung** beschränkt wurden. Eine Gleichberechtigung der Geschlechter wurde also durch das „Wirtschaftswunder" zunächst verhindert.

Der **wirtschaftliche Erfolg** in den Anfangsjahren der Bundesrepublik sorgte für eine **hohe Akzeptanz des neuen Staatsmodells**. Allerdings musste sich die Demokratie erst in Krisenzeiten bewähren, um einen **langfristigen Mentalitätswandel** mit einer Gleichberechtigung der Geschlechter zu bewirken.

Teilaufgabe	AFB I	AFB II	AFB III	BE
1.1	20			20
1.2	5	10		15
2	5	30		35
3		5	25	30
Summe	30	45	25	100

Hessen – Geschichte – Leistungskurs – 2015
Vorschlag A

Thema: *Frauenbewegung im Kaiserreich und Frauenemanzipation in der Bundesrepublik*

Aufgaben

1. Skizzieren Sie die Absichten der Frauendelegation, die Vorbereitung und die Reaktion des Reichskanzlers sowie die darauf folgende Berichterstattung. (Material 1–3) (35 BE)
2. Erläutern Sie in Anknüpfung an die Materialien zentrale Forderungen und Erfolge der bürgerlichen Frauenbewegung im Deutschen Kaiserreich. (30 BE)
3. Beurteilen Sie die Bedeutung der gesellschaftspolitischen Rahmenbedingungen für die Durchsetzung (frauen-)emanzipatorischer Forderungen während der Kanzlerschaft Adenauers im Vergleich zu der Willy Brandts. (35 BE)

Hinweise zu den Materialien 1–3:
Anita Augspurg (1857–1943), 1902 Mitbegründerin und Vorsitzende des Deutschen Vereins für Frauenstimmrecht; politisch liberal ausgerichtet; nicht-jüdischer Herkunft

Bernhard von Bülow (1849–1929), 1900–1909 Reichskanzler des Deutschen Reiches

Die Rechtschreibung entspricht den Textvorlagen.

Material 1

Bericht von Anita Augspurg über den Empfang einer Frauendelegation bei Reichskanzler Bülow (1. April 1902)

Die fortschrittliche Frauenbewegung in Deutschland empfand mit einer gewissen Schärfe die geringe Berücksichtigung, welche trotz unverkennbarer Fortschritte bezüglich der Stellung der Frauen auf manchen Gebieten, gerade die wesentlichsten Forderungen bezüglich der Vereinsfreiheit, der Mädchenschulbildung und der Uebergriffe der Polizeiwillkür auf Grund der Reglementi[e]rung der Prostitution bisher von Seiten der gesetzgebenden Körperschaften gefunden hatten. […]

Der Deutsche Verein für Frauenstimmrecht, dessen Vorsitz in Händen der Verfasserin dieser Zeilen liegt, hatte daher den Entschluss gefasst, die Cardinalpunkte[1] des frauenrechtlerischen Programmes direct vor dem Kanzler, als der höchsten verantwortlichsten Persönlichkeit des Reiches, zu Gehör zu bringen. Seine Anregung fand lebhafte Zustimmung bei den Frauen im Reiche, von denen eine Anzahl zu der am 20. März anberaumten Audienz beim Kanzler auf telegraphischen Ruf herbeieilte. […] [C]irca 35 Frauen aus Berlin und mehreren deutschen Städten [waren] zur Stelle und zwar waren es Frauen der verschiedensten Berufsclassen: Lehrerinnen, Arbeiterinnen, Reichs- und städtische Beamte, Doctores dreier Facultäten, Schriftstellerinnen, Handelsangestellte u. s. w.

In einer Vorconferenz war die Vorsitzende des Vereines für Frauenstimmrecht zur Sprecherin und waren die von ihr zu erörternden Punkte bestimmt worden. […]

Der Wortlaut des überreichten Textes ist der folgende:

„Die Versammelten bitten im Namen vieler deutscher Frauen um die Vorlage eines Reichsgesetzes, dahin lautend:

Die vereinsrechtlichen Beschränkungen der Frauen sind in allen deutschen Bundesstaaten aufgehoben.

Sie bitten ferner um Aufhebung von Ziffer 6 des § 361 R. St. G. B.,[2] dessen Wirkung ein unerträgliches Ausnahmegesetz für alle deutschen Frauen bedeutet; sie bitten endlich:

dass durch Reichsgesetz bestimmt werden möge, dass nach vollgiltig[3] abgelegter Maturitätsprüfung[4] das weibliche Geschlecht das gleiche Anrecht auf Immatriculation an Hochschulen habe, wie das männliche;

dass bei der in Aussicht gestellten Reform des Mädchenschulwesens in Preussen eine Anzahl sachverständiger Frauen zur Mitarbeit herangezogen werden; […]

dass die Errichtung obligatorischer Fortbildungsschulen für Mädchen eingeleitet werde."

Der Reichskanzler gab darauf etwa folgende Antwort:

„Ich danke Ihnen für Ihre freundlichen beredten Worte, ich danke Ihnen für Ihr Erscheinen und bitte Sie, davon überzeugt zu sein, dass ich mir der ausserordentlichen Bedeutung und des grossen Ernstes der Frauenfrage wohl bewusst bin. Was die angeregten Punkte betrifft, so werden Sie selbst wissen, dass ich, wo es sich um die hinsichtlich des Vereinsgesetzes geltenden Bestimmungen handelt sowie auch um den betreffenden Paragraphen, welcher so schmerzliche Erscheinungen zur Folge hat, nicht allmächtig bin; vielmehr ist dies Alles gebunden an die Bestimmungen der gesetzgebenden Körperschaften; ich kann in dieser Beziehung nur Reformversuche anregen.

Was die Frage der Frauenbildung betrifft, so ist dieselbe in Verbindung mit den Grundlagen der Volkserziehung vom Cultusministerium in Erwägung gezogen. […] Eine nachdrückliche Unterstützung der Mädchenschule von Seite der Unterrichtsverwaltung wie von Seite der Stadtgemeinden ist in Aussicht genommen, und durch neue Lehrpläne werden im Unterricht verschiedene Verbesserungen angestrebt.

Dagegen verhält sich die Unterrichtsverwaltung ablehnend hinsichtlich der Errichtungen von besonderen Mädchengymnasien sowie Aufnahme der Mädchen in die höheren Lehranstalten sowie gegenüber der Coeducation[5]. […]"

Man hatte alle Ursache, mit dem Tone wie mit dem Inhalte der Antwort des Reichskanzlers zufrieden zu sein. […]

Anita Augspurg: Deputation deutscher Frauen beim Reichskanzler, in: Dokumente der Frauen, 2. Jg., Nr. 7, 1. April 1902, S. 1 ff.

1 Cardinalpunkte: Hauptpunkte

2 Gemeint ist die polizeiliche Reglementierung der Prostitution im Reichsstrafgesetzbuch (R. St. G. B.).

3 vollgiltig: vollgültig

4 Maturitätsprüfung: Reifeprüfung, Abitur

5 Coeducation: Koedukation, gemeinsamer Unterricht von Mädchen und Jungen

Material 2

Notiz der Reichskanzlei als Arbeitsgrundlage für Reichskanzler von Bülow (14. März 1902)

Fräulein oder Frau Anita Augspurg ist jüdischen Ursprungs, religionslos, international-sozialdemokratisch angekränkelt, vertritt die extremste Richtung in der Frauenfrage. Sie geht unter anderem von der Ansicht aus, daß der Religionsunterricht ganz aus den Mädchenschulen auszuweisen sei. Vor zwei Jahren wurde sie von dem Herrn Kultusminister [Preußens] empfangen, der aber im Laufe der Unterhaltung die Ueberzeugung gewann, daß ihre Absichten seitens der Unterrichts-Verwaltung nicht gebilligt und noch weniger gefördert werden können. Im übrigen hat der Herr Kultusminister in der heutigen Sitzung des [preußischen] Abgeordnetenhauses seinen Standpunkt in der Sache folgendermaßen dargelegt.

1. Anzuerkennen ist, daß die höheren Mädchenschulen einer ausdrücklicheren Unterstützung sowohl seitens der Unterrichtsverwaltung wie insbesondere auch seitens der größeren Stadtgemeinden bedürfen. Die Unterrichtsverwaltung bereitet außerdem einen neuen Lehrplan für die höheren Mädchenschulen vor […].
2. Die Einrichtung besonderer Mädchengymnasien und die Aufnahme von Mädchen in die höheren Unterrichtsanstalten […] muß die Unterrichtsverwaltung ablehnen. […]

Sie muß weitere Erfahrungen abwarten und befindet sich mit den von den verschiedensten Parteien des Abgeordnetenhauses (insbesondere von den Konservativen, den Freikonservativen, dem Zentrum und den Nationalliberalen) kundgegebenen Auffassungen in völliger Uebereinstimmung […].

Vorlage von Beamten der Reichskanzlei über Anita Augspurg zu Händen des Reichskanzlers vom 14. März 1902, handschriftlich (Bundesarchiv Berlin: R 43 Reichskanzlei 2266).

Material 3

Kommentar der konservativen Zeitung „Leipziger Neueste Nachrichten" (22. März 1902)

Graf Bülow ist ein liebenswürdiger und im Verkehr mit Damen auch ein überaus galanter Herr. Als jüngst die leitenden Damen des „Deutschen Vereins für Frauenstimmrecht" ihn besuchten, um ihm persönlich ihre Wünsche und Sorgen, ihre Hoffnungen und Befürchtungen ans Herz zu legen, als all die Großen im Kreise der Weiblichkeit […] bei ihm erschienen, da hat er sanft und geschmeidig zu ihnen gesprochen, wie ein guter Vater zu seinen lieben Kindern, und als die Damen heiß und erröthend den Saal verlassen hatten, da fielen sie einander in die Arme und flüsterten begeistert: „Es war ein historischer Moment."

Der Verein, dessen Vertreterinnen zum Hause des Kanzlers gezogen waren, hat in seinen Ausführungen es vermieden, das „Endziel" zu enthüllen. […]

Auch die klügsten Frauen werden die Thatsache nicht aus der Welt schaffen, daß die Natur tiefgreifende Unterschiede zwischen Mann und Frau gestellt hat, und daß schon deßhalb auch die Methode männlicher und weiblicher Erziehung verschiedenartig sein muß. Dieser Gegensatz ist physisch, aber auch psychisch begründet. Wir hoffen es wirklich nicht mehr zu erleben, daß in Deutschland von weiblichen Richtern Recht gesprochen wird. Es mag als eine abgestandene Weisheit gelten, ist aber dennoch eine Weisheit, daß beiden Geschlechtern eine verschiedene Methode des Denkens eigenthümlich ist: Beim Manne herrscht der Verstand, die Frauen empfangen das Bild der Welt durch das Gefühl. [...]

Wir hätten es in der That gewünscht, daß Graf Bülow seinen Besucherinnen, deren letzte Ziele ihm doch der Name ihres Vereins deutlich genug vorweisen mußte, weniger mit nichtssagenden, galant klingenden Phrasen begegnet wäre, sondern daß er ihnen gründlich ins Gewissen geredet hätte. Jetzt fühlen sich diese Damen in ihren uferlosen Wünschen durch den Reichskanzler nur noch bestärkt [...].

Der Kanzler und die lieben Frauen, in: Leipziger Neueste Nachrichten, 22. März 1902.

Lösungsvorschläge

Inhaltliche Schwerpunkte:
Die Aufgabe bezieht sich unter dem Schwerpunktthema „Die Industrielle Revolution und ihre Folgen“ aus Q 1 „Gesellschaftliche Veränderungsprozesse am Beginn der Moderne“ vornehmlich auf die Stichworte „die Frauenfrage im 19. Jahrhundert: die normative Kraft des bürgerlichen Frauenbildes“ sowie „bürgerliche Frauenbewegung und ihre ersten Erfolge“. Der kursübergreifende Bezug entsteht durch den Aspekt „die innere Entwicklung in der Bundesrepublik bis 1990 (u. a. Rolle der Frau)“ aus dem thematischen Schwerpunkt „Die deutsche Ebene: Teilung und Einheit“ des Kurshalbjahrs Q 3 „Konflikt und Kooperation in der Welt nach 1945“.

1. *Da die vorliegenden Texte sprachlich nicht leicht zu verstehen sind, sollten Sie die Materialien zunächst aufmerksam und sorgfältig durchlesen. Behalten Sie dabei im Hinterkopf, was genau die Aufgabenstellung von Ihnen verlangt. Um ihr gerecht werden zu können, sollten Sie sich den zeitlichen Ablauf des Geschehens über alle drei Materialien hinweg vergegenwärtigen und aus jeder Quelle die Aspekte entnehmen, die zur Fragestellung passen. Ordnen Sie am Anfang die drei Materialien ein, indem Sie den Verfasser, die Art der Quelle, ihren Erscheinungszeitpunkt, ihre Adressaten und das Thema der einzelnen Textauszüge nennen. Mit dem Operator „skizzieren“ gehört diese Teilaufgabe zum AFB I.*

   Am 20. März 1902 hatte eine ca. 35-köpfige Delegation von Frauenrechtlerinnen die Gelegenheit, bei einem Empfang in Berlin Reichskanzler Bülow ihre Forderungen vorzutragen. Folgende drei Quellen beschäftigen sich mit dieser Audienz:
   Material 1 enthält einen **Bericht über das Treffen**. Dieser wurde von Anita Augspurg, der Sprecherin der Frauen, verfasst und am 1. April 1902 in der politischen Frauenzeitschrift „Dokumente der Frauen“ veröffentlicht. Anita Augspurg berichtet in diesem Artikel über die Vorbereitung und den Ablauf des Empfangs, sie referiert die überreichten Forderungen der Frauen und gibt Kanzler Bülows

Äußerungen wörtlich wieder. Damit wendet sie sich an ihre Geschlechtsgenossinnen, die sie über den Erfolg der Unterredung in Kenntnis setzen möchte.
Das zweite Material (**M 2**) sind handschriftliche Notizen vom 14. März 1902, angefertigt für Kanzler Bülow von Beamten der Reichskanzlei. Sie enthalten **interne Informationen über die Frauenrechtlerin Anita Augspurg** sowie über die Haltung der preußischen Kultusbürokratie zu den Forderungen der Delegierten.
Beim dritten Material (**M 3**) handelt es sich um einen **Zeitungskommentar** der konservativen „Leipziger Neuesten Nachrichten" über das Zusammentreffen der Frauenrechtlerinnen mit Kanzler Bülow, der am 22. März 1902 erschienen ist. Darin soll der vornehmlich konservativen Leserschaft die Bedrohung aufgezeigt werden, die von den Forderungen der Frauen ausgehe.

Über die **Absichten der Frauendelegation** gibt vor allem Anita Augspurgs Bericht Auskunft (M 1). Sie und der Deutsche Verein für Frauenstimmrecht, dessen Vorsitzende und Sprecherin sie ist, wollten den **Forderungen der progressiven Frauenbewegung mehr Nachdruck verleihen**. Dabei ging es v. a. um Vereinsfreiheit, Förderung der Mädchenbildung und Ablehnung willkürlicher Polizeiübergriffe auf Prostituierte (vgl. M 1, Z. 3 ff.). Um bei ihren Anliegen Fortschritte zu erzielen, bemühten sich die Frauen um eine Audienz bei Reichskanzler Bülow „als der höchsten verantwortlichsten Persönlichkeit des Reiches" (M 1, Z. 9 f.). Die Abordnung umfasste rund 35 Frauen aus dem gesamten Reich und aus den verschiedensten Berufen. Damit wollte die Delegation demonstrieren, wie verbreitet ihre Forderungen unter den deutschen Frauen waren (vgl. M 1, Z. 13 ff.).
Nicht nur die Frauenabordnung, sondern auch Kanzler Bülow bereitete sich mithilfe von Informationen auf den Empfang vor. Ein **handschriftliches Dossier aus der Reichskanzlei** (M 2) **verunglimpft Frau Augspurg als Jüdin** und stellt sie als Gegnerin von Religionsunterricht dar (vgl. M 2, Z. 1 ff.). Sie sei sozialdemokratisch „angekränkelt" (M 2, Z. 2) und gehöre zu den radikalsten Frauenrechtlerinnen. Was die inhaltlichen Forderungen der Frauen angeht, sei die Kultusbürokratie bereit, die **Mädchenbildung** durch eine Lehrplanreform zu unterstützen. Eigene **Mädchengymnasien und ein Hochschulzugang für Frauen würden aber abgelehnt**. Die meisten Parteien würden dieser Ablehnung zustimmen.
M 1 und M 3 geben über die **Reaktion des Reichskanzlers** Aufschluss. Er begegnet den Frauen höflich, bleibt hinsichtlich ihrer Forderungen aber **unverbindlich**. So beteuert er zwar, die Frauenfrage sehr ernst zu nehmen (vgl. M 1, Z. 36 f.), verweist jedoch auf andere Entscheidungsträger, von denen er abhängig sei. Beispielsweise müssten Änderungen des Vereinsgesetzes durch das Parlament beschlossen werden, weshalb er entsprechende Reformen nur anregen könne. In der Frage der Mädchenbildung hält Bülow sich genau an das Dossier: Er versichert, dass das Ministerium Reformen der Mädchenschulen vorbereite, den Hochschulzugang für Frauen aber ablehne (vgl. M 1, Z. 43–50).
Die **Berichterstattung** über das Ereignis fällt unterschiedlich aus: Anita Augspurg wertet die **Reaktion des Reichskanzlers als Erfolg** (vgl. M 1, Z. 51 f.). Dazu passend berichten die „Leipziger Neuesten Nachrichten", die Frauen hätten nach der Unterredung begeistert den Saal verlassen und den „historische[n] Moment" (M 3,

Z. 8) gefeiert. Dies schreibt der Kommentator dem Verhalten des Reichskanzlers zu. Er erkennt zwar, dass dieser die Frauen nicht ganz ernst genommen habe, indem er „wie ein guter Vater zu seinen lieben Kindern“ (M 3, Z. 6) mit ihnen gesprochen habe, jedoch sei seine **Ablehnung zu schwach ausgefallen**. Statt seiner „nichtssagenden, galant klingenden Phrasen“ (M 3, Z. 22) hätte er den Frauen lieber deutlich ins Gewissen reden und ihre **Forderungen strikt zurückweisen** sollen. Schließlich stünde einer gemeinsamen Erziehung von Jungen und Mädchen ihr grundlegend unterschiedliches Denken entgegen. Bei den Männern dominiere der Verstand, bei den Frauen das Gefühl (vgl. M 3, Z. 16 ff.). Aus diesem Grund sei es absurd, Frauen den Männern gleichzustellen und sie in „Männerberufen“ zuzulassen. Außerdem hätten die Frauen ihr eigentliches „Endziel“ (M 3, Z. 10), das Frauenstimmrecht, geschickt vor dem Reichskanzler verborgen.

2. *Bei dieser Aufgabe sind Ihre Kenntnisse über die Frauenbewegung im 19. Jahrhundert gefragt. Dabei müssen Sie sowohl die zentralen Forderungen als auch die Erfolge der bürgerlichen Frauenbewegung kennen und verstanden haben. Erläutern Sie diese mit Bezug zu den Materialien, über die Sie allerdings hinausgehen müssen. Achten Sie auf eine strukturierte Darstellung der ausgewählten Aspekte. Am Ende kann eine kurze Zusammenfassung stehen. Diese Erläuterungsaufgabe gehört zum AFB II.*

Die bürgerliche Frauenbewegung, zu der auch Anita Augspurg und die übrigen Delegierten gehörten, stellte **zahlreiche Forderungen**. Grundsätzlich ging es den Frauen darum, von der Gesellschaft **als gleichberechtigt anerkannt** zu werden und ein Recht auf **Bildung sowie freie Berufswahl** zu erhalten. Dafür strebten die Frauen eine grundsätzlich **verbesserte Mädchenbildung** an. Es sollten **Mädchengymnasien** eröffnet werden, die es jungen Frauen ermöglichten, Abitur zu machen (vgl. M 1, Z. 27 ff.). Außerdem forderten die Frauenrechtlerinnen den **unbeschränkten Zugang zu einem Hochschulstudium** und das **Recht auf Erwerbstätigkeit**. Bildung und Berufstätigkeit galten als entscheidende Voraussetzungen dafür, Frauen **gesellschaftliche Anerkennung** und die **rechtliche Gleichstellung** mit dem Mann zu verschaffen. Im Zuge der Forderung nach freier Berufswahl sollte auch die **Prostitution entkriminalisiert** werden. Statt Prostituierte zu bestrafen, müsse man ihnen ärztliche Fürsorge zukommen lassen, um sie vor den gesundheitlichen Risiken ihres Berufs besser zu schützen (vgl. M 1, Z. 24 f.).
Um am gesellschaftlichen und politischen Leben gleichberechtigt teilnehmen zu können, forderten die Frauen, **Vereinen und politischen Parteien beitreten** zu dürfen (vgl. M 1, Z. 22 f.). Über allem stand aber als „Endziel“ (M 3, Z. 10) die zentrale politische Forderung der Frauenbewegung in dieser Zeit weltweit: das **Frauenwahlrecht**. Trotz dieser für die damalige Epoche weitreichenden Forderung stellte die bürgerliche Frauenbewegung das herrschende System des Kaiserreichs nicht insgesamt infrage. Stattdessen wollte sie ihre **Anliegen innerhalb der bestehenden Ordnung verwirklichen**. Inwiefern dies gelungen ist, soll im Folgenden gezeigt werden.

1908 – sechs Jahre nach Augspurgs Audienz beim Kanzler – wurde das **preußische Mädchenschulwesen grundlegend neu geordnet**. Das Ministerium wich nun von seiner ablehnenden Haltung ab und realisierte Forderungen, die die Frauen 1902 vorgetragen hatten. Es wurde ein Schulzweig für Mädchen eingerichtet, der nach 13 Jahren zum Abitur führte und danach zum Studium berechtigte. Allerdings war es den Professoren selbst nach dieser Regelung noch erlaubt, Frauen von ihren Vorlesungen auszuschließen.
Ebenfalls 1908 wurde das **Vereinsrecht reformiert**. Nun konnten Frauen politischen Parteien beitreten und leichter Vereine gründen. Zusammen mit einem **Anstieg publizistischer Erzeugnisse von Frauen** führte das zu einer stärkeren Präsenz der Frauenfrage im politischen und gesellschaftlichen Leben. Außerdem unterstützte vor allem die SPD, aber auch die liberale Opposition Forderungen von Frauen, z. B. nach dem Frauenwahlrecht. Dieses wurde jedoch erst nach dem Zusammenbruch des Kaiserreichs eingeführt.
Insgesamt sind die **Erfolge der Frauenbewegung im Deutschen Reich als eher bescheiden einzustufen**, da den zentralen Forderungen der Frauen nur ansatzweise entsprochen wurde.

3. *Der Operator „beurteilen" verlangt von Ihnen eine Untersuchung der gesellschaftspolitischen Rahmenbedingungen und deren Auswirkung auf die Durchsetzung (frauen-)emanzipatorischer Forderungen. Dabei sollen Sie einen Vergleich zwischen der Kanzlerschaft Adenauers und der Ära Willy Brandts ziehen. Sie sollten also darstellen, inwiefern beide Zeitabschnitte Reformen begünstigten oder eher hemmten. Gehen Sie dazu sowohl auf politische und wirtschaftliche Zusammenhänge als auch auf die Person des jeweiligen Kanzlers und die Rechtslage ein. Schließen Sie am Ende mit einem kurzen Fazit. Die Aufgabe verlangt von Ihnen hauptsächlich Leistungen im AFB III.*

Welchen Grad die Emanzipation und Gleichstellung der Frau erreichen kann, hängt unter anderem von den allgemeinen gesellschaftspolitischen Rahmenbedingungen ab. Da diese in der Ära Adenauer und zur Zeit der Kanzlerschaft Willy Brandts stark voneinander abwichen, waren **emanzipatorische Forderungen unterschiedlich erfolgreich**. Woran man ihre hohe oder geringe Durchsetzungskraft jeweils festmachen kann, soll im Folgenden vergleichend untersucht werden.

Mit dem Grundgesetz von 1949 waren die Voraussetzungen zur weiblichen Emanzipation in Adenauers Regierungszeit zunächst einmal günstig. Schließlich war in Artikel 3 des Grundgesetzes die **Gleichberechtigung von Männern und Frauen zum ersten Mal in Deutschland verfassungsrechtlich festgelegt**. Jedoch blieb die Umsetzung dieses Grundrechts durch entsprechende gesetzliche Regelungen zunächst aus, was sich auf verschiedene Gründe zurückführen lässt.
Einerseits mangelte es am politischen Willen, tatsächlich für die Gleichberechtigung der Frau im Alltag zu sorgen, andererseits fehlte aber auch bei den Frauen ein ausgeprägtes Bedürfnis nach Änderung ihrer gesellschaftlichen Stellung. In der **restaurativen Adenauerzeit** (1949–1963) gelang es, die wirtschaftlichen

Schwierigkeiten und die soziale Unsicherheit der Nachkriegsjahre zu überwinden. Mit dem „**Wirtschaftswunder**“ der 1950er-Jahre kamen Wohlstand und Zufriedenheit. Diese führten dazu, dass sich Politiker sowie Bürger schnell in der neuen Bundesrepublik einrichteten und **kaum Bedarf für Neuerungen** sahen.
Auch außenpolitisch befand man sich in einer stabilen Lage – integriert in Europa, geschützt vom mächtigen Amerika – und besaß mit dem Kommunismus ein gemeinsames Feindbild. All dies schweißte die Gesellschaft zusammen. Mit der Entwicklung zu Frieden, sozialer Sicherheit, Vollbeschäftigung und bald schon erheblichen Lohnzuwächsen gab es scheinbar wenig Grund und Bereitschaft, das Erreichte durch Reformen zu gefährden.
„**Keine Experimente**“ lautete passend dazu ein Wahlslogan der CDU im Bundestagswahlkampf und Konrad Adenauer verkörperte diesen **Konservatismus** wie kein anderer. Genauso wie es keine kritische Auseinandersetzung mit der NS-Vergangenheit gab, wurden auch die Geschlechterrollen nicht infrage gestellt.
Das gesellschaftliche **Leben blieb patriarchalisch geprägt**, obwohl das „Alleinbestimmungsrecht“ des Mannes in der Familie und Ehe abgeschafft wurde, indem man 1959 den „Gehorsamsparagraph“ für nichtig erklärte. Die konservativen Wertvorstellungen in der Gesellschaft der Adenauerzeit sahen für die Frau aber weiterhin die **traditionelle Rolle als Hausfrau und Mutter** vor. Erwerbstätigkeit wäre nur aus materieller Not eine Alternative gewesen. Es galt als Privileg für Frauen, nicht arbeiten gehen zu müssen. Außerdem waren Frauen in der Regel schlechter ausgebildet als Männer, übten nur geringer qualifizierte Berufe aus, verdienten weniger und erreichten fast nie Führungspositionen – sowohl im Arbeitsleben als auch im öffentlichen Leben und in der Politik.

Diese restaurative gesamtgesellschaftliche Lage änderte sich allerdings Mitte der 1960er-Jahre nachhaltig: Die Auschwitz-Prozesse in Frankfurt und eine erste wirtschaftliche Rezession sowie das Ende der konservativen Ära Adenauer sorgten für einen größeren **Reformdruck**. Als die „Wirtschaftswunder“-Jahre ihren Glanz zu verlieren begannen und sich zudem auf anderen Gebieten **Reformbedarf** zeigte, war die Zeit gekommen, die **bestehenden Verhältnisse und tradierten Werte zu hinterfragen** und schrittweise zu verändern. Dies konnte sich unter **Willy Brandt**, der von 1969 bis 1974 das Bundeskanzleramt bekleidete, voll entfalten. Mit seinem Slogan „**Mehr Demokratie wagen**“ verkörperte Brandt einen Aufbruch, der der Frauenemanzipation Auftrieb verlieh. Die **starke Politisierung und zunehmende Demokratisierung** der Gesellschaft schuf auch für Frauen Freiräume, ihr **traditionelles Rollenverständnis infrage zu stellen** und neue Lebensvorstellungen zu entwickeln.
Aus der Studentenbewegung, die mit den tradierten Geschlechterrollen gebrochen hatte, konnte nun eine **neue Frauenbewegung** entstehen. Eine Reihe **gesetzlicher Veränderungen** verbesserten die rechtliche Lage der Frau sehr rasch (Scheidungs- und Familienrecht), andere Themen wurden dagegen in der Öffentlichkeit kontrovers diskutiert, z. B. die **Auseinandersetzung um den Paragrafen 218** (Abtreibungsverbot). Gegen diesen startete die Frauenbewegung nach dem Motto „Mein Körper gehört mir“ eine Kampagne. Dabei war sie nur ein **Teil einer**

gesamtgesellschaftlichen Emanzipationsbewegung, die sich z. B. für Umweltschutz und Frieden einsetzte. Zu einem solchen Engagement war es durch den „Reformstau“ der Adenauer-Ära gekommen, in der man vor allem auf eine Stabilisierung der Verhältnisse nach dem Krieg fokussiert war.

Insgesamt ist zu erkennen, dass in beiden Zeitabschnitten der bundesrepublikanischen Geschichte die **gesamtgesellschaftlichen Rahmenbedingungen sehr deutlich Einfluss auf die Emanzipationsbestrebungen von Frauen** nahmen. Entweder erschwerten oder förderten sie diese. Während in der konservativen Adenauer-Zeit weder die Gelegenheit noch ein ausreichendes Bedürfnis bestand, die Rolle der Frau zu verändern, bot der Umschwung zur fortschrittlichen, liberaleren Ära von Willy Brandt einen umso kräftigeren Anstoß, die gesellschaftliche Stellung der Frau zu verbessern und eine neue Frauenbewegung entstehen zu lassen.

Teilaufgabe	**AFB I**	**AFB II**	**AFB III**	**BE**
1	30	5		35
2		30		30
3		5	30	35
Summe	30	40	30	100

Thema: *Die Revolution 1848 aus der Perspektive der Weimarer Republik und der NS-Zeit*

Aufgaben

1. Fassen Sie die wesentlichen Inhalte der Rede Eberts zusammen. (Material 1) (20 BE)
2. „Die Zeit, die wir erleben, ist nicht berufen, Feste zu feiern.“ (Material 1)
   Erläutern Sie unter Berücksichtigung des Zitats die Entstehungsbedingungen der Weimarer Republik (1918/19). (20 BE)
3. Stellen Sie Eberts Position (Material 1) hinsichtlich der historischen Bedeutung der Nationalversammlung von 1848 den Aussagen der Redner aus dem Jahr 1938 (Material 2) gegenüber. (30 BE)
4. „Das Werk, für das vor 90 Jahren unsere Vorfahren kämpften und bluteten, kann nunmehr als vollbracht angesehen werden.“ (Material 2)
   Setzen Sie sich mit dieser Einschätzung Hitlers auseinander. (30 BE)

Hinweise zu den Materialien 1–2:
Material 2: Zitiert wird aus Reden des Frankfurter Oberbürgermeisters Krebs und des Reichskanzlers Hitler.
Anfang März 1938 fand der „Anschluss Österreichs“ statt.

Die Rechtschreibung beider Materialien entspricht den Textvorlagen. Fett- und Sperrdruck werden kursiv wiedergegeben.

Material 1

Im „Lübecker Volksbote“ abgedruckter Auszug aus einer Rede des Reichspräsidenten Ebert in der Paulskirche zum 75. Jahrestag des Zusammentritts der Nationalversammlung (18. Mai 1923)

[…] Meine Damen und Herren! Ihnen Herr Oberbürgermeister und der Stadt Frankfurt, die in ihrer reichen Geschichte vor 75 Jahren jene großen und hoffnungsfrohen Tage der Pauls-Kirche verzeichnet hat, danke ich dafür, daß Sie trotz der zehrenden Sorge dieser Tage zu der heutigen Feier uns hier versammelt haben, zu einer stillen Stunde der Erinnerung an die Vorkämpfer deutscher Einheit und deutscher Freiheit. Die Zeit, die wir erleben, ist nicht berufen, Feste zu feiern. Aber gerade die gegenwärtige[n] schweren Anschläge und Anstürme unserer Gegner gegen die nationale Freiheit und den Bestand des Reiches müssen uns besonderen Anlaß geben, des Zusammentritts der ersten deutschen Nationalversammlung uns zu erinnern in dankbarem Gedenken jener Tage, in denen das deutsche Volk sich dazu aufraffte, sein Geschick und seine Lage in die eigene Hand zu nehmen. In der großen Volksbewegung, die 1848 wie andere Nationen auch die deutsche erfaßte, sollte an dieser Stelle das politische Streben der Besten und Bedeutendsten der Nation, sollte der Volksstaat des einigen und freien Deutschlands Verwirklichung finden. Zum ersten Male ging aus allgemeinen Wahlen des ganzen deutschen Volkes eine Vertretung Deutschlands hervor, die Nationalversammlung, ein Parlament von hohem geistigen Schwung, von edelstem Wollen und stärkstem Nationalbewußtsein. Dieser ersten Nationalversammlung gelang es, die *Grundrechte des deutschen Volkes* und die Verfassung des einigen Deutschen Reiches zu schaffen. Aber es gelang ihr nicht, das Reich fest aufzurichten. Dazu fehlten ihr die realen Machtmittel. Am Geiste der Kleinstaaterei scheiterte ihr nationaler Wille. So wurde die Arbeit der Paulskirche nicht Wirklichkeit. Sie ist aber ein Denkstein geworden, der weithin und sichtbar hineinleuchtet in die weitere Entwickelung des staatlichen Lebens der Nation, in die Zeit der Gründung des Reiches bis in die schwersten Zeiten unserer neuesten Geschichte. Dann als wiederum 70 Jahre später im Jahre 1918/19 das deutsche Volk gezwungen war, sein Geschick selbst in die Hände zu nehmen, sein Staatswesen in den Nöten der Zeit neu aufzubauen, führte uns die Arbeit von Weimar wieder zur Paulskirche zurück, zu den gleichen Gedanken, die einst an dieser Stätte geboren sind. So zieht sich über gute und böse Tage hinüber ein Band, das uns Deutsche von heute mit denen der ersten Nationalversammlung verbindet. Einheit, Freiheit und Vaterland! Diese drei Worte, jedes gleich betont und gleich wichtig, waren der Leitstern, unter dem die Paulskirche wirkte. […] Diesen Geist der Einheit und Freiheit und des Rechtes, der uns auch in dieser tiefsten Not erhebt, wollen wir bewahren. Er soll und wird uns einer besseren Zukunft entgegenführen. […]

Lübecker Volksbote. Tageszeitung für das arbeitende Volk, 19. Mai 1923.
http://library.fes.de/luebeck/pdf/1923/1923-115.pdf

Material 2

Zeitungsbericht über eine Gedenkveranstaltung zum 90. Jahrestag der Märzrevolution (30. März 1938)

[Der Frankfurter Oberbürgermeister Krebs:] „[…] In diesen Räumen des Römers[1] stehen wir auf einem durch die große Vergangenheit unseres Volkes geweihten Boden. Durch die Jahrhunderte hindurch sind in Frankfurt die deutschen Kaiser gewählt worden und haben hier ihre Krönungsfestlichkeiten begangen. […]

War das Reich aber auch [1806] zugrunde gegangen, so lebte doch im Volke selbst unversiegbar der Glaube und die Hoffnung auf *ein Reich der Deutschen* weiter und fand seinen stürmischen Ausdruck in der großdeutschen Erhebung von 1848, wo die Bannerträger dieser Idee in der *Paulskirche* zusammentraten, um eine neue Reichsverfassung zu schaffen. Aber auch dieses Einigungswerk scheiterte an der Eigensucht und Eifersüchtelei der Fürsten, die um ihre Rechte und ihre dynastischen Belange bangten. Und wiederum erklang unerfüllt die Sehnsucht aller Deutschen nach der Einheit des Reiches […].

Statt dieser Einheit kam die Trennung und der Bruderstreit[2]. […] Ihnen, mein Führer, blieb es durch die Vorsehung vorbehalten und Ihrer genialen Schöpferkraft ist es gelungen, dieses *neue Reich*, das wahre Reich der Deutschen zu schaffen, das sich nicht stützt auf Bundesverträge und nicht gründet auf die Souveränität von Staaten und Ländern, sondern einzig und allein wurzelt in der Souveränität des Deutschen Volkes und in der Liebe des ganzen Volkes zu seinem als Retter aus dem Chaos erstandenen Führer, und dessen staatliches Leben sich vollzieht unter dem großen und ewigen Gedanken: Ein Reich, ein Volk, ein Führer. […]"

Auf die Ansprache des Oberbürgermeisters Dr. Krebs antwortet der *Führer und Reichskanzler*:

„Ich bin glücklich, daß ich diese Stadt heute betreten kann als Vollender einer Sehnsucht, die einst hier ihren tiefsten Ausdruck fand, und ich bin vor allem glücklich, daß ich dabei zum ersten Male in meinem Leben in diesem herrlichen Saale weile. Das Werk, für das vor 90 Jahren unsere Vorfahren kämpften und bluteten, kann nunmehr als vollbracht angesehen werden. Ich bin dabei der Ueberzeugung und der felsenfesten Zuversicht, daß dieses Werk, das neue Großdeutsche Reich für alle Zukunft bestehen wird, denn es ist getragen vom deutschen Volke selbst und gegründet auf die unvergängliche Sehnsucht des deutschen Volkes nach *einem Reich*." […]

Frankfurter Zeitung und Handelsblatt, 1. April 1938, S. 1 f.

1 Römer: Rathaus in Frankfurt am Main
2 Gemeint ist der sogenannte „Deutsche Krieg" 1866.

Lösungsvorschläge

Inhaltliche Schwerpunkte:
Die Aufgabe bezieht sich hauptsächlich auf das Kurshalbjahr Q 2 mit seinem Thema „Deutschland zwischen Demokratie und Diktatur – Weimarer Republik und Nationalsozialismus" und die darin enthaltenen Themenschwerpunkte „Weimarer Demokratie versus nationalsozialistischer Führerstaat", „Entstehungsbedingungen der Republik im nationalen und internationalen Umfeld" und „Der völkische Staat: Ideologie und Wirklichkeit".
Der halbjahresübergreifende Bezug wird durch den thematischen Schwerpunkt „Die großen Revolutionen und ihre Folgen" aus Q 1 hergestellt. Insbesondere geht es um das Stichwort „Demokratiebewegung und Revolution 1848".

1. *Beginnen Sie Ihre Antwort mit einer Einordnung der Quelle (Autor, Quellenart, Datierung, Anlass und Ort der Veröffentlichung, Thema). Anschließend geht es darum, zielgerichtet die Hauptaussagen des Textes zusammenzufassen. Ihre Meinung, sprich eine Kommentierung, ist dabei nicht gefragt. Achten Sie auf sprachliche Distanz zu den Aussagen des Autors, indem Sie den Konjunktiv verwenden. Die Arbeitsanweisung verlangt von Ihnen Leistungen im AFB I.*

Zum **Gedenken an den 75. Jahrestag des Zusammentritts der Nationalversammlung** von 1848 hielt Reichspräsident Friedrich Ebert am 18. Mai 1923 die vorliegende Rede (Material 1). Diese wurde am nächsten Tag in Auszügen in der Tageszeitung *Lübecker Volksbote* abgedruckt. Damit waren die direkten Adressaten der Rede zunächst die Versammelten der Gedenkfeier, zu denen u. a. der Frankfurter Oberbürgermeister gehörte. Durch den Zeitungsabdruck ist die Rede jedoch potenziell an die gesamte Bevölkerung gerichtet, vornehmlich aber an die Stammleserschaft der Publikation.

Am historischen Ort in der Frankfurter Paulskirche verweist Ebert auf die **Bedeutung des ersten gesamtdeutschen Parlaments** 1848, dessen Errungenschaften er mit den Anfangsjahren der Weimarer Republik in Verbindung bringt. Dabei erscheinen ihm besonders die problematischen Zeiten der noch jungen Republik, die „schweren Anschläge[n] und Anstürme[n]" (Z. 7) ausgesetzt sei, geeignet, an die „Vorkämpfer deutscher Einheit und deutscher Freiheit" (Z. 5) zu erinnern. Bei der Konstituierung der Nationalversammlung sei zum ersten Mal aus **freien Wahlen** eine Volksvertretung hervorgegangen, von der Ebert voller Hochachtung spricht (vgl. Z. 14 ff.). Auch die Erarbeitung einer **Verfassung mit Grundrechten** betrachtet er als großen Erfolg (vgl. Z. 17 ff.). Jedoch sei es nicht gelungen, die Planungen der Paulskirchenabgeordneten auch durchzusetzen und einen Nationalstaat zu schaffen. Die Gründe hierfür sieht Ebert in den **fehlenden Machtmitteln des Parlaments und den Partikularinteressen der Einzelstaaten** (vgl. Z. 20 f.). Vor allem in der Gründungsphase der Weimarer Republik sei das deutsche Volk wiederum gezwungen gewesen, seine Geschicke selbst in die Hand zu nehmen. Dabei hätte die Arbeit des Paulskirchenparlaments nachgewirkt (vgl. Z. 27 f.). Die damals zentralen **Begriffe „Einheit, Freiheit und Vaterland"** (Z. 30) sieht Ebert als ein **Band, das Vergangenheit und Gegenwart verbinde** und in die Zukunft verweise (vgl. Z. 29 ff.). Abschließend betont Ebert die **Bedeutung des Rechtsstaats**, indem er den „Geist der Einheit und Freiheit und des Rechtes" (Z. 32 f.) unterstreicht. Insgesamt lässt sich die Rede Eberts als Aufruf lesen, für die bedrohte Weimarer Republik zu kämpfen.

2. *Die Aufgabenstellung verlangt von Ihnen Kenntnisse zu den innenpolitischen, gesellschaftlichen und wirtschaftlichen Entwicklungen in der Anfangsphase der Weimarer Republik sowie zur internationalen Politik. Gehen Sie dabei vom Zitat des Redners aus und erläutern Sie anhand von Beispielen und Ereignissen die krisenhaften Entstehungsbedingungen der Weimarer Republik in den Jahren 1918/19. Die Arbeitsanweisung verlangt von Ihnen Leistungen in den Anforderungsbereichen I und II.*

Das Zitat Eberts („Die Zeit, die wir erleben, ist nicht berufen, Feste zu feiern." Material 1, Z. 6) verweist auf die schwierigen Umstände des Jahres 1923, auf das sogenannte **Krisenjahr 1923**. Damals war der Staat zahlreichen Angriffen und Bedrohungen ausgesetzt. Zum Zeitpunkt der Rede belasteten **Inflation, Ruhrbesetzung und separatistische Bestrebungen** die Republik. Diese können zum Teil als direkte oder indirekte ökonomische, gesellschaftliche oder politische Folgen der Kriegsniederlage im Ersten Weltkrieg und damit auch der Entstehungsbedingungen der Weimarer Republik angesehen werden.

Durch die **Revolution von 1918**, die ihren Ausgangspunkt im Kieler Matrosenaufstand hatte und von dort auf Berlin sowie auf andere deutsche Großstädte überschwappte, wurde die Monarchie abgeschafft. Der Streit um die gesellschaftliche **Neuordnung (Rätesystem versus parlamentarisch-repräsentative Demokratie**) offenbarte große Gräben zwischen den Revolutionären. Exemplarisch hierfür steht die **doppelte Ausrufung der Republik** am 9. November 1918 durch Philipp Scheidemann (MSPD) und Karl Liebknecht (USPD). Mit dem Ausscheiden der USPD aus dem Rat der Volksbeauftragten und der **Gründung der Kommunistischen Partei Deutschlands (KPD)** Ende Dezember wurde die Spaltung der Arbeiterbewegung endgültig vollzogen.
In der Anfangsphase der Republik spielte **Gewalt eine zentrale Rolle**. So wurden zur **Niederschlagung des Spartakusaufstands** im Januar 1919 Freikorpsverbände eingesetzt und auf republiktreue Politiker wie Matthias Erzberger und Walther Rathenau wurden **Attentate** verübt. Wenngleich bei der ersten Wahl zur Nationalversammlung im Januar 1919 die republikanischen Kräfte die Mehrheit erhielten, war die Einstellung der deutschen Gesellschaft von **fehlendem Demokratieverständnis, autoritären Traditionen und Obrigkeitshörigkeit** geprägt. Dies stellte eine nicht zu unterschätzende Belastung für den politischen Aufbau dar, der darüber hinaus von den **geringen personellen Veränderungen** in den Bereichen Justiz, Militär und Verwaltung behindert wurde. Aufgrund der Besetzung zentraler Machtpositionen mit „alten Eliten" aus dem Kaiserreich spricht man auch von einer „**unvollendeten Revolution**". Exemplarisch dafür

steht das Bündnis, das **Ebert** als Mitglied des Rats der Volksbeauftragten mit dem Chef der Obersten Heeresleitung (OHL), General **Groener**, am 10. November 1918 schloss. Indem er einen **Pakt mit den alten militärischen Eliten** einging, wollte er eine Räterepublik verhindern. Mit ihrer republikfeindlichen Gesinnung bildete die Reichswehr künftig einen „**Staat im Staat**", der den Aufbau und das Funktionieren der neuen Republik negativ beeinflusste.
Als problematisch erwiesen sich im Lauf der Zeit außerdem die **Schwächen der Verfassung**. So ermöglichte es der **Artikel 48** dem Reichspräsidenten, am Parlament vorbei zu regieren (**Notverordnungsrecht**), was ihm die Machtstellung eines „Ersatzkaisers" einräumte. Darüber hinaus bewirkte das **Fehlen einer Fünf-Prozent-Hürde** eine politische Instabilität. Durch die vielen Splitterparteien im Reichstag wurde die Mehrheitsbildung erschwert, was zu häufigen Kabinettsauflösungen oder zur Regierung mithilfe sogenannter Präsidialkabinette führte.
Überdies lasteten die wirtschaftlichen und politischen Bestimmungen des **Versailler Vertrags** schwer auf der jungen Republik. So waren die **hohen Reparationsforderungen** ein weiterer Grund für die Krise zu Beginn der 1920er-Jahre und der **Kriegsschuldartikel** (Artikel 231) brachte die Öffentlichkeit gegen den als „Schanddiktat" bezeichneten Vertrag auf. Seine Ablehnung verursachte innenpolitische Krisen und machte die Bevölkerung für rechtes Gedankengut empfänglich. Zusätzlich wurde die antidemokratische Haltung durch die **Dolchstoßlegende** und die Verleumdung der staatstragenden Parteien als „**Novemberverbrecher**" unterstützt, was Eberts Aufruf zur Verteidigung der demokratischen Werte der Republik notwendig machte.

3. *Die Aufgabenstellung verlangt eine Gegenüberstellung der Aussagen Eberts und der der NS-Redner, Krebs und Hitler. Dabei soll der Fokus auf die Bedeutung der Nationalversammlung von 1848 gelegt werden. Schildern Sie dazu die Positionen der Redner, achten Sie aber auch auf eine argumentierende Darlegung der Standpunkte und ziehen Sie am Ende ein vergleichendes Fazit. Diese Teilaufgabe erwartet von Ihnen Leistungen in allen drei Anforderungsbereichen.*

Obwohl sich alle drei Redner auf Ereignisse des Jahres 1848 beziehen, werden bereits durch die Wahl des Veranstaltungsorts und des historischen Ereignisses, an das erinnert wird, unterschiedliche Bewertungen deutlich. Ebert hielt seine Rede zum **75. Jahrestag des Zusammentritts der Nationalversammlung** in der Frankfurter Paulskirche, dem Versammlungsort des ersten deutschen Parlaments. Der Frankfurter Oberbürgermeister Krebs und Hitler sprachen im Römer, dem Frankfurter Rathaus, um durch die Stadt, in der die deutschen Kaiser gewählt worden waren, die **Verbundenheit des „Dritten Reichs" mit dem Heiligen Römischen Reich** herauszustellen. Krebs erinnert an die **Märzrevolution von 1848**, die von ihm als „**großdeutsche[…] Erhebung**" (Material 2, Z. 7) zur Herstellung eines Deutschen Reichs in der Tradition des mittelalterlichen Kaiserreichs gedeutet wird. Der parlamentarisch-demokratische Gedanke wird dabei ausgeblendet.

Für Ebert (Material 1) liegt die historische Bedeutung der Nationalversammlung trotz ihres Scheiterns vor allem darin, dass das deutsche Volk zum ersten Mal nach demokratischen Grundsätzen ein Parlament wählte. Eine herausragende Leistung dieser Volksvertretung sei die **Schaffung einer Verfassung** gewesen, die die **Grundrechte** des deutschen Volks einschloss. Mit diesem Werk sei man der **Idee eines Rechtsstaats** gefolgt. Durch den Einsatz für die **Prinzipien „Einheit, Freiheit und Vaterland"** könne das Paulskirchenparlament als Vorbild für die Nationalversammlung von Weimar dienen und darüber hinaus in die Zukunft weisen. Ebert betont also den demokratischen Gedanken der Ereignisse von 1848.

Der Frankfurter Oberbürgermeister Krebs (Material 2) sieht das **Streben nach Einheit als vorrangiges Ziel der Nationalversammlung** von 1848, legt also besonderen Wert auf den Nationalgedanken. Dabei reduziert er diesen allerdings auf den **Wunsch nach einer „großdeutschen" Lösung**, ohne die zahlreichen Befürworter einer kleindeutschen Lösung zu erwähnen. Des Weiteren betont er, dass die Einheit erst 1938 **mithilfe des Führerprinzips verwirklicht** worden sei. Die Orientierung der Fürsten an Eigeninteressen hätte die Erhebung 1848 scheitern lassen und erst der „Führer" Adolf Hitler habe das gesamte Volk hinter sich versammeln und eine Reichseinigung herbeiführen können. **Hitler** selbst stellt sich **als Vollender der Ziele von 1848** dar (Material 2). Dabei bezieht er sich auf den „Anschluss Österreichs", der knapp zwei Wochen zuvor durch den Einmarsch deutscher Truppen vollzogen worden war.

Auch wenn sowohl Ebert als auch die beiden NS-Redner die deutsche Einheit als Ziel der Revolution von 1848 deuten, reduzieren sich die Aussagen von Krebs und Hitler allein auf diesen Aspekt. Alle weiteren **Forderungen der Revolutionäre nach Mitbestimmung und Freiheit werden unterschlagen**, um eine Kontinuität vom Heiligen Römischen Reich zu Hitler herstellen zu können. Es soll der Eindruck entstehen, als hätte es nie demokratische Bestrebungen des Volks gegeben. Ebert betont dagegen vor allem die **demokratischen Ziele wie Freiheit, eine Verfassung und Grundrechte**, die im Zuge der Herstellung der nationalen Einheit verwirklicht werden sollten. In diese Tradition stellt er die Weimarer Republik, um in schweren Zeiten zu ihrer Verteidigung aufzurufen.

4. *Bei der Bearbeitung dieses Aufgabenteils geht es darum, Hitlers Behauptung auf ihre Stichhaltigkeit zu überprüfen. Dabei sollten Sie zunächst das gewählte Zitat erklären, um es danach erörtern zu können. Für eine durchdachte Bewertung ist es wichtig, dass Sie sowohl Pro- als auch Kontra-Argumente anführen und diese für ein abschließendes Fazit gegeneinander abwägen. Die aspektgeleitete Untersuchung verlangt von Ihnen vor allem Leistungen im AFB III.*

Im vorliegenden Zitat behauptet Hitler, mit dem „Anschluss Österreichs" Anfang März 1938 die Ziele der Revolutionäre von 1848 nach 90 Jahren umgesetzt zu haben. Dies impliziert, dass die Interessen der Nationalsozialisten weitgehend mit denen der Revolutionäre übereinstimmten, was im Folgenden erörtert werden soll.

Übereinstimmend ist zunächst einmal, dass es in der Paulskirche durchaus Vertreter gab, die eine großdeutsche Lösung, also eine **deutsche Einheit unter Einbeziehung Österreichs**, favorisierten. Mit dem „Anschluss Österreichs" knüpft Hitler 1938 an deren Forderungen an. Eine weitere Gemeinsamkeit stellt die **nationale Gesinnung** dar, von der sowohl 1848 als auch 1938 weite Teile der Bevölkerung erfasst waren und die sich 1938 im Jubel der österreichischen Bevölkerung beim Einmarsch der Reichswehrtruppen sowie bei Hitlers Rede zur „Heimkehr ins Reich" zeigte.

Neben diesen Gemeinsamkeiten lassen sich jedoch auch **zahlreiche Unterschiede** zwischen 1848 und 1938 ausmachen, die überdies zeigen, dass die vorgeblichen Übereinstimmungen bei genauerer Betrachtung keine solchen waren. So unterschlägt Krebs bei seiner Betonung des damaligen Einheitsstrebens, dass **nur ein Teil des Paulskirchenparlaments für eine großdeutsche Lösung** eintrat. Eine knappe Mehrheit bevorzugte jedoch die kleindeutsche Lösung (ohne Österreich) unter der Führung Preußens, die sich schließlich durchsetzte und in die Verfassung aufgenommen wurde.
Auch die nationale Gesinnung war 1848 eine vollkommen andere als 1938. Das Nationalgefühl der Paulskirchenabgeordneten sowie der Revolutionäre zielte vornehmlich auf ein **inneres Zusammengehörigkeitsgefühl aller Deutschen** ab. Es war gegen jede Art von Fremdherrschaft und Reichszersplitterung gerichtet und löste in weiten Teilen des Volks große patriotische Begeisterung aus. Im Gegensatz dazu propagierten die Nationalsozialisten eine **aggressive Form des Nationalismus**, den Chauvinismus, der, verbunden mit Rassismus und Antisemitismus, v. a. nach außen gegen andere Nationen gerichtet war. Damit hatte er kaum noch etwas mit der Einstellung der Mehrheit der Paulskirchenabgeordneten zu tun, die beispielsweise auch **Nationalstaatsbewegungen in anderen Ländern** unterstützten (z. B. Polen auf dem Hambacher Fest).
Darüber hinaus ging es den Revolutionären von 1848 neben der Einheit auch um **Freiheit von staatlicher Unterdrückung**. Diese sollte durch Möglichkeiten der Mitbestimmung (**Volkssouveränität**) und verfassungsmäßig verankerte **Grundrechte** des einzelnen Bürgers realisiert werden. All diese Prinzipien setzte die NS-Diktatur außer Kraft, da sie nicht ihrer Vorstellung von einer Regierungsform entsprachen. So brachte Hitlers Kabinett das „**Ermächtigungsgesetz**" durch, das es der Regierung erlaubte, die Verfassung fortan „legal" zu umgehen.
Durch die Karlsbader Beschlüsse geprägt, forderten die Liberalen in der Märzrevolution 1848 außerdem Meinungsfreiheit und die Aufhebung der Zensur, während die „**Reichstagsbrandverordnung**" der Nationalsozialisten bereits 1933 wesentliche Grundrechte, u. a. auch die Presse- und Meinungsfreiheit, außer Kraft setzte. Das Gesetz gegen die Neubildung von Parteien vom 14. Juli 1933 verwandelte Deutschland endgültig in einen **Einparteienstaat**, der nichts mehr mit dem von den Paulskirchenvertretern angestrebten Staatswesen zu tun hatte.
Der zentrale NS-Propagandabegriff der „**Volksgemeinschaft**" beschwor eine schicksalhafte Einheit und schloss unerwünschte Gruppen aus (politische Gegner, Juden, Sinti und Roma, „Asoziale", Kriminelle). Von dieser Definition von

„Volk“ waren die Abgeordneten der Frankfurter Paulskirche weit entfernt. Für sie setzte sich ein Volk aus Personen mit einer gemeinsamen Geschichte, Kultur und Sprache zusammen, sodass nicht willkürlich unliebsame Teile der Bevölkerung ausgegrenzt werden konnten. Auch war das **„Führerprinzip“** für die Revolutionäre von 1848 nicht das Mittel zur Herstellung der Einheit.

Wenn Hitler also behauptet, die Bestrebungen von 1848 vollendet zu haben, basiert dies auf einer **groben propagandistischen Reduktion der Ziele der Nationalversammlung**. Gleichzeitig werden dabei zentrale Aspekte der NS-Ideologie und ihrer Umsetzung unterschlagen. Vernachlässigt wird außerdem, dass nicht erst die Nationalsozialisten einen deutschen Nationalstaat schufen, da dieser bereits durch die Gründung des Kaiserreichs 1871 realisiert wurde.

Teilaufgabe	**AFB I**	**AFB II**	**AFB III**	**BE**
1	20			20
2	5	15		20
3	5	20	5	30
4		5	25	30
Summe	30	40	30	100

Thema: *Verantwortung für den Frieden und die Zukunft Europas (vor 1939, 1989/90)*

Aufgaben

1. Geben Sie die Rede Willy Brandts vor dem Deutschen Bundestag anlässlich des fünfzigsten Jahrestages des Kriegsbeginns wieder. (Material) (25 BE)

2. „Über Kurzsichtigkeiten vieler der Beteiligten nach 1918 – ich denke nicht nur an Versailles – läßt sich viel sagen. Eindeutig bleibt, auf 1939 bezogen, die hitlerdeutsche Schuld.“ (Material)
   Erläutern Sie diese Aussage Brandts zu den Ursachen des Zweiten Weltkriegs. (40 BE)

3. „Wir sind nicht die Vormünder der Landsleute in der DDR. Wir haben ihnen nichts vorzuschreiben, dürfen ihnen freilich auch nichts verbauen.“ (Material)
   Erklären Sie das vorliegende Zitat vor dem Hintergrund der historischen Situation (1989/90) und überprüfen Sie, inwiefern die Politik der Bundesrepublik im Zuge der Wiedervereinigung bis Oktober 1990 diesem Appell Brandts entsprach. (35 BE)

Hinweis: Die Rechtschreibung entspricht der Textvorlage. Fettdruck wurde nicht berücksichtigt.

Material

Rede Willy Brandts (SPD) vor dem Deutschen Bundestag (1. September 1989)

Frau Präsidentin! Meine Damen und Herren! Vielleicht ist es zuviel verlangt, sollte einem zu den schwierigen Daten unserer jüngeren Geschichte immer noch Neues einfallen. Das Feld ist einigermaßen abgeschritten. [...] Vielleicht kommt es nicht immer auf neue Deutungen dessen an, was hinter uns liegt. Es gibt ja wohl Wahrheiten und Einsichten, die nicht oft genug in Erinnerung gerufen werden können, dies gerade in einem Zeitabschnitt, in dem sich zwischen den Teilen Europas so viel ändert, wie wir es gegenwärtig erleben.

Ich finde es im ganzen ermutigend, daß bei allem sonstigen Wandel jenes doppelte Nein lebendig geblieben ist, das uns Ältere zusammenführte, als nach 1945 unser staatliches Notdach zu errichten war. Ich meine mit dem doppelten Nein das „Nie wieder“ zu deutscher Schuld an Überfällen, kriegerischer Verwüstung oder gar Völkermord und das andere „Nie wieder“ zur Knebelung des eigenen Volkes und zu dessen Selbstentmündigung. Das Versprechen und die Entschlossenheit – übrigens gemeinsam mit für die DDR-Verantwortlichen bekundet [...] – von deutschem Boden nie mehr Krieg ausgehen zu lassen, sollten richtig verstanden werden, nämlich als Ausdruck eines geläuterten Friedenswillens. […]

Gesicherter Frieden in Europa – das wäre ein wichtiger Baustein für eine menschenfreundlichere Welt. […]

Nicht irgendwie und durch irgendwen hat der Zweite Weltkrieg begonnen, auch nicht nur im mißbrauchten deutschen Namen. Über Kurzsichtigkeiten vieler der Beteiligten nach 1918 – ich denke nicht nur an Versailles – läßt sich viel sagen. Eindeutig bleibt, auf 1939 bezogen, die hitlerdeutsche Schuld. Der neue Krieg[,] unter dem Deutschland selbst so schwer leiden sollte, war schon vor dem Pakt vom 23. August 1939 geplant, vorbereitet, gewollt und hätte sich allenfalls durch vorweggenommene allseitige Kapitulation vermeiden lassen. […]

Über Deutschland legte sich in jenen Septembertagen eine lastende Stille; kein Jubel wie im August 1914, in jenem August 1914, als das europäische Ur-Unheil dieses Jahrhunderts begann; keine Blumen auf den Gewehrläufen, keine winkenden Bräute, nicht die angeberischen Sprüche auf den Eisenbahnwaggons, auch gottlob kein Segnen der Waffen und keine Flucht in den Krieg als Befreiung aus dem bürgerlichen Alltag.

Ich erinnere hieran nicht als einer der Älteren, um etwas zu verniedlichen. Ich erinnere jedoch an die heimliche Furcht, die seit der sogenannten Machtergreifung nur noch selten aus den Herzen der Deutschen gewichen war – ob Gegner oder Anhänger des Regimes. Auch bei vielen aus der ja nicht kleinen zweiten Schicht[1] bestimmte sie die Stunden des Katzenjammers nach den hochgejubelten Siegen.

An jenem 1. September hofften die Naziführer mit ihrem Anhang, daß die Westmächte klein beigeben und sich trotz Polen arrangieren würden. Die plumpe Rechnung ging nicht auf. Die Mehrheit der Deutschen dürfte, anders als die bösen Wunschdenker an der Spitze, mit einer dumpfen, halb gelähmten Gewißheit verstanden haben, daß die Herrschaft des Todes mit letztem Ernst eingesetzt hatte. Man ahnte, daß Millionen nicht heimkehren würden. Daher das Schweigen, das Zeitgenossen ein bleiernes genannt haben. […]

Die große Lehre jener Zeit lautet aus meiner Sicht: Wo die Freiheit nicht beizeiten mit großem Einsatz verteidigt wird, ist sie nur um den Preis schrecklich hoher Opfer zurückzugewinnen. Ein mündiges Volk darf die Macht nicht in die Hände von Verrückten und Verbrechern fallen lassen.

(Beifall bei allen Fraktionen)

Das ist die eine Lehre. Zu ihr gehört, den Nachwachsenden nahezubringen, daß dies auch sie – über ohnehin nicht zu übersehende materielle Folgen hinaus – noch mit angeht. Sie lehnen es zu Recht ab, sich Verantwortung oder gar Schuld vererben zu lassen. Zu Recht lehnen sie das ab. Doch es geht nicht mehr um unser, es geht um ihr Leben. Nur wer begriffen hat, was damals geschah, wird sich gegen die Lähmung der Vernunft und die Aggression der Dummheit zu schützen wissen, wird auch die Kraft finden, die Gefahr des Krieges, so es an ihm liegt, immer von neuem abwehren zu helfen. […]

Seit 1950 haben auf dem Wege zur westeuropäischen Gemeinschaft bedeutende Fortschritte erzielt werden können, und das ist gut. Inzwischen ist es Zeit, an Gesamteuropa zu denken. Daß sich diese Aufgabe stellen werde und wir den mittel-, ost- und südeuropäischen Nachbarn nicht den Rücken zuwenden dürften, sagte ich meiner Partei vor über 25 Jahren, als sie mich an ihre Spitze berief [...]. Wir haben es beim Bemühen um Normalisierung im Ost-West Bereich nicht vergessen.

Ein faszinierender Prozeß der Neugestaltung führt uns nun dem größeren Europa näher. Aber: Ohne Widersprüche und Rückschläge wird es auch weiterhin nicht abgehen. [...]

Ich will offen meinem Empfinden Ausdruck geben [...], daß eine Zeit zu Ende geht, eine Zeit, in der es sich in unserem Verhältnis zum anderen deutschen Staat vor allem darum handelte, durch vielerlei kleine Schritte den Zusammenhalt der getrennten Familien und damit der Nation wahren zu helfen.

Was jetzt im Zusammenhang mit dem demokratischen Aufbruch im anderen Teil Europas auf die Tagesordnung gerät, wird mit neuen Risiken verbunden sein, schon deshalb, weil es ein historisch zu belegendes und höchst vielfältig gefächertes, keineswegs erst durch den Hitler-Krieg belebtes Interesse der europäischen Nachbarn und der halbeuropäischen Mächte[2] daran gibt, was aus Deutschland wird.

Der Wunsch, das Verlangen der Deutschen nach Selbstbestimmung wurde in den Westverträgen bestätigt und ist durch die Ostverträge nicht untergegangen; sie bleiben Pfeiler unserer Politik. In welcher staatlichen Form auch immer dies in Zukunft seinen Niederschlag finden wird, mag offenbleiben. Entscheidend ist, daß heute und morgen die Deutschen in den beiden Staaten ihrer Verantwortung für den Frieden und die europäische Zukunft gerecht werden. Wir sind nicht die Vormünder der Landsleute in der DDR. Wir haben ihnen nichts vorzuschreiben, dürfen ihnen freilich auch nichts verbauen.

(Beifall bei der SPD sowie bei Abgeordneten der GRÜNEN, der CDU/CSU und der FDP)

[...] Das Bewußtsein unserer Menschen hier, in der Bundesrepublik, wachzuhalten, daß die Nachbarn im anderen Teil Deutschlands zwar das kürzere Los gezogen, aber den Krieg nicht mehr als wir verloren haben, bleibt ein Gebot der Stunde.

(Lebhafter Beifall bei allen Fraktionen)

Und daß eine effiziente und unbürokratische Hilfe für bedrängte, in unverschuldete Not geratene Landsleute ein Gebot unserer Selbstachtung bleibt, sollte keiner weiteren Worte bedürfen. [...]

Verhandlungen des Deutschen Bundestages, 11. Wahlperiode, 154. Sitzung, 1. September 1989, S. 11 633–11 636.

1 Gemeint sind Beamte und Verwaltungsangestellte.

2 Mit halbeuropäischen Mächten sind hier die USA und die UdSSR gemeint.

Lösungsvorschläge

Inhaltliche Schwerpunkte:
Der Schwerpunkt der Aufgabe liegt auf dem Themenfeld „Die deutsche Ebene: Teilung und Einheit" im Rahmen von Q 3 „Konflikt und Kooperation in der Welt nach 1945". Der kursübergreifende Bezug entsteht über die Stichworte „Weimarer Außenpolitik in der Auseinandersetzung mit Versailles", „ideologische Grundlagen der nationalsozialistischen Außenpolitik", „deutsche Expansionspolitik im Vorfeld des Krieges" sowie „Hitler-Stalin-Pakt" aus dem Themenschwerpunkt „Außenpolitik der Weimarer Republik versus nationalsozialistische Außenpolitik und Zweiter Weltkrieg" des Kurshalbjahres Q 2.

1. *Diese Teilaufgabe verlangt von Ihnen eine Wiedergabe der zentralen Aspekte der vorliegenden Brandt-Rede. Zu Beginn sollten Sie eine Einordnung der Quelle vornehmen, indem Sie auf deren Autor, die Quellengattung, ihren Anlass und ihre Adressaten eingehen. Markieren Sie sich zunächst thematische Schwerpunkte und versuchen Sie, diese logisch miteinander zu verknüpfen. So gelingt es Ihnen, Willy Brandts Gedankengang nachzuvollziehen. Geben Sie Brandts Äußerungen möglichst in eigenen Worten sowie in der indirekten Rede wieder (Konjunktiv I). Die geforderten Leistungen dieser Teilaufgabe gehören zum AFB I.*

   Der vorliegende Textauszug stammt aus einer Rede des ehemaligen Bundeskanzlers Willy Brandt, die er als SPD-Abgeordneter zum 50. Jahrestag des Beginns des Zweiten Weltkriegs am 1. September 1989 vor dem Deutschen Bundestag hielt. Im Gedenken an die Schuld Hitlers und Deutschlands ermahnt Brandt die Bundestagsabgeordneten sowie das deutsche Volk, den **Umgestaltungsprozess in der DDR** und in Osteuropa in Frieden und Freiheit **zu unterstützen**.

   Um dies zu erreichen, sollten immer wieder „Wahrheiten und Einsichten, die nicht oft genug in Erinnerung gerufen werden können" (Z. 4 f.), thematisiert werden. Dazu gehöre eine **doppelte Lehre**, die man aus der Vergangenheit ziehen müsse: Erstens dürfe von deutschem Boden **nie wieder ein Krieg** ausgehen (vgl. Z. 11 f.) und zweitens müsse das deutsche Volk seine **Freiheit und Selbstbestimmung behaupten** (vgl. Z. 12 f.). Es dürfe die Macht im Staat nie wieder Unterdrückern und Verbrechern überlassen (vgl. Z. 46 f.). Nur so ließen sich **Frieden und Freiheit für ganz Europa** sichern.
   Willy Brandt bekennt, dass der **Ausbruch des Zweiten Weltkriegs** einerseits ganz **eindeutig von Hitler-Deutschland verschuldet**, andererseits aber auch **durch das kurzsichtige Verhalten anderer Beteiligter begünstigt** worden sei (vgl. Z. 19 ff.). Im Unterschied zu ihrer Kriegsbegeisterung 1914 hätten die meisten Deutschen 1939 mit einer lähmenden Beklemmung auf den neuen Krieg reagiert (vgl. Z. 26 ff.), da sie dessen künftiges Unheil bereits gespürt hätten (vgl. Z. 39 ff.). Um Schrecken jener Art in Zukunft zu verhindern, müsse man frühzeitig anfangen, die **Freiheit zu verteidigen**. Dies müsse auch der nachwachsenden Generation bewusst gemacht werden, damit sie die Gefahr eines erneuten Kriegs erkennen und abwehren könne (vgl. Z. 49 ff.).

Nachdem der 1950 begonnene **westeuropäische Einigungsprozess** schon einige Fortschritte erzielt habe, müsse er jetzt angesichts des Reformprozesses im Osten konsequent auf Gesamteuropa ausgedehnt werden (vgl. Z. 57 ff.). Willy Brandt erinnert an das vor Jahren begonnene Bemühen, durch die neue Ostpolitik die Beziehungen zwischen der Bundesrepublik Deutschland und der DDR zu normalisieren (vgl. Z. 66 ff.). Diese Ansätze sollten jetzt weiterentwickelt werden, wobei das **Selbstbestimmungsrecht der Deutschen** stets ein zentrales Ziel bleiben werde (vgl. Z. 75 ff.). In dem Umgestaltungsprozess wolle die Bundesrepublik die **DDR unterstützen** und sich mit ihren Bürgern solidarisieren, ohne diese jedoch zu bevormunden oder ihnen Chancen zu verbauen (vgl. Z. 80 ff.). Nur so könnten „beide[...] Staaten ihrer Verantwortung für den Frieden und die europäische Zukunft gerecht werden" (Z. 79 f.).

2. *Die Aufgabenstellung verlangt, dass Sie Willy Brandts Aussage mithilfe Ihres Wissens zu den Ursachen des Zweiten Weltkriegs verdeutlichen. Brandt nimmt eine Zweiteilung vor, an der Sie sich bei der Ausformulierung orientieren sollten. So betont er die Schuld Hitler-Deutschlands am Kriegsausbruch, was Sie durch geeignete Geschehnisse und Denkhaltungen untermauern müssen. Er verweist aber auch auf „Kurzsichtigkeiten" (Z. 20) verschiedener Beteiligter seit 1918, für die Sie ebenso einige Beispiele anführen sollten. Am Ende sollten Sie in einem Fazit noch einmal betonen, wie Brandt die beiden Bereiche gewichtet und wem er die Hauptverantwortung für den Zweiten Weltkrieg zuschreibt. Mit dem Operator „Erläutern" gehört diese Teilaufgabe zum AFB II.*

Willy Brandt spricht in seiner Rede zum 50. Jahrestag des Kriegsbeginns von der eindeutigen Schuld Hitlers und der Deutschen am Kriegsausbruch. Er erwähnt aber auch „**Kurzsichtigkeiten**" (Z. 20) **anderer Beteiligter** seit 1918, die den Krieg nicht verhindert, sondern begünstigt hätten. Im Folgenden soll diese Anspielung erläutert sowie **Deutschlands eindeutige Schuld am Zweiten Weltkrieg** durch Beispiele verdeutlicht werden.

In Bezug auf die „Kurzsichtigkeiten" nach 1918 erwähnt Willy Brandt den **Versailler Friedensvertrag** (vgl. Z. 21), der aufgrund seiner harten Vorgaben bereits den Keim für einen neuen Konflikt in sich trug. So wurde Deutschland zur **Anerkennung der alleinigen Kriegsschuld** (Art. 231) gezwungen. Außerdem musste es große **Gebietsverluste** und die militärische Abrüstung hinnehmen sowie **hohe Reparationsforderungen** akzeptieren. Besonders Frankreich war – vor allem wegen des 1870/71 verlorenen Kriegs gegen Deutschland und der folgenden Reparationsforderungen – darauf aus, Deutschland dauerhaft zu schwächen. Deshalb bestand die französische Regierung auf einer Entmilitarisierung des Rheinlands. Die unerbittliche Haltung Frankreichs führte 1923 sogar zur Besetzung des Ruhrgebiets, als Deutschland den hohen Reparationsforderungen nicht mehr nachkommen konnte. Das Verhalten des Nachbarlands sorgte in großen Teilen der Bevölkerung für **Rachegedanken, die einer wirklichen Versöhnung im Weg standen**.

Insgesamt stieß der Versailler Friedensvertrag bei allen politischen Parteien in der Weimarer Republik und zum Teil auch im Ausland auf Ablehnung und erschwerte es Deutschland wegen der hohen wirtschaftlichen Belastung, dauerhafte Stabilität im Inneren zu erreichen. Dadurch wurden **extremistische Ansichten gestärkt**, die Hitlers Propaganda auf fruchtbaren Boden fallen ließen. Im Hinblick auf die **Erfolge der NSDAP** Anfang der 1930er-Jahre muss zudem den republikanischen Kräften der Republik Kurzsichtigkeit vorgeworfen werden. Durch ihre **fehlende Kompromissbereitschaft** bei der Koalitionsbildung war es für Hitler ein Leichtes, sie gegeneinander auszuspielen und auf legalem Weg an die Macht zu gelangen.
Nach der Machtübernahme Hitlers kann man Frankreich und Großbritannien im Vorfeld des Zweiten Weltkriegs ihr kurzsichtiges Handeln vorwerfen, wenn man an die **Appeasement-Politik** der Alliierten denkt. Die Duldung von Hitlers zunehmender Revision des Versailler Vertrags bis 1938 (Aufrüstung, Rheinlandbesetzung, „Anschluss" Österreichs, „Anschluss" des Sudetenlands) konnte zwar für den Moment den Frieden wahren, ermunterte Hitler aber dazu, seine Eroberungspläne fortzusetzen (Besetzung der Tschechoslowakei, Überfall auf Polen). Den gleichen Effekt hatte der **Hitler-Stalin-Pakt** vom 23. August 1939, den Willy Brandt ebenfalls in seiner Rede erwähnt (vgl. Z. 23 f.). Diese vertragliche Verständigung mit der Sowjetunion ermöglichte es Hitler, Polen zu überfallen, ohne einen Krieg mit der UdSSR führen zu müssen. Schon im Sommer 1941 ließ Hitler die Wehrmacht aber auch in der Sowjetunion einmarschieren.

All diesen kurzsichtigen Haltungen und Entscheidungen steht als Ursache des Zweiten Weltkriegs, wie Brandt betont, die **Schuld Hitlers und Deutschlands** gegenüber. Hitler habe den Krieg gezielt „geplant, vorbereitet" und „gewollt" (Z. 24). Seine Absicht lässt sich durch die **Grundprinzipien der NS-Ideologie** belegen. Diese propagierte einen rassistisch und antisemitisch begründeten Vernichtungskampf, den die arische „Herrenrasse" gegen vermeintlich minderwertige Völker zu führen und zu gewinnen habe. Daraus ergaben sich außenpolitische Zielvorstellungen, die die Herrschaft über alle Völker in einem „Großgermanischen Weltreich" beinhalteten und dafür zunächst die Eroberung von „**Lebensraum im Osten**" vorsahen. Ein konkreter Schritt in diese Richtung war die sukzessive **Revision von Versailles** durch den Austritt aus dem Völkerbund (1933), durch die Wiedereinführung der Wehrpflicht (1935) oder durch die Remilitarisierung des Rheinlands (1936). Wirtschaftlich wurde der Krieg durch den Vierjahresplan von 1936 vorbereitet, nach dem Deutschland innerhalb von vier Jahren kriegsbereit sein sollte. Überdies belegt Hitlers **Übergang zu einer expansionistischen Außenpolitik** ab 1938 eindrücklich seinen Willen, Europa unter seine Kontrolle zu bringen. Dazu zählen sowohl der „Anschluss" Österreichs als auch die Sudetenkrise, die mit der Besetzung der „Resttschechei" endete.
Eine solch aggressive Außenpolitik, die gezielt auf einen Krieg hinarbeitete, wäre jedoch ohne **totalitäre innenpolitische Machtstrukturen** nicht möglich gewesen. Durch seine offensive und erfolgreiche „Revision von Versailles" fand Hitler Zustimmung bei den „alten Eliten" (aus Wirtschaft und Militär), was unabdingbar für die Umsetzung seiner Kriegspläne war. Die außenpolitischen Erfolge führten in

Kombination mit **innenpolitischer Propaganda** („Führermythos" und „Volksgemeinschaft") in weiten Teilen der Bevölkerung zu begeisterter Zustimmung zur kriegerischen Politik des NS-Regimes. Die Bürger sahen ihre nationale Ehre und ihr Selbstwertgefühl nach der „Schmach von Versailles" wiederhergestellt, was sich oft in **Militarismus und Zustimmung zu Hitlers Weltmachtplänen** äußerte. Wo dieses Einverständnis fehlte, kam es zur **brutalen Unterdrückung jeglicher Opposition** mithilfe von Terror und Gewalt. Alle parlamentarisch-demokratischen Institutionen, die für Frieden hätten eintreten können, wurden aufgelöst und einer totalitären „**Gleichschaltung**" unterworfen. Auch dies geschah zu dem Zweck, sich die gesamte Gesellschaft für den angestrebten Krieg dienstbar zu machen.

An den Ausführungen lässt sich deutlich erkennen, wie unzweifelhaft die **Schuld der Deutschen und Hitlers am Zweiten Weltkrieg** ist. Demgegenüber müssen die von Willy Brandt angedeuteten „Kurzsichtigkeiten" anderer Beteiligter lediglich als Begünstigung des Kriegs angesehen werden, ohne dadurch die deutsche Kriegsschuld relativieren zu können. Hitler hatte den Krieg von Anfang an geplant, sodass er diesen wohl auch ohne die genannten begünstigenden Faktoren früher oder später begonnen hätte.

3. *Diese Aufgabe beinhaltet zwei unterschiedliche Operatoren: zunächst „erklären", dann „überprüfen". Zur Erklärung von Brandts Zitat müssen Sie seine Aussage in den Prozess der Wiedervereinigung 1989/90 einordnen und dabei beachten, was sich vor und vor allem nach Brandts Rede vom 1. September 1989 ereignet hat. Dieser Aufgabenteil gehört zum AFB II. Leistungen aus dem AFB III verlangt der zweite Teil der Aufgabe von Ihnen, weil Sie hier Ihre Kenntnisse zur Wiedervereinigung 1989/90 nicht einfach darstellen sollen, sondern diese als argumentative Belege einbringen müssen. Schließlich sollen Sie untersuchen, inwieweit die Bundesrepublik Brandts Zitat gerecht geworden ist. Verfassen Sie am Schluss ein kurzes Fazit.*

Nachdem Ungarn bereits im Mai 1989 begonnen hatte, seine Grenzbefestigungen zu Österreich abzubauen, war es in den Folgemonaten zu einem Strom von Flüchtlingen aus den Ostgebieten in den Westen gekommen. Im Monat vor Willy Brandts Rede hatten Hunderte von DDR-Bürgern die Botschaften in Budapest, Prag und Warschau sowie die Ständige Vertretung der Bundesrepublik in Ostberlin besetzt, sodass diese wegen Überfüllung geschlossen werden mussten. Es zeigte sich also deutlich, dass die DDR-Bevölkerung mit den Zuständen in ihrem Staat nicht mehr einverstanden war. So begannen drei Tage nach Brandts Rede die Montagsdemonstrationen vor der Leipziger Nikolaikirche, mit denen die Bewohner Ostdeutschlands bis zum Fall der Mauer ein weiteres Zeichen des Protests setzten. Auch wenn Willy Brandt zum Zeitpunkt seiner Rede am 1. September 1989 die konkreten Entwicklungen in der DDR noch nicht voraussehen konnte, schien doch alles auf einen **bevorstehenden Umbruch** hinzudeuten. Im Hinblick darauf appelliert Brandt im vorliegenden Zitat daran, der DDR weder etwas vorzuschreiben, noch etwas zu verbauen. Den „Landsleute[n] in der DDR"

(Z. 81) solle also die Chance gegeben werden, aus eigener Kraft und ohne Vorgaben aus dem Westen etwas zu verändern. Die Bundesrepublik müsse etwaige Reformen unterstützen und dürfe sie keinesfalls durch den Versuch behindern, ihre eigenen Interessen in den Prozess der Umgestaltung der DDR einzubringen.

Anhand der Geschehnisse bis zur Wiedervereinigung im Oktober 1990 lässt sich gut überprüfen, inwiefern die Bundesrepublik diesem **Appell Brandts zur Nichteinmischung** nachgekommen ist oder sich ihm widersetzt hat. Der Grundstein der Veränderungen wurde zunächst einmal ohne jedes Zutun der Bundesrepublik in der DDR gelegt. So zeigen bereits die **Fluchtwellen** im Sommer 1989 sowie das **Anwachsen der Bürgerrechts- und Oppositionsbewegung** den Willen der DDR-Bevölkerung zu Refomen. Vor allem die ab September 1989 immer größer werdenden **Montagsdemonstrationen** machen deutlich, dass der Umbruch in der DDR seine **Wurzeln im Volk** hatte („Wir sind das Volk"). Eine Einmischung der Bundesrepublik fand hier weder statt, noch war sie nötig. Die Opposition wurde durch eine Vielzahl von selbstständigen, **neuen politischen Zusammenschlüssen** („Demokratie Jetzt", „Neues Forum") getragen. Solche Gruppierungen bemühten sich zusammen mit Vertretern der Regierung (unter Hans Modrow) und neu gegründeten Parteien („Grüne") durch **Verhandlungen am „Runden Tisch"**, einen eigenständigen Weg zur Umgestaltung des Staats zu finden. Allerdings blieben die Reformbemühungen in der DDR oft nur halbherzig oder kamen zu spät, was bei vielen Bürgern den **Wunsch nach einer Grenzöffnung** verstärkte. Zu dieser kam es schließlich am 9. November 1989 mit dem Fall der Mauer, der den Zusammenbruch der DDR weiter beschleunigte.

Ab diesem Zeitpunkt wurde der **Einfluss westdeutscher Politiker** auf die Entwicklung in Ostdeutschland immer größer. Bundeskanzler Helmut Kohl gab bereits im November 1989 durch sein **Zehn-Punkte-Programm** erkennbar einen Weg zur Wiedervereinigung der beiden deutschen Staaten vor. Im **Wahlkampf** für die ersten freien Volkskammerwahlen im März 1990 unterstützten westdeutsche Parteien ihre Schwesterparteien in der DDR massiv und nahmen dadurch erheblichen Einfluss auf den Ausgang der Abstimmung. Eindeutiger Sieger war folglich die CDU-nahe „Allianz für Deutschland". Den danach einsetzenden **Prozess der Wiedervereinigung** dominierte ebenfalls die Bundesrepublik Deutschland. Zunächst kam es zu einer **Währungs-**, **Wirtschafts- und Sozialunion** mit der DDR, indem im Mai 1990 die D-Mark als offizielles Zahlungsmittel eingeführt wurde. Die Verhandlungen mit den vier Alliierten und der **Zwei-plus-Vier-Vertrag** zeigen ebenfalls, welch große Rolle die Westmächte bei der Wiedervereinigung spielten. Die DDR wurde schließlich im Oktober 1990 nach Artikel 23 des Grundgesetzes mit der Bundesrepublik wiedervereinigt, wodurch auch strukturell eine Angleichung an Westdeutschland stattfand. So übernahm das Gebiet der ehemaligen **DDR** den westdeutschen Föderalismus und ging in den **Gültigkeitsbereich des Grundgesetzes** über. Gleichzeitig wurde die frühere DDR in die EU sowie in die NATO integriert. All dies geschah mit uneingeschränkter Zustimmung der frei gewählten DDR-Volkskammer.

Insgesamt lässt sich konstatieren, dass der **Ausgangspunkt** für die späteren Entwicklungen **in der DDR-Bevölkerung** zu suchen ist. Deren Forderungen wurden aber rasch von der bundesrepublikanischen Regierung übernommen und unterstützt. Mit dem Fall der Mauer verstärkte sich die **Einflussnahme der Bundesrepublik** dann zusehends, bis am Ende die Wiedervereinigung auf Basis des Grundgesetzes erfolgte. Es fand also entgegen Brandts Wunsch durchaus eine Einmischung Westdeutschlands in die innere Entwicklung der DDR statt. Diese stimmte allerdings mit dem **Willen der DDR-Bevölkerung nach einer Wiedervereinigung** überein, sodass nicht pauschal von der von Brandt befürchteten Bevormundung gesprochen werden kann.

Teilaufgabe	AFB I	AFB II	AFB III	BE
1	25			25
2	5	30	5	40
3		10	25	35
Summe	30	40	30	100